职业本科教育管理类专业精品系列教材

网络营销实务

（第2版）

主　　编　丁明华　李　敏
副 主 编　毕雅婷　孙　伟　刘　娟
参编人员　（按姓氏拼音排序）
　　　　　董鲁燕　郝若言　李素玉
　　　　　谭　林　邢玉光　于　玲

北京理工大学出版社
BEIJING INSTITUTE OF TECHNOLOGY PRESS

内容简介

本教材以切合职业教育的培养目标,侧重技能的强化实训为指导思想和出发点,在内容编排上实行"任务驱动,项目导向"的模式。在教材内容上,每个项目按实践技能要求分解为几个任务,在强烈的问题、动机驱动下,激发学生学习的兴趣,让学生在真实任务中学习,实现"教学做一体化,做中学,学中做"。全书共设计了九个学习型工作项目,每个项目都设计了学习目标、任务导入、项目实训、课内测试等内容模块,图文并茂,相得益彰。

本教材具有实用性、职业性、先进性的特点,对于系统学习、研究网络营销,以及从事网络营销实践的人员均有参考价值。本教材可作为职业院校本、专科电子商务专业、计算机专业和市场营销专业的用书,也可作为企业营销人员、管理人员从事网络营销活动的参考用书。

版权专有　侵权必究

图书在版编目(CIP)数据

网络营销实务 / 丁明华,李敏主编. — 2 版. —北京:北京理工大学出版社,2021.8
　ISBN 978 – 7 – 5763 – 0186 – 1

Ⅰ.①网… Ⅱ.①丁…②李… Ⅲ.①网络营销 – 高等职业教育 – 教材 Ⅳ.①F713.365.2

中国版本图书馆 CIP 数据核字(2021)第 165878 号

出版发行 /	北京理工大学出版社有限责任公司
社　　址 /	北京市海淀区中关村南大街 5 号
邮　　编 /	100081
电　　话 /	(010)68914775(总编室)
	(010)82562903(教材售后服务热线)
	(010)68944723(其他图书服务热线)
网　　址 /	http://www.bitpress.com.cn
经　　销 /	全国各地新华书店
印　　刷 /	河北盛世彩捷印刷有限公司
开　　本 /	787 毫米×1092 毫米　1/16
印　　张 /	14.5
字　　数 /	341 千字
版　　次 /	2021 年 8 月第 2 版　2021 年 8 月第 1 次印刷
定　　价 /	56.00 元

责任编辑 / 武丽娟
文案编辑 / 武丽娟
责任校对 / 刘亚男
责任印制 / 李志强

图书出现印装质量问题,请拨打售后服务热线,本社负责调换

前 言

随着计算机互联网络的迅速发展，网络营销这一新型的营销模式得到了迅速的发展，2020年，中国网络购物市场交易规模达11.76万亿。有人说：懂营销者得天下。今天的网络营销不仅以"吸引眼球""多流量"出位，更追求精准营销、大数据营销、微营销和短视频营销等全方位营销。

网络营销推广方法与模式的创新，网络营销市场的拓展，让网络营销既有坚实的理论知识支撑，又有实践方面的具体推广方法，本教材就是将这两个问题融合在一起进行讲解。

网络营销是企业利用网络技术与多媒体技术来开展的各类营销活动，是融互联网应用技术与市场营销学于一体的新型交叉学科，是一门实践性较强的课程，旨在通过实践实训操作，让学生掌握网络营销基本理论知识和核心技术，理解网络营销推广中具体的实施环节和细节。基于以上情况，目前网络营销的发展一方面迫切需要理论创新人才，另一方面也迫切需要实践操作技能人才，但现实情况下理论的研究往往跟不上实践的发展。本教材在编写的过程中充分借鉴最新的网络营销相关理论和发展现状，在保证学生理论知识充足的前提下，努力提高实践应用能力。

本教材有以下几个特色。

（1）面向21世纪人才培养的需求，结合职业院校学生的培养特点，具有鲜明的职业教育特色。本套教材的作者都是长期在第一线从事职业教育的骨干教师，对学生的基本情况、特点和认识规律等有深入的了解，并积累了丰富的教学实践经验。

（2）以《基本要求》和《培养规格》为编写依据，内容全面、结构合理、文字简练、实用性强。在编写过程中，作者严格依据教育部提出的职业教育"以应用为目的，以必需、够用为度"的原则，力求从实际应用的需要（实例）出发，尽量减少枯燥、实用性不强的理论概念，加强了应用性和实践操作性强的内容。

（3）采用"项目导向、任务驱动"的编写方式。本教材立足于中国网络营销发展现状与应用，在整合国内外优质教学资源的基础上，强调网络营销的实践操作。在教材内容设计上，每个项目按实践技能要求分解为任务，激发学生的学习兴趣，让学生在真实任务中探索学习，在教学过程中体现互动、交流与协作。

（4）即时更新，把握热点教学内容。网络营销知识时时刻刻都在更新，本教材新增了微信营销、视频营销及大数据营销等最新知识与应用，采用最新的数据论证。

（5）课程资源库的建设。本教材配有配套PPT、教学大纲、教学案例库、实践教学项目等，供教师使用。

鉴于各种因素的限制，尤其是网络营销在不断发展与更新，许多问题需要进行深入探讨，加上编者水平有限，书中存在不少缺陷与不足，敬请诸位专家、读者批评指正。

丁明华

2021年4月

目 录

项目1 网络营销基础知识 (1)

任务1 认识网络营销 (2)
1.1.1 网络营销的定义 (2)
1.1.2 网络营销的发展 (2)

任务2 理解网络营销内涵与特点 (6)
1.2.1 网络营销的内涵 (6)
1.2.2 网络营销的特点 (6)
1.2.3 网络营销的作用 (7)

任务3 掌握网络营销的理论基础 (8)
1.3.1 直复营销论 (8)
1.3.2 网络关系营销论 (10)
1.3.3 网络软营销论 (11)
1.3.4 网络整合营销论 (11)
1.3.5 长尾营销论 (13)

任务4 学习网络营销策略 (14)
1.4.1 网络营销产品策略 (14)
1.4.2 网络营销的价格策略 (17)
1.4.3 网络营销的渠道策略 (18)
1.4.4 网络营销的促销策略 (19)

项目2 网络营销环境与市场分析 (23)

任务1 了解网络营销环境概述 (24)
2.1.1 网络营销环境的概念 (24)

2.1.2　网络营销环境的特点 ………………………………………………（25）
　　2.1.3　网络营销环境的分类 ………………………………………………（26）
任务2　分析网络营销的宏观环境 …………………………………………………（26）
任务3　分析网络营销的微观环境 …………………………………………………（32）
任务4　进行网络市场调研 …………………………………………………………（35）
　　2.4.1　网络市场调研概述 …………………………………………………（35）
　　2.4.2　网络市场调研的方法 ………………………………………………（37）
　　2.4.3　网络市场调研问卷 …………………………………………………（40）
任务5　进行分析网络购物行为 ……………………………………………………（43）
　　2.5.1　网络消费需求的特征 ………………………………………………（43）
　　2.5.2　消费者心理变化趋势和特征 ………………………………………（44）
　　2.5.3　网络购物行为分析 …………………………………………………（45）
　　2.5.4　个人消费者网上购买分析 …………………………………………（47）

项目3　网络广告营销 …………………………………………………………………（50）

任务1　了解网络广告的概念及主要形式 …………………………………………（52）
　　3.1.1　网络广告的概念 ……………………………………………………（53）
　　3.1.2　网络广告的主要形式 ………………………………………………（54）
任务2　网络广告特征及营销价值 …………………………………………………（57）
　　3.2.1　网络广告特征 ………………………………………………………（57）
　　3.2.2　网络广告的网络营销价值 …………………………………………（58）
任务3　网络广告计费方式及效果评估 ……………………………………………（59）
　　3.3.1　网络广告常见的计费方式 …………………………………………（59）
　　3.3.2　网络广告效果评估指标 ……………………………………………（60）
　　3.3.3　网络广告效果评估常用方法 ………………………………………（62）
任务4　网络广告策划及投放策略 …………………………………………………（64）
　　3.4.1　网络广告策划 ………………………………………………………（64）
　　3.4.2　网络广告投放策略 …………………………………………………（65）

项目4　搜索引擎营销 …………………………………………………………………（70）

任务1　了解搜索引擎基本原理 ……………………………………………………（71）
　　4.1.1　基本含义与分类 ……………………………………………………（73）
　　4.1.2　基本工作原理 ………………………………………………………（74）

4.1.3	发展趋势	（76）

任务2　搜索引擎营销 （77）
4.2.1	基本含义与内容	（77）
4.2.2	营销特点	（78）
4.2.3	营销目标	（79）

任务3　SEO 搜索引擎优化 （80）
4.3.1	SEO 含义	（80）
4.3.2	搜索排名影响因素	（82）
4.3.3	关键词的分类、挖掘与优化	（83）
4.3.4	商品标题制作	（85）
4.3.5	详情页优化	（86）

任务4　SEM 搜索引擎竞价排名 （88）
4.4.1	基本含义	（88）
4.4.2	常见关键词搜索广告系统	（89）
4.4.3	SEM 常见付费方式	（90）
4.4.4	SEM 竞价推广策略	（92）

任务5　信息流推广 （92）
4.5.1	基本含义	（93）
4.5.2	信息流底层构架与逻辑	（94）
4.5.3	信息流推广竞价机制	（95）
4.5.4	信息流推广人群定向	（96）

项目5　社交网络营销 (108)

任务1　认识社交网络营销 (109)
5.1.1	社交网络营销的基本概念	(109)
5.1.2	社交网络营销的特点	(110)
5.1.3	社交网络营销的优势	(111)
5.1.4	社交网络营销应注意的问题	(112)

任务2　SNS 营销的运营 (113)
5.2.1	消费习惯和营销模式的演变	(113)
5.2.2	SNS 营销运营步骤	(115)
5.2.3	SNS 营销运营的策略	(117)
5.2.4	SNS 营销运营需要注意的问题	(117)

任务 3　知乎平台的运营 ……………………………………………………………… (118)
5.3.1　知乎的发展历程 ………………………………………………………… (118)
5.3.2　知乎 App 的模块应用 …………………………………………………… (119)
5.3.3　"知乎"大学 ……………………………………………………………… (120)
5.3.4　知乎运营的特点 …………………………………………………………… (121)
5.3.5　知乎面临的问题 …………………………………………………………… (122)
任务 4　了解社交网络营销的发展 ……………………………………………………… (123)

项目 6　场景网络营销 …………………………………………………………………… (128)
任务 1　认识场景网络营销 ……………………………………………………………… (129)
6.1.1　场景网络营销的产生背景 ………………………………………………… (129)
6.1.2　场景网络营销概念 ………………………………………………………… (131)
6.1.3　场景网络营销的实质 ……………………………………………………… (133)
任务 2　场景网络营销设计原则与策略 ………………………………………………… (134)
6.2.1　场景网络营销特点 ………………………………………………………… (134)
6.2.2　场景网络营销原则 ………………………………………………………… (135)
6.2.3　场景网络营销策略 ………………………………………………………… (136)
任务 3　场景网络营销模式 ……………………………………………………………… (136)
6.3.1　场景体验主导型 …………………………………………………………… (137)
6.3.2　虚拟场景主导型 …………………………………………………………… (138)
6.3.3　连接与互动主导型 ………………………………………………………… (138)
任务 4　了解场景网络营销应用与发展 ………………………………………………… (139)
6.4.1　场景网络营销应用流程 …………………………………………………… (139)
6.4.2　场景网络营销应用与实例 ………………………………………………… (140)

项目 7　微信营销 ………………………………………………………………………… (145)
任务 1　认识微信营销 …………………………………………………………………… (146)
7.1.1　关于微信 …………………………………………………………………… (146)
7.1.2　微信改变传统行业营销方式 ……………………………………………… (146)
7.1.3　企业微信公众平台的商业价值 …………………………………………… (147)
任务 2　理解微信营销概念及特点 ……………………………………………………… (148)
7.2.1　微信营销的相关概念 ……………………………………………………… (148)
7.2.2　微信营销的主要特点 ……………………………………………………… (148)

任务3 微信营销优劣势分析 (149)
7.3.1 微信营销优势分析 (149)
7.3.2 微信营销劣势分析 (150)

任务4 微信营销策略及营销模式 (151)
7.4.1 微信营销策略 (151)
7.4.2 微信营销模式 (152)

任务5 微信营销案例分析 (153)
7.5.1 艺龙网："与小艺一战到底" (153)
7.5.2 金六福：春节回家互助联盟 (154)
7.5.3 慕思："睡商大调查" (154)

任务6 了解微信营销的发展前景 (155)

项目8 网络视频营销 (162)

任务1 认识网络视频 (163)
8.1.1 网络视频的背景 (163)
8.1.2 网络视频的概念 (163)
8.1.3 网络视频的特征 (164)

任务2 网络视频营销模式 (165)
8.2.1 网络视频营销的概念及特征 (165)
8.2.2 网络视频营销模式 (165)

任务3 网络视频营销策略 (171)
8.3.1 网络视频的整合传播营销策略 (171)
8.3.2 网络视频的创意营销策略 (172)
8.3.3 网络视频的互动体验营销策略 (173)
8.3.4 网络视频的连锁传播营销策略 (174)

任务4 网络视频制作与推广 (175)
8.4.1 网络视频制作 (175)
8.4.2 网络视频推广 (178)

项目9 大数据精准营销 (184)

任务1 认知大数据精准营销 (185)
9.1.1 大数据精准营销的内涵及特点 (185)
9.1.2 大数据精准营销的关键要素 (186)

任务2	大数据精准营销的价值	(190)
任务3	大数据下消费者行为分析	(191)
9.3.1	大数据时代消费者行为趋势	(191)
9.3.2	消费者特征分析	(192)
任务4	大数据下产品属性分析	(195)
9.4.1	产品和产品属性	(195)
9.4.2	产品属性分析	(196)
任务5	大数据流量布局	(196)
9.5.1	流量构成	(196)
9.5.2	关键词分析	(198)
任务6	大数据电商平台算法	(200)
9.6.1	淘宝"千人千面"	(200)
9.6.2	亚马逊"A9算法"	(200)

参考文献 ·· (211)

项目 1

网络营销基础知识

学习目标

【知识目标】
1. 了解网络营销的产生与发展。
2. 熟悉网络营销的内涵与特点。
3. 掌握网络营销的理论基础。
4. 掌握网络营销的策略模式。

【技能目标】
能够运用网络营销的基本理论知识,选择合适的网络营销策略。

任务导入

2020年5月喜茶抽奖"错付了真心",是无意还是营销?

2020年5月喜茶一次普通的抽奖活动中,抽中了另一个品牌的粉丝,一场"真心错付"的话题瞬间飙升到2.9亿,收到了意想不到的营销效果,喜茶微博截图如图1-1所示。

据查喜茶之前已经抽中过茶颜悦色和星巴克粉丝,这次抽奖又抽中COCO粉丝,这是喜茶的反向营销,在网络上形成话题讨论,刺激传播,大幅度提升了品牌宣传力度。现在你能了解网络营销的特点吗?

图1-1 喜茶微博截图

任务1 认识网络营销

1.1.1 网络营销的定义

网络营销是以国际互联网络为基础，利用数字化的信息和网络媒体的交互性来辅助营销目标实现的一种新型市场营销方式。网络营销在互联网上进行产品、信息、服务的推广和销售，创立品牌，扩大知名度，获取用户的支持。

1. 网络营销与市场营销

网络营销不等同于市场营销，市场营销主要是在创造、沟通、传播和交换产品中，为顾客、客户以及整个社会带来经济价值的活动。网络营销是市场营销的一部分，与传统营销是互融的。

首先，网络营销是经济发展到一定阶段的新型手段，但不可能完全取代传统的营销方式，网络所覆盖的群体只是整个市场中的一部分，仍有部分群体目前没有或者不愿意使用互联网。

其次，有的消费者购物有"眼见为实"的习惯，或者喜欢体验式消费心理，商场购物往往能够全面了解商品，尤其是大件物品、贵重物品的各种信息与细节。

最后，互联网的黑客、诈骗使得部分群体对于交易安全性存在重重顾虑。

2. 网络营销与电子商务

网络营销是企业整体营销战略的一个组成部分，但网络营销本身并不是一个完整的商业交易过程，而只是促进商业交易的一种手段。

电子商务主要是指交易方式的电子化，它是利用互联网进行的各种商务活动的总和，电子商务强调的是交易行为和方式。开展电子商务离不开网络营销，但网络营销并不等于电子商务。

1.1.2 网络营销的发展

网络营销的发展可分为四个阶段，如图1-2所示。最早的网络营销始于1994年，当年4月美国亚利桑那州的两位律师坎特和西格尔制作了一封"绿卡抽奖"的广告信，将其广泛发送到每一个可能的新闻组，这封大批量轰炸式发送的邮件被称为"邮件炸弹"，曾让许多服务商的服务器陷入瘫痪。

随后他们在互联网上发广告信息，吸引了250 000个客户，净盈利10万美元。这是互联网时代第一个Email营销，紧接着1994年10月27日，网络广告正式诞生，标志着网络营销时代正式开启，1995年7月，亚马逊商店成立并开启线上销售，网络营销逐步发展繁荣。

我国网络营销起步于1997年，可以分为四个阶段。

1. 网络营销的传奇阶段（1997年之前）

我国互联网建立之初主要用于公务、科研领域，最早的商业性试用见于"山东农民网

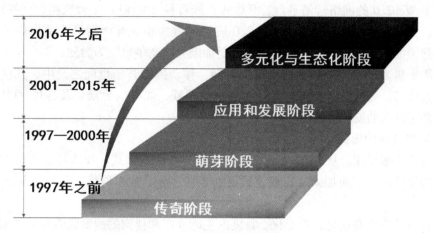

图1-2 网络营销发展历程

上卖大蒜",且是轰动一时的新闻,当时的网络营销没有体系,受主观创意等很多偶然因素影响。网络营销主要是通过一些爆炸性的新闻传播,产生营销的效果。

2. 网络营销的萌芽阶段(1997—2000 年)

互联网发展迅速,影响面扩大到千家万户,据统计到 2000 年年底,国内上网人数已经达到 2 250 万人,网站数量达到 265 405 个,越来越多的企业发现了蕴藏在互联网中的商机,发现了互联网平台能够带来的利润。

(1) 标志性事件。1997 年 2 月 ChinaByte 开通免费新闻邮件服务,1997 年 3 月在 ChinaByte 网站上出现了第一个商业性网络广告,1997 年 11 月首家专业的网络杂志发行商"索易"开始提供第一份免费的网络杂志,这些标志性事件的出现,印证着电子商务新时代的到来。紧接着第一个电商平台——阿里巴巴、第一个网上书店——当当网、第一批企业上网服务商——万网、新网、中国频道,第一个网上聊天软件——腾讯 QQ 等纷纷创立,多种网络营销服务平台及网络营销模式也陆续出现并进入应用阶段。

(2) 搜索引擎。1997 年前后搜索引擎如雨后春笋般出现,如中文雅虎、搜狐、网易、常青藤、悠游中文、搜索客、北极星等,有些至今仍在互联网领域占有重要位置,网络营销有了更广阔的发展天地,2000 年 Google 中文服务的开通以及百度搜索引擎的出现,网络营销的发展得到了更好的助力。

3. 网络营销的应用和发展阶段(2001—2015 年)

网络营销服务市场初步形成,形式不断创新,应用不断发展,各种网络介质不断涌现。

(1) 网络营销服务市场初步形成。2001 年之后,网络营销服务市场初步形成,各种网络介质层出不穷,为网络营销的发展奠定了良好的平台基础。

①域名注册、虚拟主机和网站建设。据统计 2003 年年底我国 www 网站数量为 473 900 个,企业网站数量的快速增长,成为企业网络营销的基础平台。企业通过大型门户网站的分类目录登录、专业搜索引擎的关键词广告和竞价排名、供求信息发布等进行网络营销。同时网络营销公司也悄然出现,出售收集邮件地址的软件、贩卖用户邮件地址、发送垃圾邮件,成为网络营销服务健康发展的毒瘤。

②基于 Web2.0 的网络营销平台。开放式在线百科（WIKI）平台营销、问答式（ASK）社区营销、文档分享等多种形式的 Web2.0 应用平台为企业开展网络营销提供了平台和工具，网络营销的形式更加丰富，内容和方法更加庞大，竞争也更为激烈。

③智能手机。2009 年随着智能手机的发展，移动网络营销也随之诞生，其便利性和即时性是一大优势，为网络营销开辟了一个全新的领域，如微信公众号及各种 APP 等，为网络营销带来了巨大的发展空间。

（2）网络营销的形式和内容不断创新。

①网络广告多样化。从 2001 年开始，网络广告在表现形式、媒体技术等多方面发生变革，如广告规格尺寸不断加大、表现方式更加丰富多样、通过网络广告可以展示更多的信息等。

②搜索引擎营销专业化、产业化。百度的主题推广和搜狗的搜索联盟等，增加了搜索引擎营销的渠道，扩展了搜索引擎广告的投放空间。搜索引擎营销对于网站优化设计、关键词策划、竞争状况分析、推广预算控制、用户转化率、搜索引擎营销效果的跟踪管理等更为复杂。搜索引擎优化公司和搜索引擎广告代理公司在 2005 年前后持续涌现，并在各自领域发展出了一批有影响力的公司，搜索引擎营销的产业化趋势逐渐形成。

③新型网络营销概念和方法受到关注。博客营销日渐成为企业网络营销的主要方法之一，BLOG 营销、社会性网络服务（Social Networking Services，SNS）营销、网络分享也逐步为企业所采用，出现了网络营销社会化的萌芽，为网络营销进入社会化阶段打下了基础。

④社会化媒体网络营销蓬勃兴起。人人网、开心网、新浪微博、腾讯微博等 SNS 网站蓬勃发展，以微博营销为代表的 SNS 营销也成为 2010 年之后最热门的网络营销方式之一，成为"粉丝经济"的典型标志，也为后期微信营销的快速扩展培养了用户基础。

⑤网络营销与网上销售的结合日益紧密。众多企业和个人在淘宝、京东等平台开设专营店和旗舰店，很多企业建有自己的网上商城，消费者可通过企业官方网站实现在线购买，这标志着真正的企业电子商务时代的到来，团购的加入也使得电子商务模式创新又上一层楼，电子商务环境已经基本成熟。

2015 年是移动互联网元年，个人电脑上的网络营销与移动互联网通信技术相融合，我国的网络营销趋势未来必将更加多元化。

4. 网络营销多元化与生态化阶段（2016 年之后）

2016 年后新的网络营销平台和资源不断涌现，新旧网络营销方法日趋融合，网络营销的发展逐渐呈现以下两个趋势。

（1）网络营销思维生态化。网络营销的生态思维是用户价值型网络营销，其核心是通过建立用户之间、用户与企业之间的价值关系网络，明确用户之间的关联关系及用户价值体现，使得用户成为企业价值链的组成部分，通过社会关系网络互联及全维度价值传递，最大化实现用户价值。网络营销生态思维的重点在于用户价值的关联关系，预计用户价值型网络营销将成为网络营销社会化的高级形态。网络营销思维阶段有四个，如表 1-1 所示。

表 1-1 网络营销思维阶段

序号	阶段	主要内容
1	技术思维	以技术为导向,注重网站及推广的技术本身
2	流量思维	以网站访问量为目标,这也是网站运营的核心目标
3	粉丝思维	获取尽可能多的粉丝关注,向粉丝传递网络营销信息
4	生态思维	以用户关系网络的价值体系为基础设计网络营销战略

（2）网络营销多元化环境。网络营销环境多元化包括网络营销渠道、网络营销方法、网络营销资源和社会关系网络的多元化等。众多新型的网络营销方法，尤其是基于智能手机的网络营销方法不断涌现，也带来一系列新的问题，例如难以在短期内形成被公认的网络营销效果评价方式，网络营销效果的不确定性增加等，因此，网络策略需要随之提升，如图1-3所示。

①网络营销的分散化程度将继续提高。网络营销主流渠道分散化的趋势从2009年已经开始表现出来，正好与社会化网络及移动网络营销的发展同步，移动网络营销进一步加剧了网络营销分散化。

②网络营销的融合化将提速。2014年之后，网络营销进入网络可信度与网络可见度融合的阶段，随着PC网络营销与移动网络营销的融合速度越来越快，融合程度也越来越高。

③内容营销将进入高级阶段。传统的内容营销形式如Email营销、博客营销、微博营销等，在移动互联网环境下将不断发展演变，从内容形式及营销模式方面继续创新，以使用户价值为核心的理念进一步得到体现。

④网络营销思想及策略不断升级。基于网络营销生态思维的用户价值营销策略将在实践中不断完善，网络营销思想的层次也将在实践中进一步提升。

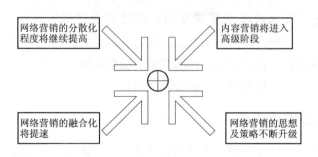

图 1-3 网络营销策略提升

案例

新型营销方式"皱眉信息"

"皱眉信息"是秘鲁一家百货公司经理库克提出的。库克要求售货员在推广产品的过程中要捕捉"皱眉信息"。意思是看到顾客挑选商品时，若皱眉便说明顾客存在不满意的地方，售货员要主动承认商品不足之处，通过让顾客证实来对产品及营销方法加以改进。其目的就是通过第一线收集顾客的需求,及时反馈到产品及营销方式上,真正实现"顾客是上帝"的营销理念,而库克这一招使这家百货公司的效益大幅度提升。

知识拓展

网络营销之病毒式营销

任务2　理解网络营销内涵与特点

1.2.1　网络营销的内涵

网络营销是以现代营销理论为基础,利用互联网技术和功能,通过最大限度地满足客户需求,达到开拓市场、增加盈利目标的经营过程。

1. 网络营销是市场营销的一种手段和表现形式

网络营销是市场营销的一种,因此具有市场营销的普通特征,网络营销的本质是实现商品交换,是为了满足交换双方的需要,是双向的。企业通过网络营销活动来实现自己取得利润的需要,表现为企业目标的实现,如销售目标、盈利目标等;顾客通过网络营销活动获得能满足自己需要的产品或服务。只有同时满足这两方面需要的网络经营活动才是网络营销,仅仅满足其中一方的活动本质上都不是真正的市场营销,这是网络营销的本质特征。

2. 网络营销是以互联网技术贯穿在企业经营的全过程

网络营销是企业以现代营销理论为基础,通过互联网对产品的售前、售中、售后等环节进行服务,包括市场调查、客户分析、产品开发、销售策略、信息反馈等各方面,以最大限度地满足客户需求,实现开拓市场、增加盈利的目标。

1.2.2　网络营销的特点

网络营销的特点是通过互联网,将全球的各类企业、团体、个人等,跨时空地联结在一起,将市场营销中最本质消息交换进行广泛的传播。网络营销具有以下一些特点。

1. 跨时空

互联网具有的超时间约束和空间限制的信息交换能力,将全球的组织和个人有效地连接在一起,使得脱离时空限制达成交易成为可能,企业能够7×24(每周7天,每天24小时)超越空间进行营销,以达到尽可能多地占有市场份额的目的。

2. 多媒体

互联网可以传输文字、声音、图像等多种媒体的信息,形式多样化,能够充分发挥营销人员的创造性和能动性，从而使营销方式变得生动，大大提高了营销效果。

3. 交互式

互联网可以展示商品目录，提供有关商品信息的查询，可以和顾客进行互动双向沟通，可以收集市场情报，进行产品测试与消费者满意调查等，是产品、设计、商品信息提供以及服务的最佳工具。

4. 拟人化

互联网络上的促销是一对一的、理性的、消费者主导的、非强迫性的、循序渐进式的，而且是一种低成本与人性化的促销，避免了传统推销员人为的干扰，信息提供与沟通更为流畅，易与消费者建立长期良好的关系。

5. 成长性

互联网使用者数量快速增长并遍及全球，使用者多半年轻，受教育水平较高。这部分群体购买力、市场影响力较强，是一个极具开发潜力的市场。

6. 整合性

互联网上的营销可从商品信息发布开始，至收款、售后服务一气呵成，是一种全程的营销。企业可以借助互联网将不同的营销活动进行统一规划和协调实施，以统一的传播资讯向消费者传达信息，避免不同的传播渠道的不一致性导致的消极影响。

7. 超前性

互联网是一种功能强大的营销工具，它同时兼渠道、促销、电子交易、顾客服务以及市场信息分析应用等多种功能。它所具备的一对一营销能力，恰好符合定制营销与直复式营销的未来趋势。

8. 高效性

电脑可存储大量的信息供消费者查询，可传送的信息数量与精确度远远超过其他媒体，并能顺应市场需要，及时更新产品或调整价格，有效地了解并满足顾客的需求。

9. 经济性

通过互联网进行信息交换，代替以前的实物交换或面对面的交易，一方面可以减少印刷与邮递的成本，可以无店销售，免交租金，节约水电与人工成本，另一方面可以减少多次交换带来的损耗，提高了交易的效率。

10. 技术性

建立在以高技术作为支撑的互联网基础上的网络营销，使企业在实施网络营销时必须有一定的技术投入和支持，必须改变企业传统的组织形态，提升信息管理部门的功能，引进懂营销与电脑技术的复合型人才，方能具备和增强本企业在网络营销市场上的竞争优势。

1.2.3 网络营销的作用

网络营销是互联网技术发展日益成熟的结果，是网络技术发展的新方向，它不仅改变了企业本身的生产、经营、管理，而且给传统的贸易方式带来了巨大的冲击。网络营销最明显的标志是增加了贸易机会，降低了贸易成本，提高了贸易的效益。它极大地改变了商务模式，带动了经济结构的变革，对现代经济活动产生了巨大的影响。

1. 网络营销对经济信息的影响

从工业社会的产业经济向信息社会的信息经济转换是经济的一种变迁，这种经济的变迁包容了在世纪之交产业社会向知识社会转换历程中，从经济理论、社会经济结构、经济增长到企业内部管理等宏观到微观的社会经济变革。

2. 网络营销对市场结构的影响

网络营销对市场结构的影响表现在网络营销大大缩短了生产厂家与消费者之间供求的距离，改变了传统市场的结构。

3. 网络营销对企业经营的影响

企业是经济领域中最小也是最重要的组织，信息化对经济的影响，最终还是要反映到企业的经营管理上来。网络营销降低企业的交易成本、减少企业的库存、缩短企业的生产周期、全时空无间隔运作的优势，可以增加企业的交易机会，改变企业的竞争方式和形象。

案例

迅速行走的短片

2019年6月1日，华为公司在网络上发布了一部由华为P30Pro手机制作的微电影。微电影讲述了一个小男孩和孙悟空的故事。小男孩像孙悟空一样经历了很多磨难，借以表达华为多年的奋斗和坚持。短片只有短短8分钟，却引起了观者极大的共鸣，在很短的时间内，短片通过网民自发、大量传播，为华为营造了很好的营销效果。这种现象的出现，既源于品牌的情怀效应，也离不开网络即时传播的有力支持，可谓互联网时代网络营销方式的一个良好的示范。

任务3 掌握网络营销的理论基础

网络营销的理论基础主要是直复营销论、网络关系营销论、网络软营销论、网络整合营销论和长尾营销论。

1.3.1 直复营销论

直复营销发源于美国，以1872年蒙哥马利·华尔德（Montgomery Walder）创办第一家邮购商店为代表，随着信息技术的快速发展而日益兴盛。直复营销是使用一种或多种广告媒体相互作用的市场营销体系，能够在任何地方产生可度量的反应或达成交易。

1. 直复营销是互联网发展的必然结果

直复营销的"直"来自英文的"direct"，即直接，是指不通过中间分销渠道，直接通过媒体连接企业和消费者。例如当前各种网店，用户通过搜索引擎或网络广告直达企业网站选择商品、下单、结算。

直复营销中的"复"来自英文中的"response"，即回复，是指企业与顾客之间进行交互沟通，顾客营销效果有一个明确的回复，企业通过统计明确回复的数据，对以往的营销效果进行评价。

回复是直复营销与直接销售的最大区别。网络为直复营销提供了一个非常好的环境,只有在网络中,才能很好地形成这种快速、无须中间环节的信息交互环境。企业与顾客之间可以无障碍地实现直接的一对一交流沟通。

顾客随时可以通过互联网向企业提出建议和购买需求,也可以直接通过互联网获得售后服务。企业可以从顾客的建议、需求和要求的服务中,找出企业的不足,按照顾客的需求进行经营管理,减少营销费用,从而达到良好的营销效果。

2. 直复营销是市场经济和科学技术发展的必然结果

互联网作为一种交互式的渠道,担当起企业与客户之间双向互动的桥梁作用。网络营销作为一种有效的直复营销策略,源于网络营销活动的效果是可测试、可度量和可评价的。互联网信息的即时性、畅通性,使企业可以及时了解消费者需求,据此细分目标市场,提高营销活动效率。有了营销效果的精准反馈,企业还可以及时改进以往的营销策略,从而获得更满意的营销效果。

例如戴尔电脑的"戴尔模式",其成功的真谛主要在于找准目标客户,通过各种媒介与客户随时保持互动,了解客户的各种个性化订单的最新需求;公司按单、按客户要求生产;实现各环节的零库存,以信息代替存货,低成本运作,做好售后服务,通过各种方式维护客户关系。

3. 直复营销的特点

直复营销有五个特点:销售场所的特殊性、选定目标顾客群、信息沟通的双向性、营销战略的隐蔽性、营销战略的长期性,如图1-4所示。

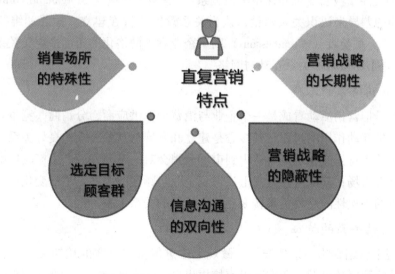

图1-4 直复营销的特点

(1) 销售场所的特殊性。传统销售是通过店铺产品展示吸引顾客,将商品销售出去,顾客是否上门有着偶然性与不确定性,彼此之间缺少信息沟通。直复营销的场所是媒体,通过媒体将信息交流与销售活动统一起来,进行广告的同时也能销售商品。

(2) 选定目标顾客群。直复营销的信息具有目标性,企业可以从顾客名单和数据库的信息中，挑选出有可能的目标人群作为潜在顾客进行营销。

（3）信息沟通的双向性。直复营销中企业与顾客进行双向信息沟通，通过与顾客之间的交流，企业获知顾客的需求，根据需求再去改进产品或者服务，在周而复始的互动过程中提高产品与服务的顾客满意度。

（4）营销战略的隐蔽性。邮政直复营销是通过媒体场所进行的，信息传递渠道是特定的，因此不易被竞争对手察觉。

（5）营销战略的长期性。传统营销方式尽可能地将某种产品一次性向更多的顾客推销，对于顾客的后续购买能力跟进力度较弱。而直复营销通过建立数据库，在不断与老顾客沟通和反复改进服务的基础上保有老客户，同时不断吸引新顾客，使顾客终身价值最大化。

新科技，尤其是媒体技术的发展，催生了一些新兴的大众媒体，如楼宇电视、数字交互式电视等。随着营销媒介的变革、新媒介的产生，直复营销也从邮件、目录、电话等单一媒介逐步改进，采用新型组合媒介方式。

1.3.2 网络关系营销论

伦纳德·贝瑞（Leonard L. Berry）教授于1983年在一份报告中最早对关系营销做出了定义："关系营销是吸引、维持和增强客户关系。"他在1996年又给出了更为全面的定义："关系营销是为了满足企业和相关利益者的目标而进行的识别、建立、维持、促进同消费者的关系并在必要时终止关系的过程，这只有通过交换和承诺才能实现。"

工业市场营销专家巴巴拉·杰克逊（B. B. Jackson）从工业营销的角度将关系营销描述为"关系营销关注于吸引发展和保留客户关系"。摩根·亨特（Morganand Hunt）从经济交换与社会交换的差异来认识关系营销，认为关系营销"旨在建立、发展和维持成功关系交换的营销活动"。顾曼森（Gummesson）则从企业竞争网络化的角度来定义关系营销，认为"关系营销就是市场被看作关系互动与网络"。

1. 网络营销关系的本质

营销关系是把营销活动看成是一个企业与消费者、供应商、分销商、竞争者、政府机构及其他公众发生互动作用的过程，其核心是建立和发展与这些公众的良好关系。

网络营销关系首先应在宏观上认识到市场营销会对一系列领域产生广泛影响，包括顾客市场以及影响者市场；其次应在微观上认识到企业与顾客的关系是不断变化的。市场营销的核心应从简单的一次性的交易关系转变到建立长期的关系上来。

2. 网络营销关系的特征

（1）宏观上营销影响一系列领域，微观上注重保持与顾客的长期关系。利用互联网企业可以直接接收顾客的订单，顾客可以直接提出自己的个性化需求，企业根据顾客的个性化需求利用柔性化的生产技术最大限度地满足顾客的需求，为顾客在消费产品和服务时创造更多的价值，企业也可以从顾客的需求中了解市场、细分市场和锁定市场，最大限度地降低营销费用，提高对市场的反应速度。

（2）据统计，争取一个新顾客的营销费用是保持老顾客费用的五倍，利用互联网企业可以更好地为顾客提供服务和与顾客保持联系。互联网不受时间和空间限制的特性能最大限度地方便顾客与企业进行沟通，顾客可以借助互联网在最短时间内以简便方式获得企业的服务。同时，通过互联网交易企业可以实现从产品质量、服务质量到交易服务等过程的全程质量控制。

（3）互联网实现双向沟通，为顾客提供更好的服务。通过互联网企业还可以与相关的企业和组织建立关系，双赢发展。互联网作为沟通渠道，能以低廉成本帮助企业与其供应商、分销商等建立协作伙伴关系。如联想，就是通过建立电子商务系统和管理信息系统实现与分销商的信息共享，从而降低库存成本和交易费用，同时密切双方的合作关系。

1.3.3 网络软营销论

网络软营销是指在网络营销环境下，企业向顾客传送的信息及采用的促销手段更具理性化，更易于被顾客接受，进而实现信息共享与营销整合。网络软营销是针对"强势营销"而提出的新理念。

1. 传统强势营销的主动方是企业

传统强势营销的主动方是企业，即根据自己的判断强行展开推销活动，不考虑被推销者是否需要。例如传统广告试图以不断轰炸的信息灌输，在消费者心中留下深刻印象，而不考虑消费者的意愿。最明显的例子就是强弹广告方式，这种方式适合以企业为主导的大工业时代，而在当前互联网强势发展时代，这种强势营销效果会大打折扣，甚至适得其反。

美国 AOL 公司没有征得用户同意就在网上对用户强行发送电子邮件，结果导致用户的"邮件"报复，致使公司邮件服务器瘫痪。

2. 软营销的主动方是消费者

现代的营销以消费者为主导，企业必须考虑消费者的意愿和接受度。互联网具有开放、交互、平等、自由等性质，强调互相尊重，注重个人体验和隐私。

软营销强调尊重消费者的感受和体验，软营销的主动方是消费者；本质是广告，但是形式表现为新闻资讯、管理思想、企业文化、评论、游戏等，着力点是兴趣和利益，重要特性是口碑传播。

1.3.4 网络整合营销论

整合营销是对各种营销工具和手段的系统化结合，根据环境进行即时性的动态修正，以使交换双方在交互中实现价值增值的营销理念与方法。

整合营销以市场为条件方式，以价值为联系方式，以互动为行动方式，是现代企业面对动态复杂环境的有效选择。整合营销强调将营销中的各种要素组合，使各种作用力统一方向，形成合力，共同为企业的销售目标服务。网络整合营销论如表 1-2 所示。

1. 4P 理论

4P 为产品（Product）、价格（Price）、地点（Place）、促销（Promotion）。4P 组合属于企业可以控制的因素，企业可根据目标市场的特点，选择产品、产品价格、销售渠道和促销手段，进行营销组合战略决策。但是传统营销中的 4P 理论是以企业利润最大化为出发点，而没有把顾客的需求放到与企业利润同等重要的地位。

2. 4C 理论

4C 为消费者（Consumer）、成本（Cost）、便利（Convenience）、沟通（Communication）。4C 理论是在新的营销环境下产生的，它以消费者需求为导向，着重寻找消费需求，满足消费者需求。4C 理论主张产品和服务以消费者为中心，以方便消费者为主，以消费者能接受的成本来定价，交互式营销加强与顾客的沟通和联系，产品的分销以方便顾客为主，实行一对一、跨时空销售。

3. 4R 理论

4R 理论为关联策略（Relevance）、反应策略（Reaction）、关系策略（Relationship）、回报策略（Reward）。4R 理论主要以竞争为导向，营销理念体现了关系营销的思想，重视顾客的互动与合作，关注双方的关联性和密切程度，也考虑成本和双赢的效果。但是 4R 理论的实施需要一定的实力和条件，不是所有企业都可以使用的策略。

4. 4V 理论

4V 理论为差异化策略（Variation）、功能化策略（Versatility）、附加价值策略（Value）、共鸣策略（Vibration）。4V 理论考虑了差异化问题，注意兼顾企业和员工的利益、社会和消费者的利益，有利于企业核心竞争能力的构建，但其前提仍然是需要相当实力的企业才能实施。

表 1-2 网络整合营销论

类型	整合策略	营销理念
4P	Product 产品策略	产品组合、产品寿命周期、产品包装、品牌等
	Price 价格策略	定价导向、调整价格的反应、设计价格的风险评价
	Place 分销渠道策略	渠道模式和中间商的选择、调整协调管理、实体分配
	Promotion 促销策略	推销、广告、营业推广等
4C	Customer 顾客策略	关注顾客需求和期望，忽略产品
	Cost 成本策略	关注顾客成本与费用的满意度，忽略价格
	Convenience 便利策略	关注顾客消费通道是否方便，忽略地点
	Communication 沟通策略	关注与顾客沟通效果以及忠诚度情况，忽略促销
4R	Relevance 关联策略	提高顾客满意度和忠诚度，与顾客建立密切关联
	Reaction 反应策略	提高市场反应速度，倾听和满足顾客的需求与渴望
	Relationship 关系策略	与顾客建立长期而稳固的关系
	Reward 回报策略	注重利润回报与价值回报
4V	Variation 差异化策略	以不同特色的产品、周到的服务树立良好形象
	Versatility 功能化策略	提供不同功能系列产品满足不同顾客的消费习惯
	Value 附加价值策略	提高附加价值的产品和服务以满足顾客的需求
	Vibration 共鸣策略	使顾客获得最大程度的满足、企业效益最大化

知识拓展

奢侈品的 4V 营销策略

1.3.5 长尾营销论

长尾营销论是指当商品储存流通展示的场地和渠道足够宽广，商品生产成本急剧下降以至于个人都可以进行生产，并且商品的销售成本急剧降低时，几乎任何以前看似需求极低的产品，只要有卖，都会有人买。这些需求和销量不大的产品所占据的共同市场份额，与主流产品的市场份额相比，甚至更大，长尾营销论模型如图 1-5 所示。

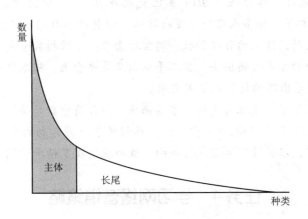

图 1-5　长尾营销论模型

1. 长尾营销论和关键词选择

在搜索引擎优化工作中，长尾营销论最明显的表现就是关键词的选择。现在的趋势是越来越多的 SEO 不会把时间和精力局限在主要的目标关键词上，而会花很多时间进行关键词的扩展。

稍微大一些的网站可以从那些长尾关键词得到的流量占总网站流量的一半以上。对一些比较小的网站来说，由于长尾关键词不多，从主要关键词来的流量比例就上升。这些小的只专注于主要关键词的网站，因此浪费了不少机会。如果能增加网站内容，扩充关键词，流量必然会成倍增加。

2. 长尾和利润

长尾营销论是对 20/80 理论的颠覆。根据对一些电子商务网站的统计，长尾产品和长尾关键词得到的流量，占总流量的 20% ~ 30%，但是从长尾产品所得到的利润却有可能是 50% 以上。换句话说，以前所流行的所谓 20% 的客户或产品产生 80% 的利润观点，在互联网上被彻底颠覆。

原因可能有两方面,一是这些长尾关键词得到的用户,更容易被转化为付费客户。

举个例子,三个人分别搜索三个关键词,"律师""北京律师""北京遗产律师",从统计上来说,搜索"北京遗产律师"的人要比搜索"律师"的人成为客户的概率高很多。

第二个原因是长尾关键词和长尾产品的成本要低很多。就像前面的三个关键词,想排在"北京遗产律师"的第一页,显然要比"律师"容易得多。

3. 长尾营销论和选择过多问题

选择过多是长尾经济的一个天生特质,对商家来说,任务就是怎样帮助用户进行最好的选择,在这里甚至良好的分类、功能强大的搜索都远远不足够。这类长尾网站需要有用户评论、用户打分、编辑评论,甚至对评论的评级等内容,来帮助其他用户进行选择。

◎ 案例

萌宠的最爱:星巴克猫爪杯

2019年,星巴克推出春季版"2019星巴克樱花杯",其中销量最好的一款为"猫爪杯",为了买到这个杯子,很多人在门口连夜排队,销售开始只用了不到两分钟的时间,杯子就被售罄。与此同时,线上的百度指数、淘宝搜索量和微信指数全部直线上升,将商品量少、稀缺特性以最快的方式传播出去,在二手电商交易平台上,猫爪杯的价格从199元迅速飙升到1 800元,随后出现的仿款也供不应求。

究其原因,主要是星巴克提前进行了市场调研,迎合消费新趋势。近年来,越来越多的人开始养宠物,尤其在很多"80、90后"中,养猫成了一种时尚的生活方式。星巴克注意到了这一消费新趋势,以关注顾客需求为导向,成功地实现了精准营销。

任务4 学习网络营销策略

1.4.1 网络营销产品策略

网络营销中的产品是指能提供给市场以引起人们注意、获取、使用或消费,从而满足某种欲望或需要的一切东西。

1. 传统营销产品与网络营销产品

(1)传统营销产品。传统营销中产品分成核心利益或服务、有形产品和延伸产品,传统营销产品的三个层次如图1-6所示。

(2)网络营销产品策略。在网络营销中产品的整体概念可分为五个层次:核心利益层、个性化利益层、附加利益层、潜在利益、产品形式层,如图1-7所示。网络营销产品强调以顾客为中心,企业辅助顾客设计和开发产品,满足顾客个性化需求。

①核心利益层。核心利益层是指消费者希望通过交易活动得到的最为核心或最为基本的效用或利益。这一层次的利益是目标市场消费者所追求的共同的无差别的利益。

②个性化利益层。个性化利益层是指在网络目标市场上,每一细分市场甚至每一个消费者希望得到的,除核心利益之外的满足自己个性化需求的利益的总称。

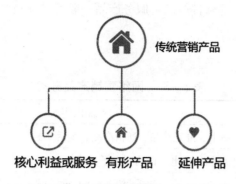

图1-6 传统营销产品的三个层次

③附加利益层。附加利益层也称延伸利益层,网络营销整体产品中,附加利益层是指消费者选择网上购物希望得到一些附加利益的总称。

④潜在利益层。网络营销整体产品中,潜在利益层是指在核心利益、个性化利益、附加利益之外,能满足消费者潜在需求,但尚未被消费者意识到或者已经被意识到而尚未被消费者重视或消费者不敢奢望的一些产品利益。

⑤产品形式层。产品形式层是在延伸产品层次之外,由企业提供能满足顾客潜在需求的产品层次。它主要是产品的一种增值服务,是一种顾客没有潜在产品层仍然可以很好地使用顾客需要的产品的核心利益和服务。在高新技术发展日益迅猛的时代,有许多潜在需求和利益还没有被顾客认识到,这需要企业通过引导和支持更好地满足顾客的潜在需求。

图1-7 网络营销产品策略

2. 网络营销产品分类

网络的虚拟性使顾客可以突破时间和空间的限制,实现远程购物,但这会使网络购买者在购买前无法感受和试用,因此并非所有的产品都适合在网上销售。

从网络产品的消费者导向出发,产品适不适合在网络上销售,可以简单地归结为顾客愿不愿意在网络这个特殊的市场上进行购买。网络营销产品分实体产品和虚体产品,具体见表1-3。

(1) 网络营销中的实体产品。实体产品是指具有物理形状的物质形态产品,是可以触摸的。图书、鲜花礼品、通信产品、生活家居等实体产品是网络消费热点。

(2) 网络营销中的虚体产品:数字产品和服务产品。虚体产品一般是无形的"比特"产品,产品本身的性质和性能必须通过比特流或其他方式才能表现出来。数字产品包括电脑软件、电子读物、电子游戏等软件产品。服务产品一般可以分为普通服务和信息咨询服务两大类。

表 1-3　网络营销产品分类

产品分类		产品内容	
实体产品		物质形态产品：图书、鲜花礼品、通信产品、生活家居等	
虚体产品	数字产品	电脑软件、电子读物、电子游戏等	
	服务产品	普通服务	远程医疗、法律救助、航空火车订票、入场券预订、饭店旅游服务预约、医院预约挂号、电脑游戏等
		信息咨询服务	法律咨询、医药咨询、股市行情分析、金融咨询、资料库检索、电子新闻、电子报刊等

3. 网络营销产品组合策略

（1）扩大产品组合策略：也称全线全面型策略，即通过增加产品线扩展产品组合的宽度，或增加产品项目，扩展产品组合的长度，或增加产品品种，拓展产品组合的深度等方式来改变产品组合。

（2）缩减产品组合策略：也称市场专业型策略，指降低产品组合的广度和深度，减少一些产品线，或减少某一产品线内的产品项目数来改变产品组合。

（3）产品线延伸策略：产品线延伸策略指全部或部分地改变企业原有产品的市场定位，突破企业网络营销原有营销档次的范围，使产品线加长的策略。

4. 网络营销的品牌策略

品牌首先是代表产品或企业的一种名称和标识，品牌是企业或产品属性、利益、文化和个性的集中表达，代表企业试图向消费者所传递的全部价值，品牌影响着顾客对其所代表的企业或产品所采取的态度和行为，同时也因受顾客认知的影响而有所不同。

（1）品牌产品的价值。品牌可作为企业产品凝聚顾客忠诚度的焦点，可使制造商与消费者直接沟通，有助于新产品的推出；品牌可以帮助制造商为其产品确定较高的价格；品牌可以帮助企业充分利用促销投资。

（2）网络对企业品牌的影响。网络提供了品牌个性化的延伸，密切了品牌与目标客户的关系。网络大大缩短了获得高水平的品牌知名度和认可度所需要的时间。网络使品牌可以直接面对全球范围的目标，丰富了品牌形象的同时也增加了品牌形象整合的难度。

（3）网络营销品牌管理策略。这个策略包括以下三方面的内容。

①域名商标的商业价值。域名的商标特性和"域名效应"，使得某些域名具有很大的潜在价值。域名的知名度和访问率是公司形象在网络中的具体体现，例如百度、阿里巴巴、腾讯等。最初的网景公司借助互联网以放弃收费为代价使其 Netscape 浏览器不费吹灰之力就占领市场 70% 的份额，公司股票上市当天就从 28 美元狂升到 75 美元，4 个月后达到 171 美元，域名商标的潜在价值很难以往常的模式进行预测。

②域名抢注问题。互联网域名管理机构没有赋予域名法律上的意义，域名与公司名称、商标名称没有直接关系。域名具有唯一性，任何一家公司抢先注册域名，其他公司就无法再注册，被抢注的中国著名商标和企业名称很多，包括长虹、健力宝、三九等，有些还引发了法律纠纷。出现此类问题，根本原因在于企业没有认识到域名在网络商业上的品牌作用，企业必须将其纳入企业商标资源进行定位设计和管理使用。

③发展策略。域名是一种符号和商标，既然有着与商品品牌同等重要的地位，在一开始进入市场的时候，企业就应进行多方位宣传，让网址利用机会多方位曝光。另外，通过建立相关链接扩大知名度，提高域名站点的被访问率。

其次要重视顾客的体验感，顾客在网站浏览所体验到的购买经验远大于广告所带入的效应。新兴网站如果利用公关等方式在顾客心中烙下良好的企业形象，非常重要。

品牌是一种形象，形成需要旷日持久，但是摧毁却往往在一念之间，因此企业必须持续不断地维护网络品牌形象，并随时代要求不断重塑，以保持在顾客中的长久形象。

1.4.2 网络营销的价格策略

价格是影响消费者需求选择的重要因素之一，互联网本身的特性使得消费者对于价格的接受度与传统商品存在着不同。网络营销定价策略主要有以下几种。

1. 个性化定制生产定价策略

按照顾客需求进行个性化定制生产是互联网满足顾客需求的优势，例如在淘宝网上特别定制独一无二富有创意的杯子，店家可以根据买家的要求，选择不同形状材质的杯子在上面印上顾客想要的图案、星座、生日等。

在企业能实行定制生产的前提下，可利用网络技术和辅助设计软件，帮助消费者选择配置或者自行设计能满足自己需求的个性化产品，同时承担自己愿意付出的价格成本。网络的互动性使个性化销售成为可能，也使个性化定价策略成为网络营销的一个重要策略。

2. 撇脂定价策略

撇脂定价策略是指在产品生命周期的初级阶段，将价格定位在较高水平，通过高定价、高利润，确保在市场出现同类产品之前，尽快回收投资，抑制竞争对手，取得相当利润。然后随着时间的推移，再逐步降低价格使新产品进入弹性大的市场。苹果公司的 iPod 产品是近年来较为成功的撇脂定价例子。iPod 首次上市零售价达 399 美元，属于高价位产品，但是有很多苹果迷既有钱又愿意花钱，所以还是纷纷购买。苹果不到半年又推出了一款容量更大的 iPod，定价 499 美元，仍然卖得很好。

3. 折扣定价策略

折扣定价策略是在原价的基础上进行折扣的一种策略，可以让顾客直接了解到产品的降价幅度，从而产生购买的欲望。折扣定价可以采用数量折扣，鼓励顾客多购买产品；可以采用现金折扣，鼓励顾客按期或提前付款；也可以采用季节折扣，鼓励顾客淡季购买。如聚美优品在网页上直接注明产品的降价幅度，以促进购买、提高竞争力，这是其重要的经营策略。

4. 品牌定价策略

根据法国 Michel Gutsats 分析，奢侈品牌在全球的定价策略基于价值定价，奢侈品的价值在于其排他性。在全球范围内，奢侈品牌通常会在欧洲、美国、亚洲三个区域制定不同的零售价。许多国际大品牌进入中国市场初期往往会钻信息不对称的空子采取高价策略，再加上国内消费者对奢侈品牌的热情，这些因素都加剧了奢侈品牌在我国境内外的价格差异。

以法国品牌 Louis Vuitton 经典款的 Neverfull 中号手袋为例子，中国官网售价 9650 元人民币，在美国官网售价是 1260 美元（约 7880 元人民币），法国官网售价 895 欧元（约 6341 元人民币）。

5. 特有商品特殊价格策略

特有商品是有特定品牌或者特色的，其价格策略需要根据产品在网上的需求来确定。当某种产品有它很特殊的需求时，不用考虑其他竞争者，可以制定自己最满意的价格。

一种是创意独特的新产品（"炒新"），它是利用网络沟通的广泛性、便利性，满足那些品位独特、需求特殊的顾客的"先睹为快"的心理。

一种是纪念物等有特殊收藏价值的商品（"炒旧"），如古董、纪念物或其他有收藏价值的商品，在网络上，世界各地的人都能有幸在网上一睹其"芳容"，这无形中增加了许多商机。

1.4.3 网络营销的渠道策略

网络营销渠道是指通过互联网将产品从生产者转移到顾客的中间环节。作为企业的一项关键性外部资源，它在企业的传统营销体系中占有极为重要的地位。营销渠道的建设通常需要经过若干年时间，企业投入大量人力、物力、财力去构建，而一旦企业创造并掌握了这种资源，就可以构筑起竞争壁垒，形成企业的竞争力。

在网络营销条件下，传统的分销渠道模式和信息网络技术相结合，促进了企业分销渠道的创新。传统营销中间商凭借地缘因素获取的优势被互联网的虚拟性所取代，同时互联网高效率的信息交换，改变了过去传统分销渠道的诸多环节，将错综复杂的关系简化为单一关系。

1. 网络渠道的分类

（1）网络直销渠道。网络直销渠道是通过互联网实现从生产者到消费者（使用者）的网络直接营销渠道。这种渠道一般用于大型商品及生产资料的交易，生产企业在网上设立营销点，顾客可以直接从网站订货，并通过与网上银行等进行合作，解决支付结算问题，通过与专业物流公司合作，解决物资配送问题。

（2）网络间接营销渠道。网络间接营销渠道是通过融入互联网技术的中间商机构提供的间接营销渠道，一般用于小批量商品及生活资料的交易。与传统间接分销渠道不同的是，网络间接营销渠道只有新型电子中间商一个中间环节。

（3）双渠道。双渠道是指企业同时使用网络直销渠道和网络间接营销渠道两种形式，通过双渠道显然比一条渠道更容易进入市场，因此这也是生产企业网络营销渠道的策略选择之一。

2. 网络营销渠道的功能

(1) 订货系统。它可以为消费者提供产品信息，同时方便厂家获取消费者的需求信息。一个完善的订货系统，可以最大限度地降低库存，减少销售费用。

(2) 结算系统。消费者在购买产品后，可以有多种方式方便地进行付款，因此厂家（商家）应有多种结算方式。信用卡、电子货币、网上汇款等都可以进行，各大电子商务公司网上支付平台的推广，也加速了电子商务的发展。

(3) 配送系统。对于无形产品，可以直接通过网上进行配送。有形商品配送要涉及与专业物流公司的合作问题，商品只有真正配送到顾客手中，才是电子商务交易真正的完成。

3. 网络营销渠道建设

(1) B2B。B2B即企业对企业模式，其特点是交易量大、交易次数少、客户面小、客户关系稳定。

这种模式下企业与客户之间比较稳定，但是由于客观环境和企业自身条件的限制，物流和资金流不能完全实现电子化、网络化。大部分是将原有的交易使用网络在线的方式进行，交易的内容和程序变化不大。

(2) B2C。B2C即企业对消费者模式，其特点是交易量小、交易次数多、顾客面广、客户关系不稳定。

这种模式下，消费者网上订货、支付货款，然后等待物流配送。比较典型的一个例子是DELL公司，生产企业直接面对最终消费者销售产品；另一种是以Amazon为代表的新型网上零售，作为生产企业与最终消费者之间的纽带，一方面直接与生产企业交易，避开更多的中间环节，从而降低成本，降低价格，一方面直接面对消费者，了解消费者的需求，从而进行定制化营销。

(3) 在具体建设网络营销渠道时，还要考虑以下几个方面的问题。

从消费者角度设计渠道，只有采用消费者比较放心、容易接受的方式才有可能吸引消费者使用网上购物。

设计订货系统时，要简单明了，不要让消费者填写太多信息，而应该采用现在流行的"购物车"方式，一边看货、一边选购，最终一次性结算。

在选择结算方式时，应尽量提供多种方式方便消费者选择，同时还要考虑网上结算的安全性。

建立完善的配送系统。消费者只有看到购买商品到家后，才会真正感到踏实，因此建设快速有效的配送服务系统是非常重要的。

1.4.4 网络营销的促销策略

1. 网络营销促销的作用

(1) 告知功能。把企业产品、服务、价格等信息传递给目标公众，引起他们的注意，使其产生购买的兴趣。

(2) 说服功能。促销目的在于通过各种有效方式，解除目标公众对产品或服务的疑虑，说服目标公众坚定购买决心。同类产品的差别，顾客有时很难发现，通过促销活动，突出优势、宣传特点，从而增进顾客购买数量。

（3）反馈功能。通过网络手段及时收集和汇总顾客的需求和意见，迅速反映给企业管理层。网络促销反馈的信息一般比较准确及时，对企业营销决策有很大的参考作用。

（4）创造需求。通过良好的网络活动，不断进行潜在的顾客发掘，扩大销售量。

（5）稳定销售。通过促销，树立良好的产品形象和企业形象，可以改变用户对本企业产品的认识，使更多用户形成对本企业产品的偏爱，达到稳定销售的目的。

2. 网络促销的形式

（1）网络广告。网络广告形式多样，如电子邮件、杂志、公告广告等，已经形成一个具有强大影响力的产业市场，并被诸多企业在网络营销时使用。

（2）销售促进。企业在一些网络直销营业点，通过价格折扣、有奖销售、拍卖销售等方式，对产品进行宣传和推广。

（3）站点推广。通过网络站点的内容和服务，吸引顾客访问，或者通过网络广告宣传站点，扩大顾客访问量，增加站点知名度，宣传企业产品。

（4）关系营销。通过网络吸引用户与企业之间保持密切的联系，培养顾客的忠诚度，提高顾客的收益率。

3. 网络营销促销实施

（1）确定网络促销对象。网络促销对象是针对可能在网络上购买产品的顾客群体提出的，主要包括三大类：产品的使用者，即实际使用和消费产品的人；产品购买的决策者，绝大多数情况下，购买者和决策者是一致的，但也不排除如中小学生网络中选购到希望购买的商品，而最终决策者是父母；产品购买的影响者是提出的建议能够对购买的决策者产生一定影响的群体，在大额高档商品中需要考虑这一群体。

（2）设计网络促销内容。网络促销的最终目标是希望引起购买，最终目标是要通过设计具体的信息内容来实现的。顾客决定购买是一个复杂、多阶段的过程，进行设计时要考虑顾客当前的购买决策过程和产品生命周期等因素。

（3）决定网络促销组合方式。网络促销活动主要是网络广告和站点促销，企业产品种类多样，顾客群体需求也多变，促销方法与促销对象和顾客之间的组合可以有多种。网络广告促销主要实施"推战略"，其主要功能是将企业的产品推向市场，获得广大消费者的认可，一般用于食品、化妆品、家用电器等。网络站点促销主要实施"拉战略"，其主要功能是将顾客牢牢地吸引过来，保持稳定的市场份额，一般用于大型机械产品促销等，企业应当根据自身网络促销的能力确定如何将两种网络促销方法配合使用。

（4）制订网络营销促销预算方案。网络促销预算是希望用有限的投入获得最好的效果，首先明确网络促销的方法及组合办法；其次确定网络促销的目标；最后明确购买群体是哪个群体、哪个阶层，是国内的还是国外的。针对不同的目标选择不同的促销方法，这样预算就有了可衡量的依据。

（5）衡量网络促销效果。衡量促销实际效果是否达到预期目标，可以通过网络上的软件统计，一方面对访问人数、点击次数等进行分析，了解优势与不足，另一方面销售量的增加、利润的变化等可以直接显现决策是否正确，促销内容、对象和方式应该如何调整等。

案例

民间网红的兴起

2019年8月，华农兄弟以自己的"图们江"特色在B站发布了一段视频，视频内容是关于抓鸡和烤鸡的。而每当他完成一个过程，就会非常不自然地对镜头说，"这些也是保留"。华农兄弟不同于专业主播，表达略显生硬，却突出了"朴实""硬核"等元素。这种视觉的对比感迅速冲击着观看者的心灵，引起情感上认同，"这些也是保留"也成功地成为中国农民网红的一种创新。网络营销的发展使得营销主体多元化，营销方式个性化，这些都彰显着网络营销发展的新时代的到来。

项目实训

【实训目的】能够运用网络营销理论对企业营销策略进行分析。

【实训内容】阅读2020阿里妈妈营销生态案例大赛的营销方案，写一篇600字以上的营销分析报告。

2020阿里妈妈营销生态案例大赛

在市场的推动下，阿里妈妈开始新的营销布局，从传统营销向数字营销升级，2020阿里妈妈营销生态案例大赛是阿里妈妈营销升级的重要一步。此次大赛为阿里巴巴生态中的客户提供了数字化的全链路消费者运营，整合全域媒体矩阵，通过创新的人群洞察及策略、媒介策略等，解决品牌在跨端环境下营销割裂的痛点，推动消费者和品牌产生更大的关联，提升品牌消费者资产。

武汉火蝠电子商务有限公司（火蝠电商）成功荣获2020阿里妈妈营销生态案例大赛数据精准营销铜奖。一直以来，火蝠电商在精准营销上深耕，有着厚实的基础。通过直通车、钻展、超级推荐、数据银行，实现大数据精准运营，利用大数据精准定位目标人群，通过AI+人工操盘，发掘用户潜在需求，提升用户增长率。同时火蝠电商自主研发的开车软件，利用AI大数据的精准营销定位，在服务市场的软件销售排名上始终靠前，得到市场和行业的高度认可。

近十年来，国内数字化转型升级不断加快，给各行各业的发展运作带来一定挑战，营销是行业发展运作变现必不可少的环节。在数字化时代背景下，数字营销也成为各行各业关注的重点，尤其是电商行业。只有基于数字化，才能够在交易过程中清楚地知道消费者的购买习惯和购买偏好，从而更精准地找到消费群体，避免投入大量财力、物力之后大海捞针似的营销。

阿里妈妈总裁张忆芬曾表示："我们发现消费者决策链路不再是线性的，也不仅仅是动态的，而是蜿蜒曲折的过程，新的营销触点随时可能发生，影响决策行为，这个过程完全没有规则可循。正因如此，营销应该是千人千面、千时千愿的。数据即决策，只有这样才能对海量的消费者做到千人千面的个性化沟通，才能应对消费者决策链路无序化的变化挑战。"

电商行业的数字化转型、升级已经势在必行。以最小的投入触达更多、更精准的消费群体获得更多的利润，是行业面临的最重要问题。当用户获取信息的方式及体验发生变化时，如何即时有效地获取用户情绪、消费场景，甚至是用户的消费触点是赢得市场的关键。

课内测试

1. 选择题

(1) 电子报刊、电子图书、数字电影等以提供信息资料为主旨的数字化产品是(　　)。
A. 软件产品　　　　　B. 实体产品　　　　　C. 信息产品　　　　　D. 在线服务产品

(2) 下列各项中,属于网络营销主要手段的是(　　)。
A. Web、电子邮件、Internet 邮件列表、新闻组、网上销售
B. Web、电子邮件、Internet 邮件列表、网站组、网上服务
C. Web、电子邮件、Internet 邮件网络、新闻组、网上服务
D. Web、电子邮件、Internet 邮件列表、新闻组、网上服务

(3) 在网络时代,网络营销策略由4P营销策略向4C营销策略转变。4C营销策略除了顾客欲望与需求、满足欲望与需求所需的成本、方便购买等内容外,还指(　　)。
A. 相互沟通　　　　　B. 加强沟通　　　　　C. 有效沟通　　　　　D. 定时沟通

(4) 下列不属于网络营销特点的是(　　)。
A. 高效率　　　　　　B. 高收益　　　　　　C. 高开销　　　　　　D. 全球性

(5) 4P组合是指(　　)。
A. 产品、推广、价格、销售　　　　　　B. 产品、价格、渠道、促销
C. 产品、公关、价格、渠道　　　　　　D. 产品、价格、促销、广告

(6) 在产品最初进入市场时,将价格定在较低水平,以求迅速开拓市场,抑制竞争者的进入,这种定价方法是(　　)。
A. 直接低价定价　　　B. 渗透定价　　　　　C. 撇脂定价　　　　　D. 周期定价

2. 判断题

(1) Email 营销与搜索引擎之间并没有直接关系,各自承担推广任务。(　　)
(2) 网络营销可以完全替代传统营销。(　　)
(3) 直复营销的效果可以测定。(　　)
(4) 当当网推出的名为"2元与当当第一次亲密接触"的营销活动针对的是消费者的购买策略。(　　)
(5) 通常在网络环境条件下,消费者能够更理性地选择商品。(　　)

3. 简答题

(1) 什么是网络营销?如何理解它的产生和把握它的特点?
(2) 企业如何运用网络营销策略转变经营理念?
(3) 请举例说明网络营销中的长尾理论。
(4) 怎样理解网络营销产品策略?

项目 2

网络营销环境与市场分析

学习目标

【知识目标】
1. 理解网络营销的宏观环境、微观环境的概念以及各自包含的内容。
2. 掌握网络市场调研的步骤和方法。
3. 掌握网络消费者购买行为分析。

【技能目标】
1. 能够利用网络营销环境对企业营销进行分析。
2. 能够设计一份调查问卷,掌握调查问卷设计的方法。

任务导入

安徽三只松鼠电子商务有限公司 2012 年成立于安徽芜湖,是以互联网为依托,利用天猫、京东、当当等 B2C 平台销售经营坚果、干货、茶叶等食品的公司。三只松鼠登陆天猫旗舰店仅 65 天,销售额就已经在天猫坚果类目中跃居第一位;2012 年,三只松鼠第一次参加"双十一"活动,销售额为 766 万元;2013 年"双十一"当天,三只松鼠销售额为 3 562 万元;2014 年"双十一"当天,三只松鼠 24 小时销售额达 1.02 亿元,是天猫有史以来食品类唯一当天销售额过亿的店铺,较 2012 年的销售额增加 12.3 倍;2015 年"双十一"单日,三只松鼠全网交易额达到 2.66 亿元,成为全网坚果销量第一;2019 年,三只松鼠"双十一"最终销售额达到 10.49 亿元,相比 2018 年同期,增长超过 50%。三只松鼠作为一个占据中国一大半坚果市场的零食大头,抓住了互联网机遇,在网络营销上下足功夫,下面就让我们来看看三只松鼠是怎样进行网络营销的。

分析网络营销市场环境。随着我国国民收入水平的提高,人们的消费水平也随之不断攀升,消费者的消费结构也由生存型消费结构向享受型消费结构转变。与此同时,物质生活的改善伴随而来的是人们对于精神生活追求的提高,三只松鼠追求健康、绿色以及慢生活的理念,与当下消费者追求无公害健康食品的需求不谋而合。三只松鼠创始人曾表示,公司已经在动漫行业投资千万,力求打造动画片与品牌的全新概念,强化品牌 IP。三只松鼠也巧妙将品牌动漫化,拉近与消费者之间的对话方式,提高客户满意度。

分析网络营销竞争环境。服务策略中电商企业有一项必不可少的服务,即客服。三只松鼠在客服上采取了差异化策略,相比大部分淘宝上卖家对买家"亲"的称呼,三只松鼠对它的顾客采用"主人"的称呼,更显亲切。

分析网络营销用户特征。按照消费者性别划分,女性消费者占比 53.85%,男性消费者比例为 46.15%。按照消费者年龄划分,三只松鼠消费者年龄在 30 岁以下的比例占到了 62.64%。按消费者职业划分,学生所占比例最大,占总消费者人数的 60.44%。综上所述,女性消费者以及学生群体是三只松鼠目标用户的主要力量。因此,三只松鼠针对客户群体,设计出品牌漫画形象,用情感化服务俘获顾客的心。

任务 1　了解网络营销环境概述

2.1.1　网络营销环境的概念

网络营销环境是指影响企业网络营销开展和效果的各种因素和条件的总称。营销环境是一个综合的概念,它有多种分类,由多方面因素组成。环境的变化是绝对的、永恒的,环境的稳定则是相对的。随着社会的发展,特别是网络技术在营销中的应用,使得环境更加复杂多变。对于营销主体而言,环境及环境因素是不可控制的,但其具有一定的规律性,可以通过营销环境分析对其发展趋势和变化进行预测和事先判断,因此,充分认识环境因素对网络营销活动的影响,更好地把握网络营销的本质,可以为企业制定网络营销战略与策略提供指导。

互联网自身构成了一个市场营销的整体环境,要进行网络营销环境的分析,首先必须掌握构成网络营销环境的五要素。

1. 提供资源

信息是市场营销过程的关键资源,互联网作为载体能为企业提供所需的各种信息,指导企业的网络营销活动。

2. 全面影响力

环境要与体系的所有参与者发生作用,而非个体之间的互相作用。每一个网民都是互联网的一分子,在接触互联网的过程中要受到互联网的影响,同时互联网又与每一个网民发生作用。

3. 动态变化

互联网信息的更新速度是所有媒体中最快的。几乎所有现实世界的最新动态都可以迅速出现在网上,信息的不断更新是互联网的生命力所在。整体环境在不断变化中发挥其作用和影响,不断更新和变化正是互联网的优势所在。因此,网络营销的各种活动都是在动态状态下完成的。

4. 多因素互相作用

整体环境是由互联网联系的多种因素有机组合而成的，实际企业活动的各个因素都在互联网上体现，如企业、金融、服务、消费者等，它们通过鼠标的点击相互联系。

5. 反应机制

环境可以对其主体产生影响，同时，主体的行为也会改造环境。企业可以将自己企业的信息通过公司网站存储到互联网上，也可以通过互联网上的信息调整自己的决策。信息处理是互联网的反应机制，各种各样的浏览、搜索软件工具使互联网能实时提供人们所需的各类信息，而且可以高效率地在网上完成信息交流。

因此，互联网已经不是传统意义上的电子商务工具，而是独立成为新的市场营销环境，它以范围广、可视性强、公平性高、交互性优、能动性强、灵敏度高和易运作等优势给企业市场营销创造了新的发展机遇与挑战。

2.1.2 网络营销环境的特点

互联网的迅速发展使得传统的有形市场发生了根本性的变革，企业面临的是一个全新的营销环境，呈现出新的特征。

1. 全球化

互联网打破时空界限，扩展营销半径，将全球市场连接为一个整体。在这种背景下，各国、各地区的经济联系更加紧密，交易的规模和范围更广，形成统一的大市场、大流通、大贸易。企业可以将自己的商品与服务送到世界各地，实现生产要素的最佳配置。因为交易中个体的信息搜寻超出了国界，可以在全球范围内进行，所以，市场交易规模、范围和环境的改变要求新的交易方式与之相适应，网上交易就是人们选择的结果。

2. 信息化

经济的发展、信息的激增，要求企业具备更迅速的信息处理速度和更准确的分析预测能力，计算机的出现和普及为信息的处理提供了高效的手段，这使得信息收集活动也具有高效率的特点。面对传统信息搜集方法范围小、效率低的缺点，互联网的出现改变了这一状况，网上收集信息来源广、传递快。由于这些信息都是数字化的信息，更加方便计算机的处理，所以能使企业制定更准确的策略。

3. 个性化

消费者是企业服务的对象，满足消费者需求是企业营销活动的宗旨，在网络营销环境下，消费者的需求特征、消费行为和消费心理发生了变化，逐渐呈现出差异化、个性化的趋势。消费个性化要求生产厂家与消费者建立一对一的信息沟通，随时了解消费者的需求变化和差异。互联网上信息传递更快捷、更透明，为消费者的差异化需求提供了良好的平台和路径。

4. 交互性

互联网使得市场营销者能与其环境进行实时的信息沟通，高效率地完成全部信息的交换过程，拓展了市场营销的时间概念。

5. 能动性

网络用户既是网络环境的接受者，又是网络环境的创造者，环境与其主体密不可分，同时大量的智能信息处理软件使互联网能够主动为用户服务。

2.1.3 网络营销环境的分类

1. 按网络营销的营销范围划分

（1）网络营销微观环境。网络营销微观环境是指与企业网络营销活动联系紧密，并直接影响其营销能力的各种因素的总称，主要包括供应商、营销中介、消费者和竞争者等。

（2）网络营销宏观环境。网络营销宏观环境是指对企业网络营销活动影响较为间接的各种因素的总称，主要包括政治、法律、人口、经济、社会文化、科学技术等环境因素。

2. 按是否与互联网特征有关划分

（1）网络营销的网络环境。网络营销的网络环境是指在营销活动中应用互联网，使企业的市场营销行为具有新的特征和规律，进而为企业带来更多的营销机会和广阔的市场空间。

（2）网络营销的现实环境。网络营销的现实环境是指企业充分认识网络对营销活动的影响，在营销与网络结合后，对网络营销活动造成直接或间接影响的各种因素的总称。

3. 按网络营销的应用角度划分

（1）网络营销内部环境。网络营销内部环境是指所有从内部影响企业的因素的总称，主要包括员工、资金、设备、原料和市场等。这些因素一方面对网络营销活动起制约作用，造成企业网络营销的劣势局面；另一方面，对网络营销活动发挥保障作用，形成企业网络营销的优势地位。因此，企业内部条件分析是企业科学规划经营战略、合理制定营销策略的基础。

（2）网络营销外部环境。网络营销外部环境是指对企业生存和发展产生影响的各种外部条件，可以分为网络营销环境机会和网络营销环境威胁。网络营销的外部环境不仅可以为网络营销提供潜在的用户，还可以向用户提供传递营销信息的各种手段和渠道。

任务2　分析网络营销的宏观环境

宏观环境是指对企业网络营销活动没有直接作用但又经常对企业营销决策产生潜在影响的一般要素。网络营销宏观环境是对企业网络营销活动影响较为间接的各种因素的总称，主要包括政治、法律、经济、科技、社会文化、人口等因素。

1. 政治环境

政治环境是指影响企业市场营销活动的政治因素和条件，包括国内政治环境和国际政治环境。国内政治环境主要指政治局势、经济体制、宏观政策，以及地方政府的方针政策；国际政治环境主要包括国际政治局势、国际关系和目标国的政治环境。政治局势指企业营销活动所处的国内政治稳定状况，以及国家政治气候等。经济体制是一个国家组织整个经济运行的模式，是一国基本经济制度的具体表现形式，也是一国宏观政策制定和调整的依据，它不仅直接影响企业的行为规范，而且还会影响消费需求甚至人们的观念和生活方式，从而间接地影响企业的营销活动。

世界各国企业的网络营销活动要顺利发展就要遵循统一的"游戏规则"，而各国在社会制度、政治状况、法律法规、经济发展程度，以及传统文化背景等方面千差万别，因此，各国之间的相互合作和协调就显得极为重要。因此，在网络营销环境中，政府要积极制订发展网络营销的总体方案，营造适宜的政策、法律环境和适合国情的社会发展环境，以促进电子商务和网络营销的健康发展。

2. 法律环境

法律环境是指影响企业营销活动的法律因素和条件，它是国家意志的强制性体现，也是市场营销环境的重要组成部分。法律、法规是企业营销活动的准则，企业应该自觉遵守各种经济法规，在法律规定的范围内开展营销活动；同时企业要学会运用法律武器来维护自身的正当权益。法律可以为企业营造一个公平竞争的、规范的外部营销环境。

网络营销作为崭新的商务活动方式，涉及大量传统的商务活动所涉及不到的问题。例如：电子合同的订立、数字签名的法律效力、网上消费者的权益、网上知识产权的保护、网络贸易中的争议等，都需要一个完整健全的法律法规体系加以认定、规范和保障。近几年，为了推动网络营销的发展，联合国、欧盟和各国政府相继颁布了许多法律规范。1996年联合国国际贸易法委员会提出的《电子商务示范法》，为世界各国电子商务立法提供了一个范本，该法允许贸易双方通过电子手段传递信息、签订买卖合同和进行货物所有权的转让；1997年7月美国政府正式发布《电子商务政策框架》；欧盟于1997年提出《欧洲电子商务行动方案》，1998年又颁布了《关于信息社会服务的透明度机制的指令》；2004年8月28日，我国十届全国人大常委会第十一次会议表决通过了《中华人民共和国电子签名法》，于2005年4月1日起执行，这标志着我国首部真正意义上的信息化法律的诞生；2014年11月，国务院办公厅出台了关于加快电子商务发展的若干意见，国家工商总局发布了《网络商品交易及有关服务行为管理暂行办法》；2017年11月，《中华人民共和国电子商务法》草案二次审议通过。这些法规的颁布，结束了互联网信息服务业管理无章可循、无政府的状态。随着政府相关立法的越来越多，执法会越来越严，企业的网络营销活动的法律环境也会越来越完善。

3. 经济环境

网络营销的经济环境是指网络营销过程中所面临的各种经济条件、经济因素、经济特征的总称，它是影响网络营销众多因素中最直接、最根本的因素。考察经济环境时，企业首先要考虑现实的网络营销经济环境的水平，包括经济发展状况、经济体制、产业结构、社会购买力水平、对外贸易状况等。因为网络商业环境与一个国家地区现实的经济基础是紧密相连的。一方面信息化建设需要投入大量的资金；另一方面，信息化的普及以及电子商务的发展也要求经济水平的相对发达。其次，企业还要考虑网络经济对网络营销所产生的特有的影响和作用。

（1）网络经济的概念。网络经济是建立在网络基础之上并由此产生的一切经济活动的总和，包括对现有经济规律、产业结构、社会生活的种种变革，是信息化社会最集中、最概括的体现。初级阶段的网络经济是以信息技术产业、服务产业为主导，以计算机网络为核心并与互联网有关的经济，因此它是一种狭义的网络经济。高级阶段的网络经济是一种广义的网络经济，它是指由于互联网在经济领域的普遍应用，使得经济信息成本减少，从而使信息替代资本在经济中的主导地位，并最终成为核心经济资源的全球化经济形态。从本质上看，网络经济是一种以信息技术为基础，知识要素为主的驱动，网络为基本工具的新的生产方式。

(2) 网络经济的特征，有如下五个方面。

①全球化经济。一方面，互联网打破了时空界限，扩展了营销半径，将全球市场连接成一个整体，基于网络的经济活动把空间因素的制约降低到了最小限度，使整个全球化的经济进程大大加快，世界各国的经济相互依存性更强。另一方面，由于信息网络24小时都在运转中，因此基于网络的经济活动受时间的制约越来越少，能够实现全天候连续运行。

②直接经济。由于网络的发展，经济组织的结构趋向扁平化，处于网络端点的生产者与消费者可以直接联系，这使得生产与消费之间的联系更加协调，减少大量的中间环节，从而极大地降低了经济与社会活动成本，提高了运行效率。因此，网络经济既是高水平的直接经济，又是社会化的直接经济。

③虚拟经济。虚拟经济是指在信息网络所构筑的虚拟空间当中进行的经济活动，是网络经济本身所创造的一个崭新的经济形式。经济虚拟性源于网络的虚拟性，当信息从模拟信号变为数字信号时，信息传播只存在于网络而非具体的物理实体中，这将改变以往所有经济形态所依赖的机构类型以及经济行为本身。人们可以通过网络进行合作而不是必须到特定的地方参加工作，公司本身也不一定需要一个实际的场所，网络就是办公室。

④创新性经济。网络经济源于高技术和互联网，但又超越高技术和互联网。由于网络技术的发展日新月异，网络经济就更需要强调研究开发与教育培训，即技术创新的同时还需要制度创新、组织创新、观念创新的配合。网络经济时代，产品的生产周期大大缩短，产品的更新换代速度越来越快，因此，企业要在创新的速度上开展激烈的竞争，以追求市场的垄断。

⑤竞争和合作并存的经济。信息网络不仅使企业间的竞争与合作范围扩大，也使竞争与合作之间的转化速度加快。世界进入了大竞争时代，竞争中有合作，合作则是为了更好地竞争。在竞争的合作或合作的竞争中，企业的活力增强了，应变能力提高了，不遵守这个规则就会被迅速地淘汰。因此，企业可持续的竞争优势，不再主要依靠自然资源或可利用的资金，而是更多地依赖信息与知识。

4. 科技环境

网络营销的科技环境是指影响企业营销活动的科技因素与条件。科学是人类认识自然和改造自然的知识体系，是潜在的生产力；技术是生产过程中的劳动手段与工艺方法，是现实的生产力。因此，科学技术是社会生产力最新、最活跃的因素。作为营销环境的一部分，它不仅直接影响企业的劳动效率、经营管理水平和经济效益，同时还与其他环境因素相互作用、相互依赖。近几年，以电子、光纤、生物工程、信息技术为代表的新兴科学的发展，将各领域带入了一个崭新的阶段，传统的经济模式也正向知识经济模式转变。

（1）科技的变革给企业带来了营销机会和发展威胁。科学技术是一种"创造性的毁灭力量"，它本身创造出新的东西，同时又淘汰旧的东西。科技的不断发展与进步促进了新行业的诞生，使原有老行业改善企业自身的经营管理模式与技术水平，大大提高了社会劳动生产率。此外，新技术的出现，也会给某个旧的企业带来威胁，甚至灭顶之灾。因此，企业要学会适应迅速变化的竞争环境，学会新技术、新知识的生产和应用，同时实施产业联合的发展战略，以求共同发展。

（2）科技的变革为企业改善经营管理提供了有力的技术保障。社会生产力水平的提高主要依靠设备技术开发、创造新的生产工艺和新的生产流程。同时，技术开发也扩大并提高了劳动对象的利用广度和深度，不断创造新的原材料和能源。这些不仅为企业改善经营管理提供了物质条件，也对企业经营管理提出了更高的要求。随着网络技术在企业经营管理中的应用，以及电子商务系统日益完善，企业的经营管理工作会变得效率更高、效益更好。

（3）科技的变革为企业创造了新的网络营销方式。网络技术的发展和应用为买卖双方的沟通提供了众多的网络工具和方式，如网上交易、电子支付和网上拍卖等。但就目前来看，还存在一些问题。例如，网络宽带速度问题、信息及时反馈问题、物流配送问题、电子支付安全问题等。因此，企业应密切关注网络新技术，并将其积极运用到网络营销的实践中，不断创造网络营销的新方式。

5. 社会文化环境

网络营销的社会文化环境是指影响企业营销活动的社会文化因素和条件。企业作为社会成员，不可避免地受到社会环境的影响和制约。而网络营销活动面临的社会文化环境是一种软约束，它虽不像其他环境因素那样显而易见，却深刻地影响着企业营销活动。网络文化是一种没有国界、不分地区、建立在互联网基础之上的文化，它包括了人们在参与信息网络应用与技术开发中所建立的价值观念、思想意识、行为方式、语言习惯、知识符号和社会关系方式。所有涉及网络的人触及的不仅是技术，还是一种以网络为媒体、以信息为标志的新的生活方式。

6. 人口环境

市场是由消费者构成的，企业营销活动直接的、最终的对象就是人，所以人口环境是影响企业网络营销活动最重要的因素之一。在其他条件固定或相同的情况下，人口的规模决定着市场容量和潜力，人口的结构影响着消费结构和产品结构。因此，企业开展网络营销不仅可以通过对用户的数量、结构等内容的分析发现营销机会，还可以根据了解的人口环境来促进消费。

我国上网计算机数、用户人数、用户分布、信息流量分布等方面的统计信息，对国家和企业动态掌握互联网在我国的发展情况以及提供决策依据有着重要的意义。人口环境对企业网络营销的影响主要表现在以下几个方面。

（1）网络用户的数量及其增长速度决定网上市场的规模。从总体上讲，网络用户的总量与网络营销市场的规模大小是成正比的。因此，要想了解一个国家或地区网络营销的市场潜在量有多大，可以通过统计该国或地区网络用户的数量及人均国民收入来得出。

根据 CNNIC 资料分析，截至 2020 年 12 月，我国网民规模达 9.89 亿，互联网普及率达 70.4%。手机网民规模达 9.86 亿，且网民使用手机上网的比例达 99.7%。目前，我国的网民数量居于世界首位，这为我国网络营销企业提供了大量潜在的消费者源。具体如图 2-1 所示。

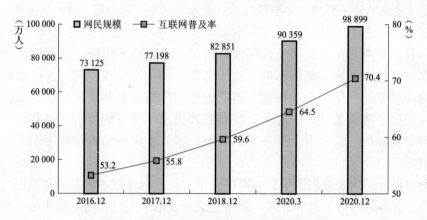

图 2-1　我国 2020 年网民规模和互联网普及率

（2）网络用户的结构决定网络营销产品及服务的需求结构。网络用户结构包括性别结构、年龄结构、职业结构、学历结构、收入结构等几个方面。

①性别结构。截至 2020 年 12 月，我国网民男女比例为 51∶49，网民性别结构与人口性别比例逐步接近，如图 2-2 所示。

②年龄结构。截至 2020 年 12 月，20~29 岁、30~39 岁、40~49 岁网民占比分别为 17.8%、20.5% 和 18.8%，高于其他年龄段群体；50 岁及以上网民群体占比由 2020 年 3 月的 16.9% 提升至 26.3%，互联网进一步向中高龄人群渗透，如图 2-3 所示。

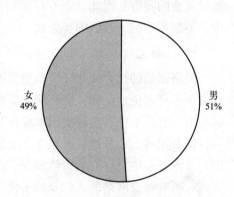

图 2-2　网民性别结构

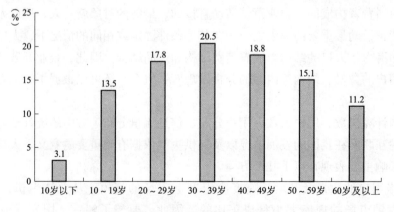

图 2-3　网民年龄结构

③学历结构。截至 2020 年 12 月,初中、高中/中专/技校学历的网民群体占比分别为 40.3%、20.6%;小学及以下网民群体占比由 2020 年 3 月的 17.2% 提升至 19.3%,如图 2-4 所示。

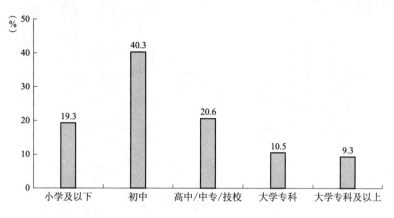

图 2-4 网民学历结构

④职业结构。截至 2020 年 12 月,在我国网民群体中,学生最多,占比为 21.0%;其次是个体户/自由职业者,占比为 16.9%;农林牧渔劳动人员占比为 8%,如图 2-5 所示。

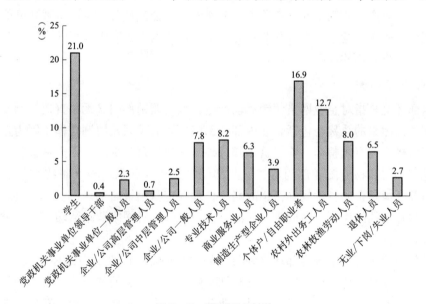

图 2-5 网民职业结构

⑤收入结构。截至 2020 年 12 月,月收入在 2 001~5 000 元的网民群体占比为 32.6%;月收入在 5 000 元以上的网民群体占比为 29.3%;有收入但月收入在 1 000 元及以下的网民群体占比为 15.3%,如图 2-6 所示。

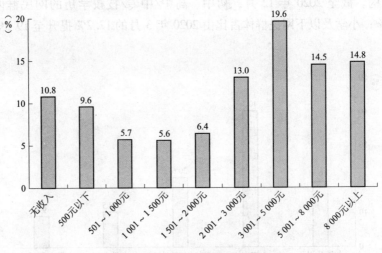

图 2-6 网民个人月收入结构

任务 3　分析网络营销的微观环境

微观环境由企业及周围的活动者组成，直接影响企业为消费者服务的能力，主要包括企业内部环境、供应商、营销中介、竞争者、消费者或社会公众等。构成微观环境的各种力量与企业之间形成协作、竞争、服务和监督的关系，这些因素比宏观环境的影响更为直接，会直接影响企业网络营销的成败。

1. 企业内部环境

企业内部环境是指对企业网络营销活动产生影响而营销部门又无法直接控制或改变的各种企业内部条件因素的总称，包括企业内部各部门之间的关系及协调合作。因为企业系统是由一系列部门构成的有机整体，除了营销部门外，还包括财务部门、人力资源管理部门、采购部门、生产部门和物流配送部门等，这些部门之间相互联系、相互制约和相互影响。所以，企业内部环境是企业科学规划营销战略、合理确定营销策略的基础。一方面，它们对网络营销活动起着制约的作用，造成劣势局面；另一方面，对网络营销活动发挥保障作用，形成优势地位。

企业内部环境包括广义的内部环境和狭义的内部环境。广义的内部环境包括产品特征、财务状况、企业领导对待网络营销的态度和拥有网络营销人员的状况等。狭义的内部环境主要指企业网站的发展和建设，企业网站是企业开展电子商务和网络营销的基础，网站的建设水平直接决定了企业网络营销的效果。

2. 供应商

供应商是指向企业及其竞争者提供生产经营所需原料、设备、能源、资金等生产资源的公司或个人。企业与供应商之间的关系既有合作又有竞争，这种关系不仅受宏观环境的影响，还制约着企业的营销活动。

供应商对企业的生产经营有着实质性的影响。它向企业提供资源的价格和供应量，直接影响产品的价格、销量和利润。供应短缺，可能影响企业按期完成交货任务，从长期来看，将损害企业的形象和信誉；从短期来看，企业会损失销售额。因此，企业应从多方面获得资源供应，而不应该依赖于单一的供应商，以免受其控制和限制。

在网络营销环境下，企业可以选择的供应商的数量增加了，但对其依赖却丝毫没有减弱，反而加强了。同时企业为了降低成本、发挥企业优势、增强应变的便捷性，会对企业的组织结构和业务流程进行重组或再造。企业通常会保留具有核心竞争力的业务，而将不擅长的外包出去，这使得企业所面临的供应商数量增加，对供应商的依赖也日益增强。

随着企业和供应商之间的关系越来越密切，双方共享信息、共同设计产品、合作解决技术难题在网络环境中变得更加容易，企业和供应商之间也因此建立了长久的合作关系。

3. 营销中介

营销中介是指协调企业促销和分销其产品给最终顾客的公司，包括中间商，即销售商品的企业，如批发商或零售商、代理中间商等；服务商，如运输公司、仓库、金融机构等；市场营销机构，如产品代理商、市场营销企业等。

随着互联网的应用，生产者、批发商或零售商通过网络来销售商品，消费者可以通过网络选择所需的商品，这使得一部分商品不再按原来的产业或行业进行分工，也不再遵循传统的购进、储存、运销等流程。因此，网络销售一方面可以使企业间、行业间的分工逐渐模糊，形成产销合一、批零合一的销售模式；另一方面，随着凭单采购、零库存运营、直接委托送货等新业务的出现，服务网络销售的各种中介机构也应运而生。这些与营销企业合作的中介机构不仅组织多、服务能力强、业务分布广泛合理，还可以协助企业进行推广销售和分配产品等。总之，每个企业都需要掌握和了解目标市场，力求发挥优势扬长避短，抓住有利时机，不断开辟新的市场。

4. 竞争者

竞争是当今社会的主旋律，企业竞争则表现得更加激烈，企业要在竞争环境中取胜，就必须研究其所处的环境，针对竞争对手采取更多的优化方案与手段。在市场营销实践中，市场竞争策略通常是针对竞争对手的。因此，企业必须了解竞争对手是谁，他们的目标是什么，具有哪些优势和劣势，现期或将来可能采取的竞争策略是什么，在此基础上采取相应的对策，有效地化解危机。

企业对竞争者的研究主要包括两个方面：一是竞争者的识别，即通过所收集的信息来判断行业内当前的竞争对手和潜在的对手；二是竞争者的研究，即通过分析来研究竞争者的策略，判断竞争者的目标，进而评估竞争者的优势和劣势，判断竞争者的反应模式，并由此确定自身的竞争策略。

（1）竞争者的识别。从市场方面看，企业的竞争者包括以下几种。

①一般竞争者：指以不同种类产品和服务来满足消费者统一需求的竞争者。

②产品形式竞争者：指提供同类产品和服务的竞争者。

③品牌竞争者：指能满足消费者某种需要的同种产品的不同品牌的竞争者。

④愿望竞争者：指满足消费者目前各种愿望的竞争者。

从行业方面看，企业的竞争者主要包括现有厂商、潜在竞争者和替代品厂商。企业只有充分了解所在行业的竞争机构，才能识别企业所面临的现实或潜在的竞争者。

（2）竞争者的研究。确定了企业的竞争者后，就要对其进行具体的研究，主要包括以下几个方面。

①研究竞争者策略。在大多数产业中，企业通常根据竞争者采取不同的策略，把竞争者分为不同的策略群体，采取相同或相似策略的竞争者属于同一策略群体，当企业进入某一群体时，该群体中的成员就成了企业的主要竞争对手。竞争者之间采用的策略越相似，竞争就越激烈。同时群体之间也存在着竞争，因为不同策略群体可能以同一市场为营销目标，或者属于某个群体的企业可能改变策略进入另一群体。

②判断竞争者目标。竞争者通常会有多个目标，如追求利润、市场占有率、技术领先、服务领先、信誉领先、低成本领先等。对这些目标，不同的企业在不同时期有不同的侧重点，因此也形成了不同的目标组合。对于企业而言，及时了解竞争者的侧重点，就可以预知竞争者的反应，进而采取适当的对策进行防御或进攻。

③评估竞争者的优势和劣势。评估竞争者的优势和劣势，是研究竞争者的重要方面。企业可以通过对竞争者的资源和经营状况进行分析对比来指出竞争对手的强项和弱项，主要包括品牌情况、公司产品、服务及其政策；各种营销工具的使用情况；财务情况；网络技术能力；网络运营商和设备供应商状况；营销管理人员的素质和网络营销管理制度等方面。

④判断竞争者的反应模式。在竞争中，竞争者的反应模式也各有不同。其中，"从容不迫"竞争者对某一特定竞争者的行为没有迅速反应或反应不激烈；选择型竞争者对竞争对手在某些方面的进攻给出反应，对其他方面则不加理会；强烈型竞争者对竞争对手的任何攻击都会给出迅速而强烈的反应；随机型竞争者对竞争对手的反应具有不确定性，因此反应模式难以把握。

5. 消费者

消费者是企业产品销售的市场，是企业直接或最终的营销对象。企业的一切营销活动都要以满足消费者的需求为中心，因此，消费者是企业最重要的环境因素之一。在传统的市场营销中，由于技术手段的制约，企业无法了解每个消费者的实际需求。但是在网络时代，由于技术的发展消除了企业与消费者间的时空限制，创造了一个让双方更容易接近和交流的空间，真正实现了经济全球化和市场一体化。一方面，网络不仅给企业提供了广阔的市场营销空间，也扩大了消费者选择商品的范围；另一方面，消费者通过网络可以及时了解更多的信息，增强了商品购买行为的理性。因此，在网络营销活动中，企业不仅可以通过网络树立良好的形象，处理好与消费者的关系，还可以促进产品的销售。

6. 社会公众

社会公众是指对企业实现营销目标具有实际或潜在影响的团体和个人。互联网本身既是一个庞大的信息数据库，也是一个跨时空的超媒体，它的开放性和共享性决定了公众对企业的影响不断增大。因此，明智的企业会采用有效的方法建立并保持与社会公众间友好的公共关系。企业的公众除了包括前面谈到的消费者、营销中介、竞争者外，还包括媒体公众，即报纸、杂志、广播、电视和网络等具有广泛影响的大众传媒；融资公司，即银行、投资公司、保险公司等对企业提供有力保障的金融机构；政府公众，如工商局、税务局等负责管理企业营销行为的有关政府机构；内部公众，即企业组织机构的内部成员；公众利益团体，即保护消费者权益、环保及其他群众性团体；社区公众，即与企业同处某一区域的居民与社会组织；一般公众，即与企业无直接利害关系，但其言论对企业网络营销有潜在影响的公众。在这些公众中，有的可能永远不会成为企业的消费者，但企业的行为直接或间接影响到他们的利益，企业的营销成效也或多或少地受到这些公众舆论与行为的制约。因此，企业应加强与公众的沟通和了解以得到各类公众的理解与支持。

知识拓展

网络营销战略

任务4　进行网络市场调研

2.4.1　网络市场调研概述

1. 网络市场调研的含义

网络市场调研是网络营销企业运用互联网和网络技术、数字技术对当前所需市场信息进行搜集、整理、分析研究，并生成具有指导意义的研究结论的一种把握市场的方法。与传统调查市场一样，网络市场调研也是针对一定阶段、一定区域内市场竞争状况、产品特色、顾客需求及购买行为变化、目前营销策略效果、未来市场机会和成长潜力等一系列问题的调查和分析研究。但是在网络环境下，信息获取和传递具有快速、开放、高效及用户参与度高的特点，网络市场调研要比传统方式更快捷和有效。

2. 网络市场调研的特点

（1）便捷性与经济性。网络市场调研可节省传统市场调研中所耗费的大量人力和物力。在网络上进行调研只需要一台能上网的计算机即可。调查者在企业站点上发出电子调查问卷，网民自愿填写，然后通过统计分析软件对访问者反馈回来的信息进行整理和分析，网络市场调研在收集过程中不需要派出调查人员，不受天气和距离的限制，不需要印刷调查问卷，调查过程中最繁重、最关键的信息收集和录入工作将分布到众多网上用户的终端完成。网上调查的信息检验和信息处理工作均由计算机自动完成。

（2）及时性和共享性。网络的传输速度非常快，网络信息能迅速传递给连接上网的任何用户。网上调研是开放的，任何网民都可以参加投票和查看结果；网上投票信息经过统计分析软件初步处理后，可以看到阶段性结果，而传统的市场调研得出结论需经过很长的一段时间，如CNNIC对Internet进行调查时，从设计问卷到实施网上调查和发布统计结果，总共只用了一个月时间。可见网上调研，保证了网络信息的及时性和共享性。

（3）无时空地域限制。企业可以 24 小时跟踪消费群体并进行实时调查，也可以根据需要选择恰当的时间段展开调查，以更有效地把握市场动向。

（4）交互性和充分性。网络的最大优势是交互性。这种交互性在网络市场调研中的体现如下：在网上调查时，被访问者可以及时就与问卷相关的问题提出自己的看法和建议，减少了因问卷设计不合理而导致的调查结论出现偏差等问题；被访问者可以自由地在网上发表自己的看法，没有时间的限制。传统的市场调研是不可能做到这些的，例如面谈法中的路上拦截调查，其调查时间较短，不能超过 10 分钟，否则被调查者会不耐烦，对调查员的要求也非常高。

（5）调研结果的可靠性和客观性。由于企业站点的访问者一般都对企业产品有一定的兴趣，这种基于顾客和潜在顾客的市场调研结果是客观和真实的，它在很大程度上反映了消费者的消费心态和市场发展的趋向。被调查者在完全自愿的原则下参与调查，调查的针对性更强。网络市场调研可以避免传统市场调研中人为因素所导致的调查结论的偏差，被访问者是在完全独立思考的环境中接受调查的，能最大限度地保证调研结果的客观性。

（6）可检验性和可控制性。利用互联网进行网上调研收集信息，可以有效地对采集信息的质量实施系统的检验和控制。网络市场调研问卷可以附加全面规范的指标解释，有利于消除因对指标理解不清或调查员解释口径不一而造成的调查偏差。问卷的复核检验由计算机依据设定的检验条件和控制措施自动实施，可以有效地保证检验与控制的客观公正性，同时，通过被调查者的身份验证技术，还可以有效地防止信息采集过程中的舞弊行为。

3. 网络市场调研的步骤

网络市场调研与传统的市场调研一样，应遵循一定的方法与步骤，以保证调研过程的质量。网络市场调研一般包括以下几个步骤。

（1）明确问题与确定调研目标。在网上调查时，必须设定一些目标，例如：谁有可能想在网上使用你的产品或服务？谁是最有可能买你提供的产品或服务的客户？在本行业，谁已经上网？他们在干什么？你的客户对你竞争者的印象如何？在公司日常的运作中，可能要受哪些法律、法规的约束？如何规避？

（2）确定网络市场调查的对象。网络市场调查的对象主要分为企业产品的消费者和企业的竞争者两大类。

（3）制订调查计划。网络市场调研的第三个步骤是制订出最为有效的信息收集计划。具体来说，就是要确定资料来源、调查方法、调查手段、抽样方案和联系方法等。

①资料来源。确定收集的是二手资料还是一手资料（原始资料）。

②调查方法。网上市场调查可以使用专题讨论法、问卷调查法和试验法等方法。

③调查手段。可采用的调查手段有以下几种。

a. 在线问卷，其特点是制作简单、分发迅速、回收方便，但要注意问卷的设计水平。

b. 交互式电脑辅助电话访谈系统，主要是利用一种软件程序在电脑辅助电话访谈系统上设计问卷结构并在网上传输，服务器直接与数据库连接，对收集到的被访者答案直接进行储存。

c. 网络调研软件系统。这是专门为网络调研设计的问卷链接及传输软件，它包括整体问卷设计、网络服务器、数据库和数据传输程序。

④抽样方案。需确定抽样单位、样本规模和抽样程序。

⑤联系方法。采取网上交流的形式，如 E-mail 传输问卷、参加网上论坛等。

(4) 收集和整理信息。网络通信技术的突飞猛进使得资料收集的方法迅速发展。互联网没有时空和地域的限制，因此网络市场调研可以在全国甚至全球进行。同时，收集信息的方法也很简单，直接在网上递交或下载即可。这与传统市场调研的收集资料方式有很大的区别。如某公司要了解各国对某一国际品牌的看法，只需在一些著名的全球性广告站点发布广告，把链接指向公司的调查表即可，而无须像传统的市场调研那样，在各国找不同的代理分别实施。诸如此类的调查如果利用传统的方式是无法想象和做到的。在问卷回答中，访问者经常会无意地漏掉些信息，这时可通过在页面中嵌入脚本或 CGI 程序进行实时监控。如果访问者遗漏了问卷上的一些内容，其程序会拒绝递交调查表或者验证后重发给访问者要求补填。最终，访问者会收到证实问卷已完成的公告。在线问卷的缺点是无法保证问卷上所填信息的真实性。

(5) 分析信息。收集信息后要做的是分析信息，这一步非常关键。"答案不在信息中，而在调查人员的头脑中"。调查人员如何从数据中提炼出与调查目标相关的信息，直接影响到最终的结果。因此需要使用一些数据分析技术，如交叉列表分析技术、概括技术、综合指标分析和动态分析等可对调查表进行梳理分析。网上信息的一大特征是即时呈现，而且很多竞争者还可能从一些知名的商业网站上看到同样的信息，因此分析信息能力相当重要，它能使你在动态的变化中捕捉到商机。

(6) 提交调研报告。调研报告不是数据和资料的简单堆砌，而是把与市场营销关键决策有关的主要调查结果报告出来，并以调查报告所应具备的正规结构写作。

2.4.2 网络市场调研的方法

1. 网络市场直接调研法

网络市场直接调研法是指为了特定目的，企业在互联网上收集第一手资料或原始信息的市场调研方法。直接调研的方法主要有网上问卷调查法、网上观察法、网上实验法、专题讨论法四种。

(1) 网上问卷调查法。网上问卷调查法是指企业通过企业网站、问卷调查平台在线发送调查问卷，或向社会化媒体发送调查问卷链接，或通过向积累的潜在或老顾客发送问卷电子邮件进行调查的方法。网上问卷调查法又分为以下三种。

①网站问卷调查法。企业把调查问卷放在自己的网站，或问卷调查平台，或其他相关企业或组织的网站上，让用户自愿参与调查。企业可以给予适当的奖励来提高网民参与调查的热情，以达到调查数量上的要求，同时企业还应利用适当的客户认证保证调查问卷的质量。

②问卷链接调查法。企业把自己的网站或问卷调查平台的问卷链接通过微博、微信、QQ 等社会化媒体进行传播，以吸引更多网民参与调查。

③问卷电子邮件调查法。企业将问卷或问卷链接以电子邮件方式发送到目标用户的邮箱中。运用此方法时，必须注意礼节，并给予用户适当的补偿，如赠送礼品或参与企业实物抽奖。

(2) 网上观察法。网上观察法是指企业在一定的自然情境下对网民行为进行观察和监测，从而分析其消费需求、消费习惯、消费行为等的调研方法。网上观察法往往被认为是最客观的方法，但是短时间和小样本都将影响观察法研究结果的质量，企业可以利用软件

（如 Cookie）对网民的网络行为进行全方位观察，通过分析抓取的网民行为数据获取其消费的相关信息。

（3）网上实验法。网上实验法的目的是探索"诱因—反应"关系。网上实验法是指对预先选出的多个可比的主体组赋予不同的实验方案，并控制外部变量，然后观察引起的差异是否具有统计上的显著性。企业可以利用网上观察法有效地测试网页、展示性广告和促销活动的效果。

（4）专题讨论法。专题讨论法是指讨论组对目标市场的某些话题进行讨论而从中获取数据或资料的调研方法。通常使用的讨论组有 Usenet 新闻组、邮件列表或 BBS 讨论组。讨论组按以下步骤开展。

①确定要调查的目标市场，通常可通过查询有关讨论组的分层话题或参与者的相关目录来获取目标市场信息。

②根据目标市场特点选择合适的讨论组。

③准备好企业需要讨论的话题。

④登录相应的讨论组展开讨论，若讨论情况较好，可适当加入更有意义的讨论话题，并保存有价值的数据和资料。

2. 网络市场间接调查法

企业间接调查法是指企业通过网络收集所需信息的二手资料进行市场调研的方法，该方法简单方便，并且可以节省调研时间。

（1）网络间接调查的信息源，主要包括以下两个内容。

①企业内部信息源。企业内部信息源是指企业在营销活动中搜集、整理好的各类存储信息。企业内部信息源一般包括产品的销售记录、客户信息记录、客服的服务记录、财务的货流记录和其他一些具有参考价值的历史档案资料，企业可以根据需要调用。

②企业外部信息源。企业外部信息源主要指政府和其他公共服务机构提供的信息，主要有以下几种。

a. 本国或外国政府网站及有影响的国际组织网站。本国政府网站或相关部门网站能提供国家及其各地区系统、权威的市场信息，外国政府网站也可以提供有关国家或地区的市场信息，国际组织网站也会提供相关的统计信息，如联合国、国际货币基金组织、国际贸易中心等国际组织网站提供的区域市场数据及市场环境变化信息等。

b. 图书馆和市场调研机构网站。公共图书馆、大学图书馆、贸易部门的图书馆等图书馆网站能提供有关市场营销的背景资料及相关统计资料。市场调研机构网站能提供各种市场研究报告，有免费的，也有需要付费的，还可以接受企业委托进行专项调研，提供个性化调研报告。

c. 金融机构和相关企业网站。企业通过银行等金融机构网站可以获取国家或区域的经济信息，包括行业相关信息。与企业经营相关的企业也是信息源，通过搜集他们的信息可以获取价值链上的相关记录，可以了解到行业的竞争状况。

（2）网络间接调查的一般方法，主要有以下三种。

①利用搜索引擎调研。利用搜索引擎进行信息挖掘是网络间接调查的主要方法，包括主题分类检索和关键词检索两种。

a. 主题分类检索即通过各搜索引擎的主题分类目录查找相关信息。由于搜索引擎中的主题分类目录是按照一定的主题分门别类和通过层级间的概念包含关系逐级进行目录建设的,所以在查询时,首先要确定调研目标所述的主题范围,然后逐层查找相关信息,直到满意为止。

b. 关键词检索是利用运算进行关键词组合或对关键词进行缩小或限制来达到对所需信息的准确定位,可以用布尔运算、位置运算、截词符等组合关键词,或设定检索的范围、语言、地区、数据类型和时间等进行检索限制。搜索引擎网站很多,常用的中文搜索引擎有百度、搜狗、有道、360 搜索等。常用的外文搜索引擎有 Google、Bing、WolframAlpha、Webcrawler 等,企业可根据信息调查需求进行选择。

②利用相关专业网站。企业可以调查某些专业网站,集中收集相关信息。如需了解一个地区的人口情况,可登录政府的人口调查局网站进行相关信息收集;如需了解一个地区的购买力水平,可以登录中经网搜索有关统计信息。

③利用相关网络数据库。利用网络数据库,特别是一些大型的商情网络数据库系统,广泛进行相关资料查询。数据库的统计数据和调查结果是经过智力加工的,一般需要付出一定的费用才能获得。国际上比较大且比较流行的联机检索情报系统有:美国的 Dialog 系统、ORBIT 系统和 DJN/RS 系统,欧洲及国际上常用的 STN 系统、ESA – IRS 系统和 DUN&BRADSTREET 系统等;我国的 CNKI、万方数据库等。

案例

"江小白"究竟是如何赢得自己的一片天地呢?

1. 年轻化白酒横空出世

在很长的一段时间里,白酒产品大多定位于高端市场。江小白酒业的创始人陶石泉表示,每次朋友聚会大家都要喝上一点白酒,但是太高端的酒对于年轻人来说消费不起,而廉价的白酒又感觉似乎上不了台面。于是开发一款"年轻化"白酒的想法在陶石泉的心中开始萌发。

在基本思路确立之后,陶石泉便开始着手创业。2010 年陶石泉从金六福离职后,从北京搬到了成都,在接下来的两年里读书和社交成了他的"主业"。社交网络的迅速发展,让陶石泉看到了社会化营销即将带来的一场品牌传播革命。

自 2011 年下半年开始,陶石泉开始寻求创业各个环节的专业人才。在那段时间里,陶石泉说得最多的一句话便是"您好,我有一个创新的想法?"许多人被他的想法和真诚的态度所打动,加入了其团队,其中的大部分人都是"80 后"或"90 后",这也许是中国白酒行业最为年轻的一支团队。

关于品牌的名称,陶石泉曾有过许多的方案,但在看到青春偶像剧《男人帮》剧中那个略害羞、略文艺、偶尔装深沉的男主角"顾小白"以及另一部电视剧《将军》里的主人公"虞小白"后,"江小白"这个既通俗简单,又一听就能记住的名字,在他的脑海里出现了。

于是,一个长着大众脸,鼻梁上架着无镜片黑框眼镜,系着英伦风格的黑白格子围巾,身穿休闲西装的帅气小男生成为"江小白"的卡通形象。

陶石泉的团队在之后的营销中不断尝试着赋予这个小男生鲜明的个性:时尚、简单、我行我素,善于卖萌、自嘲,却有着一颗文艺的心。这个形象还有一句常挂嘴边的口号——

"我是江小白,生活很简单",而正是这样一句简单却充满正能量的话语迅速在网上爆红。

陶石泉认为,好品牌就是这样,有态度有主张,还得朗朗上口、容易记忆。

在包装上,江小白也完全抛弃了传统的酒类产品风格,采用磨砂瓶身,主打蓝白色调,在瓶体上印满个性化的江小白语录。

2. 精准的市场定位

江小白从2012年创建了自己的品牌,直到2015年,都没有获得消费者的广泛认可。但是,2015年互联网经济的发展给了它生机,这也印证了那句话:"成功是给有准备的人的",它只用了短短半年时间就成功逆袭,这得益于它精准的市场定位。江小白的市场定位并不是一般的白酒,而是定位于"情绪饮料",它提出了"不回避、不惧怕、任意释放情绪"的产品形象宣言。江小白经典语录如图2-7所示。

这是一种"避强定位法",这种定位策略可以让企业避免与强有力的竞争对手发生正面冲突,将自己的产品定位于竞争者未开拓的市场区域内,产品的某些特征或属性就可以与竞争者的产品形成差异化。江小白采用特色定位,用自己的特点在消费者心中树立独特的形象,以区别于其他品牌的白酒。

江小白针对自己的目标市场,进行这样的精准定位是对大数据有效利用的结果。在信息技术、互联网技术的引领下,我们已经进入大数据时代,大数据的应用也影响了市场定位方法的发展方向。人人参与、真实互动、信息公开和及时发布是大数据时代显著的特点,这些特点与企业定位过程相互碰撞之后,就会给企业以灵感,为企业带来一个更精确的定位手段。社会化的线下平台与互联网的线上平台的有效结合,使企业实施市场定位精准化活动成为新的可能,从而给企业带来巨大的竞争优势。江小白就是利用互联网的线上社交平台以及线下举办的同城酒会之类的线下交流平台,收集目标顾客的信息,通过对信息的整理、分析,映射出目标顾客的特点,从而进行精准的市场定位。

图2-7 江小白经典语录

2.4.3 网络市场调研问卷

1. 市场调查问卷的结构

一份规范、完整的调查问卷通常由三部分组成:开头、正文和结尾。

(1)问卷开头。问卷的开头包括标题、说明词、填表说明和问卷编号。

①标题。问卷的标题是对调查主题的概括说明,要求开门见山,被调查者看过标题后可以大致了解调查问卷的内容。

②说明词。说明词用以说明调查的目的、问题和调查结果的用途,与此同时,在说明词中还要介绍此次调查的主办单位,并对被调查者表示感谢。说明词可以使被调查者重视调查,积极参与。

③填表说明。填表说明向被调查者说明如何填写调查问卷,包括填表要求和说明。有时

填表说明仅仅针对个别题目，则被设置在这个问题的后面；有时填表说明针对整个问卷，则被设置成独立的部分。

④问卷编号。问卷编号主要用于问卷、调查者与被调查者的识别。

（2）问卷正文。问卷的正文包括问题和选项、被调查者基本情况和编码三部分。

①问题和选项。问题和选项是整个调查问卷的核心。调查问卷中涉及的内容可以分为两个部分：行为资料和态度资料。行为资料是指有关调查对象社会经济行为的资料，主要反映调查对象是否做过某些事情及做某些事情的次数和频率。例如："您上个月是否去参加过活动？"态度资料是指有关对象或被调查者对他人（或事件）的能力、兴趣、意见、评价、情感、动机等方面的态度资料，主要反映了调查者对特定"外部世界"的感受、认知、看法和评估。例如"你认为现在培训中心的价格是：a. 很高（ ）b. 较高（ ）c. 适中（ ）d. 较低（ ）e. 很低（ ）。"

②被调查者基本情况。被调查者基本情况指的是被调查者的背景信息，用于说明被调查者的基本特征，如果被调查者是个人，这部分内容可以包括个人的性别、年龄、职业、受教育程度、收入、婚姻情况、居住地址、联系电话等；如果被调查者是社会群体或组织，则应包括组织名称、属性、规模、结构等。由于被调查者的背景不同，造成他们的行为和态度也有所不同，所以被调查者的基本信息在调查问卷中具有重要作用。

③编码。问卷中每一个问题和答案都应该有一个数字作为它的编码，编码就是将调查问卷中的项目转化成为具体的数字，从而有助于后期的数据整理与分析。除此之外，每份调查问卷也应该有自己的编码。

（3）问卷结尾。调查问卷的结尾可以对被调查者表示感谢，也可以设置开放式问题询问被调查者的意见和建议。

2. 网络市场调查问卷的设计

网络市场调查问卷的设计是一项相对精细的工作，要求调研人员兼顾从问卷设计、问卷投放到问卷回收整个调查过程中各个环节的要求，尽可能地挖掘到更多有价值的信息。

（1）问卷设计注意事项。企业能否在网络市场调查中高效地收集消费者需求及购买行为、产品性能、品牌影响力等方面的相关信息，关键在于问卷的质量。提高网络调查问卷的质量应注意以下几个方面。

①认真分析影响问卷质量的因素并采取相应措施。问卷的质量主要取决于问题类型划分是否清晰、问题数量是否合适、问题含义是否简明并且便于理解，以及其他问卷设计技巧。问卷设计还应方便调查人员统计分析，对影响问卷质量的因素进行认真分析，并在设计问卷时采取相应措施。

②声明保护被调查者的个人信息。企业在进行网站推广、电子商务交易或者市场调研时，都应充分重视被调查者的个人隐私权，用各种措施来保护被调查者的个人信息安全。企业在进行网络问卷调查时，一定要注意这一点，在问卷的调查说明中必须明确告知调查对象调查的目的，并明确声明其个人信息不会用作其他用途。

③采用技术手段减少问卷冗余。调研人员在设计问卷的提交环节时，一般会使用如 ASP.net 或 Jave Scripu 等的语言，在被调查者准备提交问卷的时候对遗漏项目或内容超常现象进行提醒，促使用户完善问卷。为了避免用户重复提交问卷，网站还可以利用 Cookies 等插件

对用户的提交行为进行限制，但是用户恶意重复参与的行为难以控制。

④吸引更多调查参与者并充分利用外网资源。企业要吸引更多问卷调查参与者，一方面，应在问卷调查说明中体现出被调查者参与的意义，如采用"您的参与对我们很重要"等语句，以提高问卷的回收率；另一方面，尽管网络调查一般出于自愿原则，企业还是应该对参与者采取适当的激励措施来调动访问者的参与积极性。如果企业仅依靠自身网站或问卷调查平台还不足以获取足够的样本，可以借助其他知名度相对较高的网站或社会化媒体来扩大调查范围，以吸引更多的调查参与者。

⑤奖项设置合理。企业设置适当的奖励，可以直接刺激网民的参与热情，有利于吸引更多的访问者参与调查。但是为了减少网民参与调查的不文明行为，提高调查内容的真实性，应对奖励措施进行合理的设置。由于网络调查环境的虚拟性，参与者为获取更多的奖励，可能会出现多次提交问卷的行为；也有些参与者为了得到奖品，采取作弊的行为来获取奖品，这些都将影响问卷调查结果的质量。企业必须注意奖励的激励力度，同时也应采取技术措施合理地对奖励程序进行设置。

⑥网络调查问卷的测试和修正。企业在正式发布调查问卷前应进行预调查，或在某一范围内进行调查，认真对预调查的实际反应进行细致总结，对不完全或不合理的问题进行及时修正，为正式问卷调查及时有效展开做好准备。

(2) 调查问卷提问应避免的问题。调查问卷在设计过程中受到一些语言因素的制约，从而影响了被调查者对于问题的理解。

①避免一般性问题。例如，一个饭店在进行顾客调查时，设置了"您对我们的饭店是否满意？"的问题，显然这个问题过于笼统，很难达到预期的效果，因此应将问题拆分，分项提问。如将问题改为"您认为我们饭店的菜色是否丰富？""您认为我们饭店的就餐环境是否优雅？""您认为我们饭店的饭菜是否可口？"等。

②避免使用多语义词。有些词语意思模糊，往往因为被调查者的理解不同而产生歧义，应该尽量避免使用这类词语。例如，"您经常旅行吗？"这一问题，被调查者会对"经常"产生疑惑，是指在一周内还是一个月内？因此，调查者应该为题目设定明确的界定范围，如"去年你去旅行了几次？"。

③避免引导性问题。问卷中的问题要避免向被调查者做任何的暗示和误导。例如，"许多消费者都认为某某饭店饭菜可口，您的印象如何？"这个问题带有强烈的暗示作用，会引导被调查者的想法，影响调查效果。可以将上述问题修改为"您认为某某饭店的饭菜味道如何？"

④避免遗忘性问题。在调查问卷中，有的问题时间间隔太久，被调查者已经遗忘，或者记不清楚，容易引起他们对于调查的反感和不满，最终造成调查结果质量下降。例如，"去年你购买了哪些图书？"应该将时间段选定在被调查者比较容易回忆的范围之内，如"上个月你购买了哪些图书？"

⑤避免困窘性问题。在对被调查者的基本资料进行调查时，有的问题涉及被调查者的个人隐私，如年龄、收入、受教育程度等。这部分不应该直接提问，容易让被调查者产生反感与不满。一般采取分层次列表提问的方法，或通过询问被调查者对该事物的看法等方法。例如，"你的受教育程度属于哪一栏？A 高中或以下；B 大专；C 本科；D 硕士；E 博士及以上学历"。

⑥避免商定性问题。问卷中的某些问题断定被调查者已经拥有了这项商品或发生过这种行为,但事实上被调查者根本没有过商品或行为。例如,"你丈夫喜欢喝红酒还是白酒?"被调查者可能未婚,也可能丈夫不喝酒,这些都会引起被调查者的不适,从而造成调查结果的不准确。遇到这样的情况,可以对问题进行拆分,分项提问,如"你是否已婚?""你的丈夫是否饮酒?""他喜欢红酒还是白酒?"

⑦避免假设性问题。调查者将个别问题设置在一种假设性的环境中,然后询问被调查者在这种假定的情况下会进行何种行为。例如,"如果别墅降价50%,你是否会购买别墅?"这样设置问题是不科学的,在假设的环境下,被调查者并不知道自己会有何种行为,因此填写答案的价值不高,不能真正反映问题的本质,从而影响调查结果。

(3)网络调查问卷的投放与回收要求。网络调查问卷的投放与回收尽管比较简单,仍然需要注意所涉及的相关要求。

①企业网站应具备完善的网络调查功能。企业网站要保证调查问卷从设计、调整、定稿到发送调查、提交问卷、统计分析和结果输出整个操作流程所需的功能,使整个调查系统操作方便快捷,尤其后台管理应具有对问卷的自动回收处理功能,并能随时得出动态的统计分析结果。

②及时做好问卷调查的预热工作。因为信息的不对称,调查问卷在企业网站或问卷调查平台发出后,一般不会马上引起人们的关注,因此需要企业对调查活动进行宣传,以便在短时间内获得较多的访问群体。通常,企业可以通过以下方式进行宣传:借助传统媒体,如纸质媒体、电视转播等进行宣传;借助企业网站预先发布通告或直接向目标群体发送电子邮件;借助大型门户网站、知名论坛、博客、微博发布网络广告或邮件列表发送邮件,同时应设计适当的调整补偿,如有奖回答或免费提供服务等。

(4)对调查进程进行全面跟踪监督。应对网络市场调查全过程进行全方位的系统跟踪监督。调查过程中,对可能发生的问题应及时处理。如对统计分析内容做好测量和记录;及时处理可能的问卷冗余问题,如多交、重复提交等,或无法提交问卷等问题;调查人员及技术人员应及时关注处理,保证调查高效有序进行。另外,调查往往在一定时期内进行,有时候还会延长,调研人员应对回收的问卷数据及时备份,以防数据的意外丢失,并根据实际情况设定备份周期。

任务5 进行分析网络购物行为

2.5.1 网络消费需求的特征

1. 消费具有层次性

网络消费本身是一种高级的消费形式,但就其消费内容来说,仍然可以分为低级到高级的不同层次。需要注意的是,在传统的事业模式下,人们的需求一般是由低层次向高层次逐步延伸发展的,只有当低层次的需求基本满足之后,才会产生高一层次的需求。而在网络消费中,人们的需求是由高层次向低层次扩展的。在网络消费的开始阶段,消费者侧重于精神产品的消费,到了网络消费的成熟阶段,消费者在完全掌握了网络消费的规律和操作并且有了一定的信任感后,才会从侧重于精神消费品的购买转向日用消费品的购买。

2. 网络消费者的需求具有明显的差异性

不同的网络消费因所处的时代、环境不同而产生了不同的需求,而不同的网络消费者在同一需求层次上的需求也会有所不同。这是因为网络消费者来自世界各地,国别不同、民族不同、信仰不同、生活习惯也不同,因而产生了明显的需求差异性,且远远大于实体商务活动的差异。

3. 网络消费者的需求具有交叉性

在网络消费中,各个层次的消费不是相互排斥的,而是紧密联系的,需求之间广泛存在着交叉的现象。例如,由于网络虚拟商店可以囊括几乎所有的商品,可以满足生理的需求和尊重的需求,所以在同一张购货单上,消费者可以同时购买最普通的生活用品和昂贵的饰品。

2.5.2 消费者心理变化趋势和特征

互联网用户作为一个特殊群体,有着与传统市场群体截然不同的特征。网络营销的企业竞争是一种以客户为焦点的竞争形态。消费者的心理变化和行为变化要求我们的营销策略必须针对这种变化而变化,这种变化主要体现在以下几个方面。

1. 消费者个性消费的回归

工业化和标准化生产使消费者的个性淹没在了大量低成本、单一化的产品洪流之中。

随着全新的网络化世界的到来,消费者产品选择范围的全球化、产品设计的多样化,使整个市场营销又回到了个性化的基础之上,个性化消费成为消费的主流。

2. 消费者需求的差异性

网络消费者来自世界各地,有不同的国别、民族、信仰和生活习惯,因而会产生明显的需求差异性。所以,从事网络营销的厂商要想取得成功,就必须在整个生产过程中,从产品的构思、设计、制造到产品的包装、运输、销售,认真思考这些差异性,并针对不同消费者的特点,采取相应的措施和方法。

3. 消费主动性的增强

社会分工日益细化和专业化的趋势下,即使在许多日常生活用品的购买中,大多数消费者也缺乏足够的专业知识对产品进行鉴别和评估,但他们对于获取与商品有关的信息和知识的心理需求却并未因此消失,反而日益增强了。这是因为消费者对购买的风险感随选择的增多而上升,而且对单向的"填鸭式"营销沟通感到厌倦和不信任。尤其在一些大件耐用消费品(如电脑)的购买上,消费者会主动通过各种可能的途径获取与商品有关的信息并进行分析比较。这些分析也许不够充分和准确,但消费者却可以从中获得心理上的平衡,降低风险感和购买后产生后悔感的可能,从而增加对产品的信任和争取心理上的满足感。在许多大额或高档的消费中,消费者往往会主动通过各种可能的渠道获取与商品有关的信息并进行分析和比较。

4. 消费心理稳定性减小,转换速度加快

现代社会发展和变化速度极快,新生事物不断涌现。消费心理受这种趋势带动,稳定性降低，在心理转换速度上趋向与社会同步，在消费行为上则表现为产品生命周期不断缩短。过去一件产品流行几十年的现象已极为罕见，消费品更新换代速度极快，品种花样层出不穷。产品生命周期的缩短反过来又会促使消费者心理转换速度进一步加快。例如，电视机在中国由黑白发展为彩色经历了十几年时间，但现在几乎每年都有采用新技术的新功能电视机推出。

5. 消费者直接参与生产和流通的全过程

传统的商业流通渠道由生产者、商业机构和消费者组成，其中商业机构起着重要的作用，生产者不能直接了解市场，消费者也不能直接向生产者表达自己的消费需求。而在网络环境下，消费者能直接参与到生产和流通中来，与生产者直接进行沟通，从而减少市场不确定性。

6. 消费者选择商品的理性化

网络营销系统巨大的信息处理能力，为消费者挑选商品提供了前所未有的选择空间，消费者会利用在网上得到的信息对商品进行反复比较，以决定是否购买，对企事业单位采购人员来说，可利用预先设计好的计算程序，迅速比较进货价格、运输费用、优惠折扣、时间效率等综合指标，最终选择有利的进货渠道和途径。

7. 价格仍是影响消费心理的重要因素

网上购物之所以具有生命力，重要的原因之一是因为网上销售的商品价格普遍低廉，尽管经营者都倾向于以各种差别化来减弱消费者对价格的敏感度，避免恶性竞争，但价格始终对消费者的心理产生着重要的影响。因消费者可以通过网络联合起来向厂商讨价还价，所以产品的定价逐步由企业定价转变为消费者引导定价。

8. 网络消费仍然具有层次性

在网络消费的开始阶段，消费者偏重于精神产品的消费；而到了网络消费的成熟阶段，消费者的购买则转向了日用消费品的购买。

9. 追求消费过程的方便和享受

人们对现实消费过程出现了两种趋势的追求：一部分工作压力较大、紧张程度高的消费者以方便性购买为目标，他们追求的是时间和劳动成本的尽量节省；另一部分消费者由于劳动生产率的提高，自由支配时间的增多，因此他们希望通过消费来寻找生活的乐趣。

2.5.3 网络购物行为分析

1. 网络消费者的购买动机

动机指推动人进行活动的内在驱动力，即激励人行动的原因。特定的需要决定了人们购买某种商品，这种影响消费者选择该商品的原因就叫购买动机。购买动机取决于消费者的要求和需要。

网络消费者的购买动机是指在网络购买活动中驱动消费者产生购买行为的某些内在驱动力。网络消费者的购买动机基本上分为两类，即需求动机和心理动机。前者是指人们由于各种低级的和高级的需求而引发的购买动机，例如，在网络上购买基本的生活必需品或者在网上进行医疗咨询等。而后者是由于人们的认识、感情、意志等心理过程而引发的购买动机，例如，在网络上突然发现一本好书、一个好的游戏软件，就产生了购买动机。

2. 网络消费者的购买行为

（1）What（买什么商品）。企业要研究消费者购买什么，以决定生产什么。

（2）Why（为什么购买）。消费者为什么购买呢？例如，是为了自己消费还是馈赠亲朋好友？如果是为了自己消费，在包装上便可以不增加消费者购买的压力；如果要馈赠亲朋好友，包装上则要讲究一些。

（3）When（什么时候购买）。企业要研究消费者购买决策过程中的时间规律性，以适当调整营销对策。比如节假日商品，往往在节假日到来之前是最畅销的。这个时候，为了适应购买的时间特征，应建立临时的分销渠道。

（4）Where（在什么地方购买）。例如，在百货商场还是到商家直销店购买？这涉及不同营销渠道的选择问题。如果消费者愿意到中间商那里去购买，就可以借助中间商实施商品分销；如果消费者愿意到专卖店去购买，就可以采取直销的形式；如果想要不出门在家里购买，就可以采用网上分销的形式。

（5）Who（何人购买）。企业通常应考虑几种不同的角色，比如谁是倡导者，谁是决策者，谁是购买者，谁是使用者。"谁是倡导者"关系到我们如何选择广告媒体，比如针对小孩做广告，广告媒体就应该选择电视，小孩在电视上看到活灵活现的玩具和适合他消费的商品，就会成为积极的倡导者。在选择广告媒体之后，在宣传广告的内容上还要考虑决策者，要突出宣传产品优势，以便决策者能够做出购买产品的决策。然后，还要考虑购买者和使用者，对购买者必须热情接待；对使用者，要让他获得良好的后期感受，使他成为再度购买的倡导者。

（6）How（如何购买）。企业应根据消费者的要求组织营销活动。如消费者是愿意一次性付款还是分期付款，是要求送货还是自己提货，这些都是企业应该考虑的。

3. 消费者购买行为的类型

（1）尝试学习型。这类人对网上购物出于兴趣和好奇，刚开始尝试网上购物，在网上的时间不多，电脑应用水平低下，这也可能是限制这类人成为长期网上购物者的因素。

（2）网络热衷型。这类人中大部分是网络爱好者，积极参与网站的活动，经常在网上浏览、购物，还喜欢向别人讲述自己的购物经历。

（3）贪图方便型。这类购物者对时间比较敏感，不愿意把时间花在商场购物上。他们认为网上购物最大的好处就是可以不出家门，节省时间、节约费用和方便操作。

（4）价格折扣型。这类购物者非常在意商品价格，他们网上购物主要是为了寻找价格低的商品，在网站上出售打折商品对他们有较大的吸引力。

（5）隐私规避型。这类购物者倾向网上购物，是因为不需要在大庭广众之中购买那些比较隐私的商品。他们对会员注册比较敏感，不愿让人知道隐私，如果网站要他们填写详细的个人信息，他们则会产生反感情绪。

（6）商品信息搜索型。这类购物者推崇时尚、追赶时髦，喜欢在网上寻找稀有商品，或者在购物前利用网络进行信息搜索，比较商品功能、价格，网上浏览信息网下购买商品。

2.5.4 个人消费者网上购买分析

1. 个人消费者网上购买过程

网上消费者的购买过程就是网上购买行为形成和实现的过程,其购买过程包括五个阶段,即诱发需求、收集信息、比较选择、购买决策和购后评价。

(1) 诱发需求。购买过程的起点是诱发需求,这种需求是在内外因素的刺激下产生的。传统的购物过程中,诱发需求的因素是多方面的,如来自人体内部的生理刺激(冷暖饥渴等)、来自外部环境的心理刺激等,而文字的表述、图片的呈现、声音的配置则成为诱发网上消费者购买的直接动因。

(2) 收集信息。消费者对信息的收集主要通过个人渠道、商业渠道和公共渠道。在传统的购买过程中,消费者对于信息的收集大概出于被动进行的状况,如亲朋好友或同事提供的购买信息和体会、厂商的展览推销、上门推销、中介推销、各类广告宣传等。与传统购买不同的是,网上购买信息的收集具有较大的主动性。一方面,网上消费者可根据已了解的信息,通过互联网查询商品的信息,了解行情,例如对商品的款式、价格、色彩及多种产品的性能和价格进行比较;另一方面,消费者又在不断的网上浏览中寻找新的购买机会。

(3) 比较选择。消费者将从各渠道收集到的资料进行比较、分析、研究,了解各种商品的特点及性能。消费者的综合评价主要考虑商品的功能、质量、可靠性、样式、价格和售后服务等。通常,消费者对一般消费品和低值易耗品的选择比较容易,而对耐用消费品的选择比较慎重,因此网上消费者对商品的比较主要依赖于经销商对产品的描述,包括文字的表述和图片的描述。对产品描述得不充分,就不能吸引众多的消费者。但过分夸张甚至带有虚假成分的描述,则可能永久地失去消费者。对于这种分寸的把握是每个从事网络营销的厂商必须认真考虑的。网上消费者对网络广告的可信度一般从以下几个方面进行考察。

①看发布渠道。一般在著名站点上发布广告的厂商,经济实力较强,可信度较高。

②看广告用语。语言是广告对外传播信息的主要表达形式,客观地、实事求是地反映商品的特点是网络广告的基本要求。

③看主页内容更换的频率。网络营销成功的企业,其主页会经常变换,推出新的信息和产品,不重视网络营销的企业,对主页内容的更新则漠不关心。

④尝试性购买。若要购买一个不熟悉网站上的商品,消费者一般先做一次尝试性购买,了解其产品质量和服务质量后,再决定是否进行大规模购买。

(4) 购买决策。网上消费者在完成对商品的比较选择后,便进入到购买决策阶段。网上购买决策是指网上消费者在购买动机的支配下,从两件或两件以上的商品中选择一件满意商品的过程。网上消费者在决定购买某种商品时,一般都具备了三个条件:第一对厂商有信任感;第二对支付有安全感;第三对产品有好感。

(5) 购后评价。消费者购买商品后,往往通过使用来对自己的购买行为进行检验、总结,重新考虑这种购买是否正确,效用是否满意,服务是否周到等问题,商品的价格质量和服务往往是消费者购后评价的主要内容,这种购后评价往往也会决定消费者今后的购买动向。

2. 影响个人消费者网上购买的因素

影响个人消费者网上购买的因素有社会阶层、家庭环境、风俗时尚、个人心理等多方面。在全球化的市场中，商品挑选的范围大大增加了，消费者可以借助多种检索途径和新闻组、电子公告牌方便快速地搜寻全国乃至全世界相关的商品信息，挑选满意的厂商和满意的产品，获得最佳的商品性能和价格。网上商店全天候营业，消费者可以在任何时间上网购物。一般来说，同样的商品，价格越低，销售量越大，此时商品的价格就成为影响个人消费者网上购买的主要因素。

知识拓展

马斯洛需求层次理论

项目实训

任务1

【实训目的】通过实训，掌握企业是如何对网络营销环境进行分析的。

【实训内容】登录京东、当当、亚马逊等购物网站，结合我国互联网络信息中心发布的《中国互联网络发展状况统计报告》，以及《中国网络购物调查研究报告》，认识开展网络营销环境分析的情况。

【实训总结】通过以上实训，比较分析各网络购物平台的网络营销环境。

任务2

【实训目的】通过实训，掌握设计调查问卷的方法。

【实训内容】以在校大学生为调研对象，设计一份关于在校大学生网络购物的调查问卷。

【实训总结】通过实训，掌握调查问卷设计的方法及问卷设计应注意的事项。

课内测试

1. 选择题

（1）网上间接调查方法有（　　）。

A. 利用搜索引擎、访问相关网站和利用相关的网上数据库
B. 利用搜索引擎、访问相关网站和实验法
C. 利用搜索引擎、利用网络服务器收集资料和访问相关网站
D. 利用搜索引擎、访问相关网站和利用网络服务器收集资料

（2）下列因素中属于网络营销微观环境因素的是（　　）

A. 人口　　　　　　B. 供应商　　　　　　C. 竞争者　　　　　　D. 中间商

2. 判断题

(1) 在问卷的设计中应越全面越好,可多获得信息。(   )

(2) 网络消费者的购买动机基本上可分为需求动机和心理动机两大类。(   )

3. 简答题

(1) 什么是网络营销环境?

(2) 网络营销环境具有什么特征?

(3) 网络营销的宏观环境和微观环境分别包括哪些?

(4) 网络市场调研的方法和步骤是什么?

(5) 调查问卷提问应避免哪些问题?

项目 3

网络广告营销

学习目标

【知识目标】
1. 了解网络广告行业发展概况。
2. 熟悉网络广告的主要形式。
3. 领会网络广告的特征及营销价值。
4. 掌握网络广告的计费方式及营销效果数据分析。
5. 掌握网络广告的策划内容和投放策略。

【技能目标】
1. 能够对网络广告活动进行效果评估。
2. 合理撰写广告策划方案,开展网络广告活动。

任务导入

亚马逊:亚马逊&搜狗战略合作方案

【广告主】亚马逊集团公司
【广告代理】搜狗科技
【制作公司】搜狗科技

1. 案例背景

2013年"双十一"淘宝350亿元销售额让电商大战愈演愈烈。2014年年初,亚马逊决定联手搜狗,在年货采购季打响2014年营销"第一枪"。合作挑战:第一,对谁说:中国网民已经突破6亿,海量网民中谁将成为消费的主力?第二,说什么:如何定位,让消费者选择亚马逊?第三,怎么说:在精准、海量、性价比高的传统搜索推广方式上,搜狗能够提供哪些创新?

营销目标

品牌层面,在电商白热化竞争中脱颖而出,传递品牌创新理念;产品层面,借春节年货采购提高销量,同时获取PC端、移动端用户。

目标受众

搜狗系、腾讯系、搜狐系三大核心阵营优质用户资源。

执行时间

1月6日—1月19日。

2. 创意表达

基于亚马逊提出的三大课题，搜狗提出了针对性的解决方案——搜狗将信息重点推送给曾经访问过电商网站的用户，利用搜狗PC搜索+无线搜索推广的组合方式，全面推荐亚马逊品牌信息。此时，一场以"马上有"为蓝本的创意热潮席卷微博、微信。搜狗顺势为亚马逊定制浮层品牌专区，如图3-1所示。

图3-1　亚马逊推广信息

3. 传播策略

结合热点，顺势而为。

PC无线双网联动：利用PC端+无线端组合投放方式，精准推荐亚马逊品牌信息。

全屏动画吸引点击：利用浮层品牌专区动画，吸引网民点击并形成转化。

执行过程

当网民通过搜狗搜索、搜狗输入法、搜狗浏览器、搜狐网、腾讯网、QQ聊天、QQ浏览器搜索亚马逊相关信息时，异形品牌专区将会在搜索结果页全屏展示FLASH动画效果。海量商品在页面上充分展示，秒杀、年货等大量信息刺激着消费者点击购买，如图3-2所示。

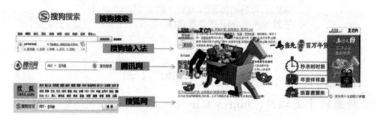

图3-2　亚马逊推广（一）

同时，PC端品牌专区、皇冠样式、右侧品牌专区，成为有效的流量补充。移动端品牌专区和搜索推广，占据用户手机屏幕，这些为亚马逊提供了多样的流量入口，如图3-3、图3-4所示。

4. 效果总结

借助搜狗平台，亚马逊实现了三倍于以往的投放反馈，其中，全新异形品牌专区贡献近30%流量，无线品牌专区贡献40%的流量，成为两个最为重要的入口来源。

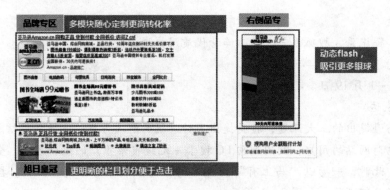

图3-3 亚马逊推广（二）

图3-4 亚马逊推广（三）

（注：案例资料来源于艾瑞网，http://a.iresearch.cn/case/5058.shtml）

思考：为满足亚马逊广告效果重视品牌和产品销量的双重需求，搜狗实施的广告策略是什么，广告形式的创新点体现在哪些方面？

任务1　了解网络广告的概念及主要形式

在我们身边，广告随处可见，户外展示牌、报纸杂志、电视、广播、网络等媒介都能发现广告的踪迹。随着互联网信息技术的发展，网络对我们日常生活的渗透越来越深入，上网几乎已成为人们每天不可或缺的"必修课",在这种环境下网络广告水涨船高,在市场营销领域的地位也越来越显著。1998年,联合国新闻委员会已将互联网确认为继报刊、广播、电视之后的"第四媒体",借助网络媒体强有力的发展趋势,网络广告营销作为企业整体营销战略的重要组成部分,越来越受到现代企业的重视和青睐。

3.1.1 网络广告的概念

网络广告,简单来说就是在互联网上发布的广告。具体而言,即广告主以文字、图片、音频、视频或者其他形式,在互联网上刊登或发布广告内容,以实现向目标群体推销产品或服务和提升企业形象的科技化运作方式。网络广告是最常见的网络营销方式之一,配合企业整体营销战略,网络广告营销可借助互联网优势,以丰富多样的形态展现在网络媒体上,达到提高品牌知名度、推动销售增长的目的。

网络广告起源于美国。1994年10月,美国著名的 Wired 杂志推出了网络版 Hotwired,其主页上开始有 AT&T 等14个客户的广告 Banner,这是广告史上里程碑式的标志。而中国第一个商业性的网络广告出现在1997年3月,Intel 和 IBM 是国内最早在互联网上投放广告的广告主。传播网站是 Chinabyte,广告表现形式为468×60像素的动画旗帜广告,IBM 为它的产品 AS400 的宣传付了3 000美元的广告费用,中国互联网广告业的新世界就此开启。

今天网络已经渗透到我们日常工作生活的方方面面,互联网广告市场规模也随之快速增长。智能手机的普及以及5G技术的商用落地将进一步巩固互联网广告的优势,使网络广告因用户定位、精准营销、效果可测等特性受到更多广告主的青睐。根据艾瑞咨询2019年度中国网络广告核心数据显示,中国网络广告市场规模达6 464.3亿元,受整体经济环境下行等因素的影响,2019年中国网络广告市场规模同比增长30.2%,相比2018年增幅略有下降,艾瑞咨询预测未来几年网络广告的增速将继续呈现缓慢下降趋势。但从网络广告市场规模的绝对值来看,中国网络广告产业的生命力依然旺盛,预计在2022年市场规模将突破万亿大关,如图3-5所示。

图 3-5 中国网络广告市场规模

3.1.2 网络广告的主要形式

网络广告形式多样,比较成熟的网络广告形式主要有以下几种。

1. 网幅广告

网幅广告是以 GIF、JPG 等格式建立的图像文件,定位在网页中,大多用来表现广告内容,它包含 Banner、按钮、通栏、竖边、巨幅等。

Banner 广告,即横幅广告是网络广告最早采用的形式,也是目前最常见的形式,当用户单击时通常可以链接到广告主的网页。按钮广告是从 Banner 广告演变过来的一种形式,是表现为图标的广告,尺寸一般都比较小,通常广告主用其来宣传其商标或品牌等特定标志。通栏式广告实际是横幅广告的一种升级,它比横幅广告更长、面积更大、更具有表现力,也更吸引人,通栏式广告已经成为一种常见的广告形式。竖边广告通常出现在网页的两侧,以图片形态显示。巨幅广告,一般以占用较大的版面空间而醒目突出,因其独特的视觉效果和强大的视觉冲击力,浏览者往往会对广告内容留下深刻的印象。网幅广告如图 3-6 所示。

图 3-6 网幅广告

2. 文本链接广告

文本链接广告通常展示在网页的显著位置,以一排精炼的语言文字作为广告点,单击文字可以进入其链接的广告页面。这是一种对浏览者干扰最少,却较为有效果的网络广告形式。有时候,最简单的广告形式效果却最好。文本链接广告如图 3-7 所示。

图 3-7 文本链接广告

3. 电子邮件广告

电子邮件广告的实现途径主要有两种，一是在电子邮件界面中显示广告内容；二是邮件列表广告，这是一种通过互联网将广告发到用户电子邮箱的网络广告形式，针对性强，费用低廉，并且广告内容不受限制。值得注意的是，应在真正了解客户需求的基础上适时适量地发送邮件广告，那些未经同意发送的垃圾广告邮件很容易引起用户的反感。

4. 赞助式广告

广告主可对自己感兴趣的网站内容进行赞助，比如特定专题或节目，或在节假日等特别时期赞助网站的推广活动，如TCL赞助搜狐世界杯频道。赞助式广告的形式多种多样，在传统的网幅广告之外，给予广告主更多的选择，往往也能够取得很好的广告效果。

以上海通用汽车别克的"新浪-别克君越运河之旅"为例，就是2006年10月新浪携手上海通用汽车举办"新浪-别克君越运河之旅"，并在新浪汽车开辟"话说运河"板块，重新唤起了人们对运河的关注。据统计，活动吸引了数以百万的热心网民关注，在线签名支持运河申遗的人数突破17万。别克汽车因赞助了此活动，所以得到冠名权，并在新浪汽车首页打出了"新浪—别克君越运河之旅"的广告。此广告便为赞助式广告，如图3-8所示。

图 3-8 赞助式广告

与内容相结合的广告可以说是赞助式广告的一种形态，从表面上看它们更像是网页上的内容而并非广告，广告内容一般与广告置放点四周的网页资讯紧密结合。在传统的媒体上，这类广告都会有明显的标示，而在网页上通常没有清楚的界限。

知识拓展

上海通用汽车别克品牌总监陆一在"运河之旅"活动闭幕式上的讲话

5. 插播式广告

插播式广告是在一个网站的两个网页出现的空间中插入的网页广告,也叫弹出式广告,形式是访客在请求登录网页时强制插入一个广告页面或弹出广告窗口。广告有不同的出现方式,有的出现在浏览器主窗口,有的新开一个小窗口,有的可以创建多个广告,也有一些是尺寸比较小的、可以快速下载内容的广告。但因有些软件工具可以屏蔽弹出式广告,所以此类广告并不能保证被浏览者看到。

6. 搜索引擎广告

搜索引擎广告采用的是关键词的形式,广告主依据自身产品或服务的特性设置相关的关键词,当用户搜索到广告主投放的关键词时,产品广告就会展现在搜索结果页面上。由于用户使用搜索引擎进行的是有针对性和目的性的检索活动,所以这种广告形式更容易帮助广告主将产品或服务的信息传递给真正对产品感兴趣的潜在消费者。企业通过搜索引擎付费推广,可增加广告内容的曝光度,用户也可直接通过网络窗口平台实现与公司的在线沟通,搜索引擎广告以其高效性、灵活性和可控性高等特点受到众多企业的认可。数据显示,2019年中国有超过40%的广告主采用这种付费推广的模式,其在搜索引擎营销上的花费金额达50 000元以上,而仅有5.4%的广告主投放金额在10 000元以下,如图3-9所示。

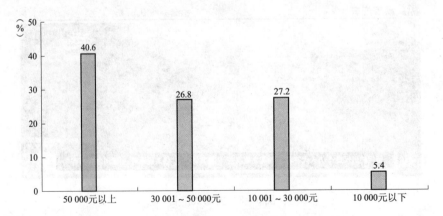

图3-9 2019年 中国广告主在搜索引擎的投放金

7. 富媒体

富媒体是Rich Media的中文翻译,它并不是一种具体的互联网媒体形式,而是指使用浏览器的插件或其他的脚本语言、Java语言等编写的具有复杂的视觉效果和交互功能的网络广告。这些效果的使用是否有效,一方面取决于站点的服务器端的设置,另一方面也取决于访问者的浏览器是否能查看。一般来说,Rich Media 能表现更多、更精彩的广告内容,除了能够提供在线视频的即时播放之外,内容本身还可以包括网页、图片、超链接等其他资源并与影音进行同步播出,这大大丰富了网络媒体播放的内容与呈现的效果。

网络广告除了以上常见的形式,还有其他的展现形态,诸如电商平台网络广告、社交网络红包广告、论坛版块广告等,因为章节篇幅有限,这里就不再展开叙述。随着互联网应用的发展,网络广告也会出现更多的新形态,广告形式仍处于不断发展演变中。

任务2 网络广告特征及营销价值

3.2.1 网络广告特征

现代信息化技术为网络广告的传播提供了功能强大的交流平台,因传播媒体具有突出的网络特性,网络广告也彰显出不同于传统广告媒体的特征。

1. 开放和广域性

传统媒体广告一般均有时间、地域的限制,而网络广告是通过互联网来实现产品、服务等信息的传播,打破了这些限制,其覆盖范围是其他广告媒介望尘莫及的。全球开放式的网络体系结构,使不同软硬件环境、不同网络协议的网络可以互联,真正达到资源共享、数据通信。广告受众只需接入网络,便可随时随地自主浏览广告内容,获取其需要的信息。广告内容也不会像传统的电视广告那样稍纵即逝,而是在确定的时间内具有一定的稳定性,在网页被浏览时可持续呈现。

2. 双向和交互性

交互性是网络媒体信息传播的显著优势,它不同于传统媒体的信息单向传播,而是信息的互动传播。传统的平面广告一般为单向沟通,非交互性或是提供简单的交互信息,如电话、QQ 号码等。而网络广告的信息是互动性传播,受众可以对某感兴趣的产品与广告主在线互动交流,对广告目标进行更深入的了解;广告主针对访客反馈的信息即时做出反应,以更好地满足潜在客户的个性化需求。可以说,互联网比其他任何媒介赋予消费者更多的直接与广告主进行互动活动、进而建立未来关系的能力。

3. 针对性

网络广告的针对性体现在将合适的广告传播给正确的目标受众。在传统媒体上做广告发版后很难进行更改或调整,而网络广告则具有较强的灵活性,可以较为方便地调整广告投放的时间、形式或内容,针对目标受众群体的浏览偏好,推出合适的广告内容或形式。网络广告能达到针对具体目标投放的目的,进一步适应这些受众个体或特殊社会团体的不同需求,消除传播过程中的无效性和盲目性。

4. 易统计和可评估性

利用传统媒体做广告,很难准确地统计接收到广告的人数。以报纸为例,虽然报纸发行量是可以统计的,但是刊登的广告有多少人阅读却只能估计而不能精确统计。而网络广告可以精确地统计受众数量，以及受众查阅的时间地域分布等详细数据，有助于广告主正确评估广告效果，调整广告策略，这在传统媒体上是不可能实现的。诸如，某广告主同时在几家报刊上投放广告，但每家报刊的广告效果，不可能即时得到反馈，只能凭主观判断或后期调研来推断。在这方面，网络广告投放后的数据可统计性优势非常明显，不同投放渠道的广告效果可实时优化评估，实现最好的广告效果。

5. 强烈的感官性

除了文字，网络广告以声音、影像、音乐、色彩等丰富多样的方式将广告内容展现出来，充分调动访客的视觉、听觉，传送多感官的信息，带来强烈的感官体验，使广告受众可以最大可能地了解更为全面丰富的广告信息，让潜在顾客更好地了解商品、服务与品牌。如果用虚拟现实等新技术，甚至可以让顾客身临其境般感受商品或服务，并能在网上预定、交易、结算，更大地增强了网络广告的实效。

3.2.2 网络广告的网络营销价值

作为网络营销常用方法的一种，网络广告的作用自然不可忽视，网络广告到底具有哪些营销价值呢？美国交互广告署曾在其官方网站上的一篇研究文章中介绍了企业有必要选择交互广告的理由，其中主要包括：增加品牌认知和顾客忠诚、有助于建立用户数据库、对多种广告活动和价格模式进行测试和调研、跟踪分析顾客的兴趣及其变化趋势、为网站带来访问量、为销售场所带来顾客、为同一公司其他品牌的产品开展交叉销售、开发用户数据库、提供和改善顾客服务、优化广告投放效率、提高企业招聘员工的效率和质量等。结合以上观点，从对网络营销职能所产生的效果的角度，我们将网络广告的网络营销价值归纳为以下六个方面。

1. 顾客关系

网络广告所具有的对用户行为的跟踪分析功能，可以为深入了解用户的需求和购买特点提供必要的信息。这种信息不仅成为网上调研内容的组成部分，也为建立和改善顾客关系提供了诸多参考意见。此外，广告信息的互动性传播，便捷的沟通交流渠道，也可帮助维护和改善顾客关系，提高消费群体的品牌忠诚度。

2. 信息发布

网络广告是向用户传递信息的一种手段，因此可以理解为信息发布的一种方式。通过网络广告投放，不仅可以将信息发布在自己的网站上，也可以发布在用户数量更多、用户定位程度更高的网站及 App 软件上，或者直接通过电子邮件发送给目标用户，从而获得更多用户的注意，大大增强了网络营销的信息发布功能。

3. 在线调研

网络广告对于在线调研的价值可以表现为多个方面，如对消费者行为的研究、对于在线调查问卷的推广、对于各种网络广告形式和广告效果的测试、用户对于新产品的看法等。投放网络广告可以迅速获得特定用户群体的反馈信息，为目标客户的消费行为分析等多方面内容提供有益的借鉴，大大提高目标市场调研的效率。

4. 销售促进作用

与传统广告一样,网络广告可以加深潜在顾客对企业本身及其产品的了解,诱导其对产品产生信任和偏爱,从而促进产品销售。并且,网络广告对于销售的促进作用不仅表现在直接的在线销售,也表现在通过互联网获取产品信息后对网下销售的促进。因此,在节假日等购物旺季的时候,为了促进产品销售,网络广告量会比平时有显著的增加。

5. 品牌推广

网络广告能够很好地提升企业的品牌价值。因其丰富多彩的表现形式、高效的传播速度,在短期内很容易形成扩散效应,迅速增强广告受众对其品牌的认知,提升产品的知名度和认可度。出色的网络广告策划对企业品牌形象的树立能起到锦上添花的积极作用,甚至能够转变消费者对公司的不良印象。多家机构的网络广告研究都得出相似的结论:无论是在快速消费品行业还是在耐用品行业,企业投放的网络广告,其网络价值不仅在于吸引用户点击、促进销售,同时对于增加用户的品牌认知也有明显效果。

6. 网站推广

网站推广是网络营销的主要职能,获得尽可能多的有效访问量也是网络营销取得成效的基础,常见的网络广告形式,诸如关键词广告、网幅广告等,对网站推广都具有积极的推动作用。用户对于网络广告的每一次点击,都意味着为网站带来了访问量,这是对网站推广最好的支持。

任务3 网络广告计费方式及效果评估

3.3.1 网络广告常见的计费方式

1. CPC(Cost Per Click)

每次点击的费用。根据广告被点击的次数收费。如关键词广告一般采用这种定价模式。

2. CPM(Cost Per Mille)

每千次展示费用。广告条每显示1 000次的费用。在广告投放过程中,按每一千人看到某广告作为单价标准,依次向上类推的计费标准。

3. CPT(Cost Per Time)

按展现时长计费。广告主可以根据自身需求在特定时间段选取特定的广告位进行有针对性的宣传,费用与广告点击量无关。通常按天、周或月进行销售。

4. CPA(Cost Per Action)

按照每行动成本收费,即根据每个访问者对网络广告所采取的行动收费的定价模式。对于用户行动有特别的定义,包括形成一次交易、获得一个注册用户或者对网络广告的一次点击等。

5. CPS(Cost Per Sale)

按广告带来的销售额收费,是基于广告引入用户所产生的成功销售而收取一定比例佣金的商业合作方式。只有在电商获得订单的时候，媒体才会得到推广费用。

以上为目前国内网络广告市场几种常见的计费方式的说明，除了这些方式以外，还有 CPL（Cost Per Lead）按引导数、按注册成功支付佣金、CPO（Cost Per Order）按订单收费、CPR（Cost Per Response）按反馈成本、CPE（Cost Per Engagement）按参与付费等一些方式。

3.3.2 网络广告效果评估指标

网络广告效果评估是利用一定的指标、方法和技术对网络广告效果进行综合衡量和评定的活动，通过对广告活动过程的分析、评价及效果反馈，检验广告活动是否取得了预期效果。网络广告评估核心问题主要是两个方面：一是网络广告活动到达我们的目标客户的有效性和成功度；二是网络广告活动影响到客户的购买度、参与度、对企业品牌的认知度等方面。对网络广告效果进行评估，不仅能对企业投放的广告效果进行客观的评价，还可对企业以后的广告策划具有积极的参考价值，为提高企业的广告效益提供有益的借鉴。

与传统广告相比，网络广告的效果评估虽有明显的计量优势，但在具体实施时也存在较大的难度。网络广告活动到达目标客户的有效性和成功度，借助于统计数据分析能够比较容易实现。而网络广告活动影响到客户的购买以及品牌认知的效果则很难做出准确的衡量，很多问题还有待商榷。比如受网络广告影响所产生的购买行为，除了一部分在网上实现购买容易进行统计之外，还有一些购买行为是通过线下购买来实现的，这样就使得对网络广告所产生的销售数据难以进行精确的统计。此外，不同网络广告形式的目标效果也是有区别的，比如搜索引擎广告侧重销售促进，而横幅广告更多的是宣传企业形象，那么在效果评价时就不能执行单一的评估方法策略。还有网络广告效果的衡量周期长短，广告效果的时间延伸长度的选取，这些因素都会对网络广告效果的评价产生影响。鉴于诸多的外在因素影响，目前业内人士对网络广告效果的评估存在不同的观点，评估方法仍处于不断发展演变中。本文这里参考相关的行业标准，借助指标分析进行效果评估，操作简便，具有较大的实践应用价值。

知识拓展

《中国网络营销（广告）效果评估准则》意见稿

1. 指标定义

2009年，中国互联网协会网络营销工作委员会成员大会在北京召开，在大会上发布了由99click发起，联合奥美世纪、易观国际、天极传媒、金山软件共同起草的《中国网络营销（广告）效果评估准则》意见稿，推荐给会员单位参考，这也是该委员会首次以行业准则的方式来规范、引导日益复杂的网络营销市场，积极推动网络广告市场健康发展的有益实践。该准则在大家熟知的广告展示、广告点击基础上，加入了点击后行为的分析，诸如到达率、转化率、路径分析等，与国际上网络广告效果分析行业通行法则相吻合，可帮助广告买卖双方减少无效用户收录，科学翔实并客观地反映网络广告有效流量全貌，对网络广告的长期发展具有一定的参考指导价值。因此，接下来将重点介绍准则中明确的五个数据分析指标，分别为广告展示量、广告点击量、广告到达率、广告二跳率、广告转化率。

（1）广告展示量（Impression）。统计周期通常有小时、天、周和月等，也可以按需设定。

被统计对象包括 flash 广告、图片广告、文字链广告、软文、邮件广告、视频广告、富媒体广告等多种广告形式。展示量一般为广告投放页面的浏览量。广告展示量的统计是 CPM 付费的基础。展示量通常反映广告所在媒体的访问热度。

（2）广告点击量（Click）。网民点击广告的次数，称为广告点击量。统计周期通常有小时、天、周和月等，也可以按需设定。广告点击量与产生点击的用户数（多以 cookie 为统计依据）之比，可以初步反映广告是否含有虚假点击。广告点击量与广告展示量之比，称为广告点击率，该值可以反映广告对网民的吸引程度。广告点击量统计是 CPC 付费的基础。广告点击量通常反映广告的投放量。

（3）广告到达率（Reach Rate）。网民通过点击广告进入被推广网站的比例。统计周期通常有小时、天、周和月等，也可以按需设定。广告到达量与广告点击量的比值称为广告到达率，广告到达量是指网民通过点击广告进入推广网站的次数。广告到达率通常反映广告点击量的质量，是判断广告是否存在虚假点击的指标之一。广告到达率也能反映广告着陆页的加载效率。

（4）广告二跳率（2nd-Click Rate）。通过点击广告进入推广网站的网民，在网站上产生了有效点击的比例。统计周期通常有小时、天、周和月等，也可以按需设定。

广告带来的用户在着陆页面上产生的第一次有效点击称为二跳，二跳的次数即为二跳量。广告二跳量与广告到达量的比值称为二跳率。广告二跳率通常反映广告带来的流量是否有效，是判断广告是否存在虚假点击的指标之一。广告二跳率也能反映着陆页面对广告用户的吸引程度。

（5）广告转化率（Conversion Rate）。通过点击广告进入推广网站的网民形成转化的比例。统计周期通常有小时、天、周和月等，也可以按需设定。

转化是指网民的身份产生转变的标志，如网民从普通浏览者升级为注册用户或购买用户等。转化标志一般指某些特定页面，如注册成功页、购买成功页、下载成功页等，这些页面的浏览量称为转化量。广告用户的转化量与广告到达量的比值称为广告转化率。广告转化量的统计是进行 CPA、CPS 付费的基础。广告转化率通常反映广告的直接收益。

2. 技术统计方法

（1）Web 日志分析模式。Web 日志分析模式是指通过分析 Web 服务器日志来获取流量的来源，从而判断用户是否来自广告，并追踪广告用户在网站上进行的操作。当互联网用户在浏览器中打开某一网页时，Web 服务器接受请求，在 Web 日志中为这个请求创建一条记录（数据一般包括页面的名称、IP 地址、客户的浏览器以及日期时间戳）。

该模式采用 web 日志分析，不需要额外在网站上添加代码，不易造成数据缺失。但该模式主要以服务器端数据为分析依据，而不管客户端的情况如何，容易造成数据不准确。且当数据量较大时，很难实时分析数据。

(2) JavaScript 标记模式。JavaScript 标记模式是指通过在被统计对象网站的网页上（包括静态页面、动态页面和基于浏览器的视频播放窗口等）嵌入 JavaScript 监测代码的方式获取互联网用户访问被统计对象网站的信息。互联网用户使用浏览器访问被统计页面时，会同时向监测服务器发送统计信息，监测服务器汇总接收到的浏览器请求数量统计，被监测网站或广告的流量数据。

JavaScript 标记模式有利于获取被统计对象网站的全样本（所有被用户访问过的网页和用户在被统计对象网站上的所有访问行为）细节数据。当被统计对象网站数量和行业分布具有一定的规模后，此种模式获取的数据也可以反映互联网行业的中观和宏观状况。

3.3.3 网络广告效果评估常用方法

网络广告效果评估的常见方法大多建立在网络广告定价方式的基础上，比如广告展示量 CPM、广告点击量 CPC 等，其他常见的指标还包括广告到达率、广告二跳率、广告转化率等。根据这些评估指标的使用情况可以将评估方法大体分为以下两大类。

1. 单一指标评估法

单一指标评估法是指当广告主明确广告的目标后，采取适当的单个指标来对网络广告效果进行评估的方法。当广告主所追求的广告目的是提升和强化品牌形象时，只需要选择那些与此相关的指标，如浏览量、访问量、停留时间等来衡量；当广告主所追求的广告目的是追求实际收入时，只需要选取转化次数与转化率、广告收入、广告支出（成本）等相关指标进行评估。这是一种比较简单、容易操作的评估方法。

2. 综合指标评估法

所谓综合指标评估法就是在对广告效果进行评估时所使用的，不是简单的某个指标，而是利用一定的方法，在兼顾多个指标的基础上对网络广告效果进行综合衡量的方法。下面介绍两种综合指标评估法，其评估结果从不同方面评估网络广告的效果。

（1）传播效能评估法。所谓传播效能就是指随着网络广告的刊登，其广告宣传对象的信息也在不断传播，从而产生了对品牌形象和产品销售潜力的影响，这种影响侧重于长期的、综合的效果。而传播效能评估法就是对网络广告刊登后的一段时间内，对网络广告所产生的效果的不同层面赋予权重，以判别不同广告形式所产生效果之间的差异。这种方法实际上是对不同广告形式、不同投放媒体、不同刊登周期等情况下的广告效果进行比较，而不仅是反映某次广告刊登所产生的效果。

（2）耦合转化贡献率评估法。耦合转化贡献率评估法是这样的：广告主在以往网络广告的经验基础之上，会产生一个购买次数与点击次数之间的经验比例数值，根据这个比例即可估算广告在网站刊登时，一定的点击次数可产生的预期购买转化次数，而该网站上的广告的最终转化次数可能与这个估计值并不完全吻合，由此产生了实际转化次数相对于预期转化次数的变化率，我们称之为该网络广告与该网站的耦合转化贡献率。

案例

某通信制造商在 A、B 两家网站上刊登了某通信产品的广告，刊登周期为 1 个月。广告刊登结束后，A、B 两家网站向该制造商提供了网络广告在其网站上的被点击次数，分别为 5 102 和 3 051。同时，A、B 两家网站协助该通信制造商对网民的行动进行了跟踪调查，分别得到由于受网络广告影响而产生的购买次数分别为 102 和 124。

我们首先来看一下传播效能评估法,它对网络广告所产生的效果的不同层面赋予权重,从而判别不同广告所产生效果之间的差异。根据网民实际购买以及点击访问效果的不同,将实际购买的权重设为 1.00,每次访问的权重设为 0.02,由此可以计算网络广告在 A、B 两家网站刊登所产生的传播效能。

网络广告在 A 网站上所产生的传播效能为:
$$102 \times 1.00 + 5102 \times 0.02 = 204.04$$

网络广告在 B 网站上所产生的传播效能为:
$$124 \times 1.00 + 3051 \times 0.02 = 185.02$$

以该案例来解释耦合转化贡献率评估法。该通信制造商在以往网络广告的经验基础上,判断出购买次数与点击次数之间的经验比例数值,得出每 100 次点击可形成 2 次实际购买的转化比例。那么,按照这一经验预测,网络广告在 B 网站产生 3 051 次的点击,应该有 61 次的购买,而实际的购买是 124 次,由此,实际转化相对于预期转化发生了变化,其变化的幅度就是该网络广告与网站 B 的耦合转化贡献率。下面具体来计算该网络广告与这两个网站的耦合转化贡献率。

网络广告与网站 A 的耦合转化贡献率为:
$$102 \div (5\,102 \times 2\%) \times 100\% = 99.96\%$$

网络广告与网站 B 的耦合转化贡献率为:
$$124 \div (3\,051 \times 2\%) \times 100\% = 203.21\%$$

从中可以看出,该通信制造商的广告在 A 网站刊登获得的实际转化远远不及在 B 网站刊登所取得的实际转化,网络广告在 B 网站刊登,实际购买数量超过经验预判,其耦合转化贡献率高。

综合来看,A 网站刊登广告所获得的实际转化率低于 B 网站,但 A 网站的传播效能较高,这对品牌形象的提升以及将来产品的销售都有非常重要的意义。网络广告在 B 网站刊登,其耦合转化贡献率高,说明在短期内取得了良好的销售效果,但是对品牌形象的提升以及今后的销售影响力相对 A 网站较小。所以,该通信制造商如果刊登网络广告的目的侧重于追求品牌形象的提升和长期的销售影响,选择在网站 A 刊登广告效果相对较好;如果所追求的目的是迅速提高产品的实际销售收入,更适宜采取在网站 B 刊登广告。

需要注意的是,点击次数与转化次数之间的比值关系是至关重要的,即使在评价相同的广告时,由于这一比值数据的选取不同,也可能出现截然相反的评估结果。所以,需要在大量统计资料分析的前提下,明确点击次数与实际购买次数之间的比例。最后需要指出的是,上面两种网络广告的效果评估方法所得出的结论好像存在矛盾,实际并非如此。一个网络广告在绝大多数情况下不可能在多种效果上都达到最优,往往只是在某一个或某几个方面的效果实现最优。在进行广告评估时,尽量不要单纯地以某个方面的效果来对网络广告的效果下定论,综合考虑多方面的效果更为恰当。评价广告效果的关键在于是否达到了预期的广告目的。因此广告主在刊登网络广告之前,一定要先明确广告的目的,选择合适的网站来刊登广告。只要评估的结果实现了广告目的,就可以认为网络广告是有效果的。

任务 4　网络广告策划及投放策略

网络广告策划是网络广告营销过程中的重要环节，是对网络广告活动开展的全方位设计安排，其本质上仍属于广告策划，在主要环节的设置上与传统广告基本一致，需对广告活动的各环节开展协调和安排，做出部署和规划。当然，在开展策划活动时，也需要充分考虑其所投放的网络媒介特点，内容要进行创意设计以吸引访客，各环节设置要衔接有序，以保证后期活动的实施能够按策划方案顺利有序地开展。

3.4.1　网络广告策划

1. 网络广告策划的概念及内容

网络广告策划是根据网络营销计划和广告目的，在信息调查的基础上对网络广告活动进行的全面运筹和总体规划。它是对整个网络广告活动的协调安排，涉及网络广告目标的明确、目标受众的确定、广告设计及投放的具体安排、效果监控及评估、费用预算等各个环节，并对此进行统筹设计，做出部署与规划。网络广告策划需运筹帷幄，在统筹全局的基础上，事先将各步骤部署好，以充分发挥自身优势，达到提高企业效益的目的。

网络广告的策划是一项综合性的工作，根据企业营销目标的不同，广告策划的内容也各有侧重。一般而言，网络广告策划的内容包括广告调查、网络广告目标、广告创意、媒体资源选择、费用预算、广告效果评估等方面。相关部门在前期数据调查分析的基础上，明确企业广告营销目标的可行性，组织人员讨论确定广告策划各方面的具体内容，整理出一份完整的策划方案，最后根据该方案有序实施网络广告活动。

在进行广告策划时，要从整体协调的角度来考虑问题，保证网络广告各个环节衔接紧密、主题统一。此外，还要把握好网络广告与企业整体营销活动的关系，综合考虑不同媒体间广告投放的整体性。需要注意的是，网络媒体不可能取代传统媒体，它们在企业营销中的作用各有千秋，要根据广告目标合理选用投放渠道。在很多情况下，企业的广告营销往往是网络广告与传统媒体渠道的综合活动，网络广告策划应该站在企业全局的立场上统筹安排，使网络广告与其他营销活动相辅相成，从而实现广告活动的最优效果。

2. 网络广告的策划过程

（1）网络广告调查。网络广告调查是指运用一定的调查方法，系统地收集、分析市场情报资料等调查内容的活动，具体内容涵盖网络市场环境、广告受众行为、企业产品形象、广告媒介、预期效果等多个方面。只有做好调查工作，才能更好地预测、把握目标市场的变化规律，搜集产品、消费者和竞争对手的信息，了解不同的网络广告渠道，从而为做出正确的广告决策提供可靠的依据。

（2）网络广告的决策。在网络市场调查的基础上，研究并确定具体的策划方案，形成完整的书面材料，具体环节包括确立网络广告目标、确定网络广告预算、明确广告目标受众、设计广告创意、选择网络广告媒体资源、确定投放时间、监控和评估网络效果等方面。

（3）网络广告的实施。依据网络广告策划方案，对网络广告及着陆页面进行策划设计，在选定的网络媒体上投放广告。投放之后开展后续效果跟踪监控工作，在后台数据分析的基础上，可以对广告的投放做进一步优化。

（4）网络广告效果评估。广告投放结束后，需对广告效果进行综合评估。依据一定的评估方法，通过对数据指标的分析，判断是否达到预期的广告目标。最后对广告实施过程进行总结，积累经验，发现不足，为以后的营销活动提供指导。

3.4.2 网络广告投放策略

如何做好网络广告投放是诸多广告主最为关心的问题。一般而言，投放的媒体、广告形式及内容，要与产品或服务的特性、受众群体需求及平台网民属性相匹配，匹配性越高，投放越精准，效果越显著。网络广告的投放，与传统的广告投放策略存在很大的共性，也存在不同之处，这里主要从以下五个方面进行介绍。

1. 目标受众定位

明确目标受众是广告投放的基础，一是根据产品属性和产品用途，对网络广告受众进行初步细分，即把整个市场按照某种共同的特性划分成不同的群体；二是利用标签管理系统，以用户的消费模式、购买动机和购买意愿及购买态度等为指标，建立受众筛选的评估模型，进行二次细分，进一步筛选消费群体；三是结合公司的资源，对各个细分市场进行分析，评估每个细分市场的现状、规模和前景等，确定目标市场。目标市场中的消费群体就是企业的目标客户，也是网络广告投放信息的主要接受者即目标受众。

2. 广告内容设计

要实现良好的广告投放效果，广告内容设计很关键。在广告内容方面，应该根据目标受众的接受心理进行广告创意，可融入一些受众感兴趣的元素，能够体现商品特点并且内容新颖独特，可以充分调动访客浏览广告的兴趣，进而提高网络广告的关注度。

3. 广告媒体及形式选择

网络广告媒体及形式选择就是对投放站点页面及广告展现形式的确定过程。要选择稳定可靠、与目标受众有最大重合的站点，精准匹配与目标受众需求契合度较高的内容场景进行投放。在考虑成本预算的情况下，选择合适的广告形式，能够最大限度地提高广告的到达率和转化率。比如，在英语学习相关的网站上有某语言培训机构暑假班招生的广告，智联招聘的广告出现在某免费的简历模板网站上等，都属于这种情况。

4. 网络广告的时间策划

网络广告投放的时间对广告营销效果有重要的影响，比如"三八女神节"活动期间，化妆品的网络广告投放趋于高涨，产品销量往往也会出现小高峰。那么，如何安排网络广告投放的时间呢？一般来说，投放时间是根据投放模式和广告预算来确定的，它包括对网络广告时限、频率、时序及发布时间的考虑。时限是广告从开始到结束的时间长度，即企业的广告打算持续多久，这是广告稳定性和新颖性的综合反映；频率即在一定时间内广告的播放次数；时序是指不同广告形式在投放顺序上的安排；发布时间是指广告发布于网络的具体时间。

5. 效果实时监控

效果监控贯通网络广告营销的全流程，依托大数据，对网络广告投放期间的网站流量等数据进行监控，实时根据投放效果或竞争对手的策略做出优化及调整。甚至有些广告管理系统，不仅能够实现后台指标数据的动态更新，某些高级功能还可以向广告客户提供改进广告组合效果的建议。

任务1　了解中国网络广告营销市场概况

【实训目的】

通过自主检索资料，了解中国网络广告营销市场概况。

【实训要求】

访问艾瑞咨询 https://www.iresearch.com.cn/，查找并解读网络广告的相关研究报告、专栏文章等，围绕网络广告自选主题（比如食品饮料类网络广告营销方式）整理完成一篇不少于800字的小论文。

任务2　实施网络广告策划

【实训目的】

掌握网络广告的策划内容，能够实施网络广告策划。

【实训内容】

按照网络广告的策划流程，以苏泊尔为例，展开网络广告策划。

1. 策划背景

浙江苏泊尔股份有限公司是中国最大、全球第二的小家电研发制造商，中国厨房小家电领先品牌。苏泊尔创立于1994年，总部设在中国杭州，目前在杭州、玉环、绍兴、武汉和越南胡志明市建立了5大研发制造基地，拥有10 000多名员工。苏泊尔是中国小家电行业首家上市公司（股票代码002032），目前拥有明火小家电、厨房小家电、厨卫电器三大事业领域，丰富的产品线能够全面满足厨房生活需求。旗下生产的小家电及生活家电产品销往全球41个国家和地区，压力锅、炒锅、煎锅、蒸锅连续多年国内市场占有率稳居第一；电饭煲、电压力锅、电磁炉、电水壶市场占有率也跃居行业第二的领先地位。

苏泊尔的不断努力，造就的不仅是国内小家电行业第一、小家电行业领先的行业地位，更以值得信赖的品质、智巧的设计与技术的创新，帮助全球千万消费者走上了健康、舒适、充满新意的现代化家居生活。

"演绎生活智慧"，苏泊尔已经成为追求品质生活的消费者推崇和信赖的品牌，苏泊尔追求卓越的努力也得到了行业与社会的一致认可：2002年苏泊尔获得"中国驰名商标"称号，2005年入选"中国最具生命力百强企业"，2006年获得中国商务部颁发的"中国最具竞争力企业"称号，2007年荣膺"全国消费者最喜爱的企业品牌"，2008年入选"中国500最具价值品牌榜单"，2009年，苏泊尔被认定为"国家高新技术企业"。

2. 策划方案

（1）广告目标。苏泊尔本身是中国小家电行业的龙头企业，并且是上市公司，产品已经是家喻户晓的名牌产品，所以做好广告的目的，更多是做好品牌宣传，显示企业的社会责任，提供更好地了解公司的渠道，更好地为用户答疑解惑，更好地为用户服务，提高用户的忠诚度和客户的满意度，达到增强苏泊尔品牌影响力的目的。

（2）市场调查。在互联网高速发展的 21 世纪，网络信息传播的广度和深度都是其他传统媒体无法比拟的，同时，消费者购买习惯也在悄然发生改变，如从原来的看到实物再购买到现在的先在互联网查询再购买的购买行为的改变，这是购买决策方式的改变，也是购买决策的前移。这就要求我们的企业采取适应消费者购买习惯的决策，而网络广告就是解决购买前移的办法。苏泊尔的竞争对手，包括美的、双喜、九阳、奔腾等，也都有采取网络广告的广告形式，所以，实施网络广告势在必行。

（3）网络广告媒体资源选择。在新浪、搜狐等综合门户网站的焦点板块播报苏泊尔的活动信息和产品信息，提高与用户的沟通联系，为用户管理做好准备，为市场拓展打下坚实的基础。

在公司的官方博客、微博等媒体上，详细具体地介绍公司的文化和公司的产品服务，全面细致地解决用户的疑问，帮助用户选择适合自己的产品组合。

（4）确定网络广告预算。2012 年苏泊尔网络广告投放费用为 1 000 万元，费用分配如表 3-1 所示。

表 3-1 2012 年苏泊尔网络广告投放

广告媒体资源选择	费用百分比/%	金额/万元
苏泊尔企业网站、官方用户论坛	40	400
新浪、搜狐综合门户网站	40	400
博客、微博、空间等论坛信息平台	20	200

（5）网络广告实施。在苏泊尔公司官方网站、论坛、博客、微博进行信息的发布，除此以外，积极在新浪、搜狐等知名综合性门户网站做市场推广，进行网络广告投放，让消费者通过制作的视频、图片等宣传内容了解公司文化和产品。同时，策划网络专题活动，邀请行业领袖、用户体验者发布产品体会，鼓励用户分享使用体验，设置小奖品奖励。

（6）网络效果监测和评价。通过苏泊尔的文字及视频广告的点击量和其官方网站的网页浏览量，来推测此次网络广告的投放效果，具体采用相关技术统计出 CPM、CPC、CPA 三个参考指标来估算网络广告的投放价值。

此次苏泊尔的网络广告策划涉及政府、企业、媒体、用户四者关系，既体现了苏泊尔在发展企业的同时又兼顾社会责任，又达到了企业、媒体和用户三者互惠互利的效果，实现了多方共赢。

（注：资料来源瑞文网，略有改动。http://m.ruiwen.com/s0g0h/cehuashu/1722133.html。）

任务 3　了解搜狐网的广告形式

【实训目的】

了解搜狐网的广告形式。

【实训要求】

按照实训步骤开展操作，熟悉搜狐网的广告服务，掌握网络广告的主要广告形式。

【实训步骤】

（1）打开搜狐官网 https：//www.sohu.com/，找到在网页底部的"广告服务"。

（2）进入"搜狐营销中心"，http：//ad.sohu.com/index.shtml，查看"广告报价"。

（3）进入"广告信息"，浏览不同频道首页的广告形式说明。

（4）了解搜狐汇算 http：//hui.sohu.com/huisuan/。搜狐汇算是由搜狐集团推出的大数据效果营销平台，依托于搜狐优质的流量资源，利用数据技术，为广告主提供高效精准的广告展示机会。搜狐新闻客户端、手机搜狐网、搜狐视频、搜狐门户，能够提供丰富多样的广告形式。

（5）搜狐网广告营销经典案例。

作品名称：听说，你很懂丸子？

广告主名称：山东惠发食品有限公司

活动起始时间：2013.4.5—2013.5.3

山东惠发食品有限公司，主打高档肉丸系列。为凸显品牌，客户希望与门户网站合作，通过搜狐女人、健康、旅游等频道，在目标受众中取得广泛曝光。同时，定制线上专题，通过专业、细致的解读，体现惠发丸子的品质、安全、美味。

市场环境分析：山东惠发食品有限公司成立于2000年，是以生产销售各类速冻食品为主的多元化经营企业，产品有：肉丸系列、海鲜系列、高档肉丸系列、蔬菜系列，产品远销北京、天津、上海、济南、青岛、陕西、山西等地，深受广大消费者的喜爱。

传播/策划目标：品牌曝光，健康+旅游+女人频道针对目标受众品牌展现；

内容营销，美食频道定制专题，传播丸子文化，隐形展现惠发丸子品质。

媒介/营销策略提案：听说，你很懂丸子？

执行过程：具体如图3-10所示。

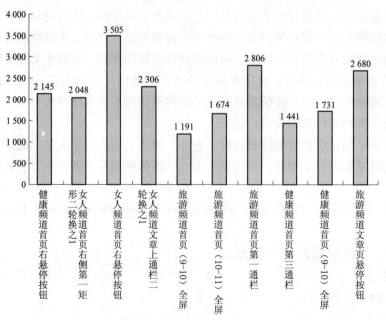

图3-10 惠发在搜狐网各广告位日均点击效果

（资料来源：搜狐新闻，搜狐网络营销中心，经典案例分析，http：//ad.sohu.com/20140102/n392815906.shtml）

> 课内测试

1. 选择题

（1）网络广告起源于（　　）。
A. 中国　　　　　　B. 美国　　　　　　C. 英国　　　　　　D. 日本

（2）网络广告的特征不包括（　　）。
A. 针对性　　　　　B. 广域性　　　　　C. 双向和交互性　　D. 不可统计性

（3）（　　）指的是按照每行动成本收费，即根据每个访问者对网络广告所采取的行动收费的定价模式。
A. CPA　　　　　　B. CPM　　　　　　C. CPT　　　　　　D. CPC

2. 判断题

（1）文本链接广告是以一排文字作为一个广告，因其广告形式最为简单，效果相对较差。（　　）

（2）搜索引擎广告因其灵活性和可控性高等特点受到企业的认可，企业通过搜索引擎付费推广，用户可以直接与公司客服进行交流、了解，从而达成交易。（　　）

（3）广告转化量的统计是进行 CPA、CPS 付费的基础。广告转化率通常反映广告的直接收益。（　　）

3. 简答题

（1）举例说明网络广告的常见形式。
（2）网络广告营销效果数据分析指标具体包括哪些？
（3）简述投放网络广告需要重点考虑的方面。

项目 4

搜索引擎营销

学习目标

【知识目标】
1. 熟悉搜索引擎的含义、发展过程。
2. 掌握搜索引擎的基本原理、目标层次。
3. 掌握信息搜索类、购物类 SEO 的排名影响因素与优化策略。
4. 掌握关键词的分类与词库建立。
5. 掌握常见关键词广告系统。
6. 掌握 SEM 付费方式、竞价策略。
7. 掌握信息流广告的竞价机制与人群定向。

【技能目标】
1. 能够进行购物类与信息类搜索引擎关键词挖掘与分析。
2. 能够进行商品标题制作与优化、详情页优化。
3. 掌握 SEM 账户搭建流程、优化。
4. 能够进行信息流账号搭建、定向设置。

任务导入

百度搜索引擎由李彦宏和徐勇 1999 年年底在美国硅谷创建,致力于向人们提供"简单、可依赖"的信息获取方式。"百度"二字源于中国宋朝词人辛弃疾的《青玉案·元夕》诗句:"众里寻他千百度",象征着百度对中文信息检索技术的执着追求,是目前国内最大的商业化全文搜索引擎。

2020 年,百度创始人李彦宏在印度理工学院一年一度的 Shaastra 科技节上发表了题为"人工智能时代的创新"的主题演讲。演讲中提到未来搜索趋势:应用程序变成一座座孤岛,很多大型 App 已经成为相互孤立的状态,其内容和服务无法通过搜索引擎或第三方程序方便获取。越来越多的 App 开始独立运行,不再依赖搜索引擎。

同时李彦宏也提到依托人工智能,百度搜索引擎将更加精细和准确化。在二十多年前,当搜索引擎刚刚开始流行起来的时候,背后的技术与人工智能毫无关系。现在之所以说搜索本质上是一个人工智能的问题,原因就在于,当人们用文字、问题提出请求或者表达兴趣的时候,计算机会推测人类或用户的意图,从而提供相关答案。这就是人工智能的本质,即让计算机了解人类、服务人类。作为百度的本行,查找也将被人工智能改动。李彦宏表示,越来越多的查找将直接得到答案,而不是像往昔,给用户很多链接让他们自己去寻找正确答案。现在的首条满意率是60%,之后将上升至70%、80%乃至90%。人们将更简单直接地得到正确答案,而不再需要单击不同的链接、浏览不同的网页。

"这是一个很大的挑战,但咱们离方针越来越近了。"李彦宏认为"内容推送与查找成果之间的边界日趋模糊。也就是说,在大多数情况下,一个查找成果就可以解决你的查找问题。当你不再需求翻看其他链接的时候,这些链接也就成了剩余信息。实际上,我们也不需求供给剩余信息。一旦你提出的问题已经有了答案,我们会更乐意供给与你查找的话题相关的其他常识,而不需求与你的问题直接相关。"

李彦宏认为,未来十年,人们对手机的依赖程度也会逐步降低。取而代之的将是无处不在的智能屏幕、智能音箱、各式传感设备等"新物种"。得益于这些"新端口",用户将不再需要通过拿出手机输入文字进行检索,而是仅凭一句话、一个手势,甚至是一个眼神就能够搜索到他们想要的内容,得到他们想要的回应,获取个性化的服务。

毋庸置疑,不需打字、不用键盘的低门槛,将真正让搜索无处不在、随处可用。想象一下,在你念出问题的下一刻,符合需求的那"唯一"的答案就有了,或许"搜索"的定义也将被改写。

思考:在现代信息社会中,充斥着大量的信息,有事无事"搜一搜"已经成为日常习惯。目前的搜索系统是否给你带来了完美的体验?如有不完美,原因在哪里?

任务1 了解搜索引擎基本原理

2019年10月,中国互联网络信息中心(CNNIC)发布《2019年中国网民搜索引擎使用情况研究报告》。据报告显示,截至2019年6月,我国搜索引擎用户规模达6.95亿,较2018年年底增加1338万;搜索引擎的使用率为81.3%,较2018年年底下降0.9个百分点;97.1%的搜索引擎用户通过手机使用该服务,而通过台式电脑或笔记本电脑使用该服务的用户比例仅为65.0%;在PC端通过浏览器登录搜索引擎网站的用户比例最高,达到90.4%;通过导航网站上的搜索引擎使用该服务的用户相对较少,为56.1%;用户在使用搜索引擎时,通过输入文字进行搜索的比例最高,达96.6%;其次为上传图片进行搜索,使用率为40.6%;使用语音进行搜索的比例最低,为26.6%;在使用搜索引擎时意识到结果中含有广告的用户占比达到94.1%,仅有5.9%的用户没有意识到搜索结果中包含广告。搜索引擎用户规模及使用率如图4-1所示。搜索引擎服务在各类场景下的使用率如图4-2所示。

数据显示,在手机端搜索引擎用户中,百度搜索的渗透率达87.2%;其次为搜狗搜索,渗透率为46.5%。值得注意的是,神马搜索依托UC浏览器在手机端已拥有32.0%的渗透率。必应搜索、中国搜索的渗透率均不足10%,难以与移动搜索市场的其他领先品牌竞争。

图4-1 搜索引擎用户规模及使用率

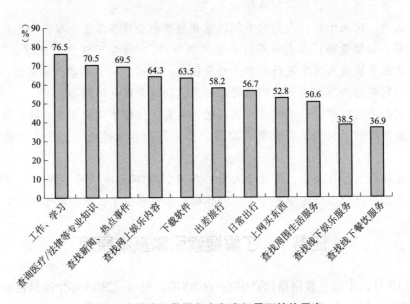

图4-2 搜索引擎服务在各类场景下的使用率

搜索引擎的使用已经成为互联网居民的日常网络行为习惯，通过一个搜索框即可简单、直观地获取需要的信息。搜索引擎对于一般的用户来说只是一种工具，用来找到需要的信息；而对于提供内容和商品的网站来说，搜索引擎是一种媒介，帮助它们将自己的内容传递给有需要的用户。在这个过程中，首先，搜索引擎要"倾听"用户的需求，即搜索框里敲下的那几个关键词，究竟是想要找什么；其次，搜索引擎要"检索"数量庞大的内容，从中挑选出最符合要求的那些结果提供给用户。作为互联网的基础应用之一，搜索引擎与其他互联网媒体不同，它是网民的主动行为，关键字能直接反映网民的需求，具有庞大的用户规模与很高的商业价值。

4.1.1 基本含义与分类

搜索引擎是指根据一定的策略、运用特定的计算机程序从互联网上采集信息,对信息进行组织和处理后,为用户提供检索服务,将检索的相关信息展示给用户的系统。搜索引擎是工作于互联网上的一门检索技术,它旨在提高人们获取搜集信息的速度,为人们提供更好的网络使用环境。常见信息类搜索引擎如图 4-3 所示。

图 4-3　常见信息类搜索引擎

从功能和原理上搜索引擎大致分为全文搜索引擎、元搜索引擎、垂直搜索引擎和目录搜索引擎等四大类。

1. 全文搜索引擎

全文搜索引擎是目前广泛应用的主流搜索引擎,国外代表是 Google,国内最大的是百度。它们从互联网提取各个网站的信息(以网页文字为主),建立起数据库,并能检索与用户查询条件相匹配的记录,按一定的排列顺序返回结果。

根据搜索结果来源的不同,全文搜索引擎可分为两类,一类拥有自己的检索程序(Indexer),俗称"蜘蛛"(Spider)程序或"机器人"(Robot)程序,能自建网页数据库,搜索结果直接从自身的数据库中调用,上面提到的 Google 和 360 搜索就属于此类;另一类则是租用其他搜索引擎的数据库,并按自定的格式排列搜索结果,如 Lycos 搜索引擎。

当用户以关键词查找信息时,搜索引擎会在数据库中进行搜寻,如果找到与用户要求内容相符的网站,便采用特殊的算法(通常根据网页中关键词的匹配程度、出现的位置、频次、链接质量)计算出各网页的相关度及排名等级,然后根据关联度高低,按顺序将这些网页链接返回给用户。

2. 元搜索引擎

元搜索引擎接受用户查询请求后,同时在多个搜索引擎上搜索,并将结果返回给用户。著名的元搜索引擎有 InfoSpace、Dogpile、Vivisimo 等,中文元搜索引擎中具代表性的是搜星。在搜索结果排列方面,有的直接按来源排列搜索结果,如 Dogpile;有的则按自定的规则将结果重新排列组合,如 Vivisimo。

国外对元搜索的开发应用很早,目前在美国使用元搜索引擎和使用 Google 一样普遍,当然 Google 仍然占据美国绝对市场,但元搜索引擎也一样生机勃勃。国内的起步较晚,我国首个元搜索引擎是比比猫(bbmao),于 2005 年成立,在 2006 年获得 Red Herring 亚洲

100强大奖,从而拉开国内对元搜索的真正关注和探索,但是比比猫存在的时间非常短暂,现已关闭。

整体来讲,国外元搜索引擎已自成体系,而国内真正长期坚持致力于开发独特用户体验的元搜索网站并不多,还有较大进步空间。

3. 垂直搜索引擎

垂直搜索引擎为2006年后逐步兴起的一类搜索引擎。不同于通用的网页搜索引擎,垂直搜索专注于特定的搜索领域和搜索需求(例如机票搜索、旅游搜索、生活搜索、小说搜索、视频搜索等),在其特定的搜索领域有更好的用户体验。相比通用搜索动辄数千台检索服务器,垂直搜索需要的硬件成本低、用户需求特定、查询的方式多样。

4. 目录搜索引擎

目录搜索引擎(简称为目录索引)也称为分类检索,是互联网上最早提供WWW资源查询的服务,主要通过搜集和整理互联网的资源,根据搜索到的网页的内容,将其网址分配到相关分类主题目录的不同层次的类目之下,形成像图书馆目录一样的分类树形结构索引。目录索引无须输入任何文字,只要根据网站提供的主题分类目录,层层单击进入,便可查到所需的网络信息资源。

虽然有搜索功能,但目录索引严格意义上不能称为真正的搜索引擎,只是按目录分类的网站链接列表而已。用户完全可以按照分类目录找到所需要的信息,不依靠关键词(Keywords)进行查询。目录索引中最具代表性的莫过于大名鼎鼎的Yahoo、新浪分类目录搜索。目录搜索方式的适应范围非常有限,且需要较高的人工成本来支持维护。

除此之外,还有其他类型的搜索引擎,随着科技的进步、用户特性的变化等,搜索引擎的种类也在不断革新。

4.1.2 基本工作原理

搜索引擎的整个工作过程视为三个部分:一是蜘蛛在互联网上爬行和抓取网页信息,并存入原始网页数据库;二是对原始网页数据库中的信息进行提取和组织,并建立索引库;三是根据用户输入的关键词,快速找到相关文档,并对找到的结果进行排序,同时将查询结果返回给用户。以下对搜索引擎的工作原理做进一步分析。

1. 网页抓取

Spider每遇到一个新文档,都要搜索其页面的链接网页。搜索引擎蜘蛛访问Web页面的过程类似普通用户使用浏览器访问其页面,即B/S模式。引擎蜘蛛先向页面提出访问请求,服务器接受其访问请求并返回HTML代码后,把获取的HTML代码存入原始页面数据库。搜索引擎使用多个蜘蛛分布爬行以提高爬行速度。搜索引擎的服务器遍布世界各地,每一台服务器都会派出多只蜘蛛同时去抓取网页。

蜘蛛是一个非常形象的说法,将互联网比作一张信息集合的大网,蜘蛛就负责爬行、寻找信息。搜索引擎爬虫,又被称为网页蜘蛛、网络机器人,是一种按照一定的规则自动抓取互联网信息的程序或者脚本,每个搜索引擎公司都有自己的网络爬虫。

网站和页面的权重大小、页面更新频率、建立首页的引导链接、原创内容等因素都是蜘蛛抓取网页时考虑的主要因素。

2. 预处理，建立索引

为了便于用户在数万亿级别以上的原始网页数据库中快速便捷地找到搜索结果，搜索引擎必须将 Spider 抓取的原始 Web 页面做预处理。网页预处理最主要的过程是为网页建立全文索引，之后开始分析网页，最后建立倒排文件（也称反向索引）。

Web 页面分析有以下步骤：判断网页类型、衡量其重要程度、丰富程度，对超链接进行分析，分词，把重复网页去掉。经过搜索引擎分析处理后，Web 网页已经不再是原始的网页页面，而是浓缩成能反映页面主题内容的、以词为单位的文档。

数据索引中结构最复杂的是建立索引库，索引又分为文档索引和关键词索引。每个网页唯一的 Doc ID 号是有文档索引分配的，每个 Word ID 出现的次数、位置、大小格式都可以根据 Doc ID 号在网页中检索出来，最终形成 Word ID 的数据列表。倒排索引形成过程是这样的：搜索引擎用分词系统将文档自动切分成单词序列，然后对每个单词赋予唯一的单词编号，并记录包含这个单词的文档。单词对应的倒排列表除了记录文档编号之外，单词频率信息也被记录进去，便于以后计算查询和文档的相似度。

3. 查询服务

在搜索引擎界面输入关键词，单击"搜索"按钮之后，搜索引擎程序开始对搜索词进行以下处理：分词处理、根据情况对整合搜索是否需要启动进行判断、找出错别字和拼写中出现的错误、把停止词去掉。接着搜索引擎程序便把包含搜索词的相关网页从索引数据库中找出，而且对网页进行排序，最后按照一定格式返回到"搜索"页面。查询服务最核心的部分是搜索结果排序，其决定了搜索引擎的好坏及用户满意度。实际搜索结果排序的因子很多，但最主要的因素之一是网页内容的相关度。影响相关性的主要因素包括如下五个方面。

（1）关键词常用程度。经过分词后的多个关键词，对整个搜索字符串的意义贡献并不相同。越常用的词对搜索词的意义贡献越小，越不常用的词对搜索词的意义贡献越大。常用词发展到一定极限就是停止词，对页面不产生任何影响。所以，搜索引擎用的词加权系数高，常用词加权系数低，排名算法更多关注的是不常用的词。

（2）词频及密度。通常情况下，搜索词的密度和其在页面中出现的次数成正相关，次数越多，说明密度越大，页面与搜索词关系越密切。

（3）关键词位置及形式。关键词越出现在比较重要的位置，如标题标签、黑体、H1 等，说明页面与关键词越相关。在索引库的建立中提到的页面关键词出现的格式和位置都被记录在索引库中。

（4）关键词距离。关键词被切分之后，如果匹配的出现，说明其与搜索词相关程度越大，当"搜索引擎"在页面上连续完整的出现，或者"搜索"和"引擎"出现的时候距离比较近，都被认为其与搜索词相关。

（5）链接分析及页面权重。页面之间的链接和权重关系也影响关键词的相关性，其中最重要的是锚文字。页面有越多以搜索词为锚文字的导入链接，说明页面的相关性越强。链接分析还包括了链接源页面本身的主题、锚文字周围的文字等。

这是搜索引擎工作的基本原理。如果将搜索引擎的工作流程进行归纳，可总结为收录—

分析—排序—查询—展现。

4.1.3 发展趋势

随着科学技术的进步,搜索引擎功能模块、种类、技术等不断革新,更加符合用户群体的需求。目前来看,搜索引擎发展趋势可以归纳为以下几点。

1. 社会化搜索

社交网络平台和应用占据了互联网的主流,社交网络平台强调用户之间的联系和交互,这对传统的搜索技术提出了新的挑战。

传统搜索技术强调搜索结果和用户需求的相关性,社会化搜索除了相关性外,还额外增加了一个维度,即搜索结果的可信赖性。对某个搜索结果,传统的结果可能成千上万,但如果处于用户社交网络内其他用户发布的信息、点评或验证过的信息则更容易信赖,这是与用户的心理密切相关的。社会化搜索能够为用户提供更准确、更值得信任的搜索结果。

2. 实时搜索

对搜索引擎的实时性要求日益增高,这也是搜索引擎未来的一个发展方向。

实时搜索最突出的特点是时效性强,越来越多的突发事件首次发布在微博上,实时搜索核心强调的就是"快",用户发布的信息第一时间能被搜索引擎搜索到。不过在国内,实时搜索由于各方面的原因尚无法普及使用,比如 Google 的实时搜索是被重置的,百度也没有明显的实时搜索入口。

3. 移动搜索

随着智能手机的快速发展,基于手机的移动设备搜索日益流行,但移动设备有局限性,比如屏幕太小、可显示的区域不多、计算资源能力有限、打开网页速度很慢、手机输入烦琐等,这些问题都需要解决。

目前,随着智能手机的快速普及,移动搜索会更加快速地发展,所以移动搜索的市场占有率会逐步上升,而对于没有移动版的网站来说,百度提供了"百度移动开放平台"来弥补这个缺失。

4. 个性化搜索

个性化搜索主要面临两个问题:如何建立用户的个人兴趣模型?在搜索引擎里如何使用这种个人兴趣模型?

个性化搜索的核心是根据用户的网络行为,建立一套准确的个人兴趣模型。而建立这样一套模型,就要全民收集与用户相关的信息,包括用户搜索历史、点击记录、浏览过的网页,用户 E-mail 信息、收藏夹信息、用户发布过的信息、博客、微博等内容。比较常见的是从这些信息中提取出关键词及其权重,为不同用户提供个性化的搜索结果,这是搜索引擎总的发展趋势,但现有技术仍有很多问题,比如个人隐私的泄露,而且用户的兴趣会不断变化,太依赖历史信息可能无法反映用户的兴趣变化。

5. 地理位置感知搜索

目前,手机已经普及了 GPS 的应用,这是基于地理位置感知的搜索,而且可以通过陀螺仪等设备感知用户的朝向,基于这种信息,可以为用户提供准确的地理位置服务以及相关搜索服务。

6. 跨语言搜索

将中文的用户查询翻译为英文查询,目前主流的方法有三种:机器翻译、双语词典查询和双语语料挖掘。对于一个全球性的搜索引擎来说,具备跨语言搜索功能是必然的发展趋势,一般会采用查询翻译加上网页的机器翻译相结合的技术手段。

7. 多媒体搜索

目前,搜索引擎的查询还是基于文字的,即使是图片和视频搜索也是基于文本方式。那么未来的多媒体搜索技术则会弥补查询这一缺失。多媒体形式除了文字,还包括图片、音频、视频。多媒体搜索比纯文本搜索要复杂许多,一般多媒体搜索包含四个主要步骤:多媒体特征提取、多媒体数据流分割、多媒体数据分类和多媒体数据搜索引擎。

8. 情境搜索

情境搜索是融合了多项技术的产品,上面介绍的社会化搜索、个性化搜索、地点感知搜索等都是支持情境搜索的,目前 Google 在大力提倡这一概念。所谓情境搜索,就是能够感知人与人所处的环境,针对"此时此地此人"来建立模型,试图理解用户查询的目的,理解人的信息需求。比如某个用户在苹果专卖店附近发出"苹果"这个搜索请求,基于地点感知及用户的个性化模型,搜索引擎就会认为这个查询是针对苹果公司的产品,而非对水果的需求。

任务 2　搜索引擎营销

互联网信息量大且复杂,对于用户而言,搜索引擎目前仍然是最主要的网站推广手段之一,尤其基于自然搜索结果的搜索引擎推广到目前为止仍然是免费的,因此受到众多中小网站的重视。搜索引擎营销也成为网络营销方法体系的主要组成部分。

4.2.1　基本含义与内容

搜索引擎营销(Search Engine Marketing,SEM),是基于搜索引擎平台的网络营销,利用人们对搜索引擎的依赖和使用习惯,在人们检索信息的时候将信息传递给目标用户。搜索引擎营销的基本思想是让用户发现信息,并通过单击进入网页,进一步了解所需要的信息。企业通过搜索引擎付费推广,让用户可以直接与公司客服进行交流、了解,实现交易,主要方式包括免费 SEO、竞价推广、关键词广告与 PPC 等。

推行搜索引擎营销最根本的原因之一是搜索者会购买产品,如果公司的网站没有被列在最前面的几个搜索结果里面,那就意味着网站不在用户群的备选之列。如果没有被列入备选名单,可能就会失去销售机会。如果网站的目的不是做在线销售,顾客也必须能够找到网站,以便了解产品、下载信息或是找到其他相关信息。搜索者比起那些随便单击广告条的人,是更为合格的访问者,他们的访问都是有针对性的、精准的。所以吸引搜索访问者绝对是件值得去做的事情,而且现今的形势下,也是必须去做好的。

搜索引擎营销的基本内容包括构造适合于搜索引擎检索的信息源、创造网站/网页被搜索引擎收录的机会、让网站信息出现在搜索结果中靠前位置、以搜索结果中有限的信息获得用户关注、为用户获取信息提供方便。

搜索引擎的发展可以分为以下四个阶段。

第一阶段（1994—1997 年）：将网站免费提交到主要搜索引擎。代表：YAHOO。

第二阶段（1998—2000 年）：技术型搜索引擎的崛起引发的搜索引擎优化策略。代表：Google。

第三阶段（2001—2003 年）：搜索引擎营销从免费向付费模式转变。代表：Sohu。

第四阶段（2003 年以后）：从关键词定位到网页内容定位的搜索引擎营销方式。代表：Google AdSense。

随着互联网的广泛普及，搜索技术不断发展与革新，搜索引擎营销被越来越多的企业接受并认可，品牌企业也开始加大对搜索引擎的投入。

4.2.2 营销特点

1. 搜索引擎推广方法与企业网站密不可分

一般来说，搜索引擎推广作为网站推广的常用方法，在没有建立网站的情况下很少被采用（有时也可以用来推广网上商店等），搜索引擎营销需要以企业网站为基础，企业网站设计的专业性对网络营销的效果又产生直接影响。

2. 搜索引擎传递的信息只发挥向导作用

搜索引擎检索出来的是网页信息的索引，一般只是某个网站/网页的简要介绍，或者搜索引擎自动抓取的部分内容，而不是网页的全部内容，因此这些搜索结果只能发挥一个"引子"的作用，如何尽可能好地将有吸引力的索引内容展现给用户，是否能吸引用户根据这些简单的信息进入相应的网页继续获取信息，以及该网站/网页是否可以给用户提供所期望的信息，这些是搜索引擎营销所需要研究的主要内容。

3. 搜索引擎营销是用户主导的网络营销方式

没有哪个企业或网站可以强迫或诱导用户的信息检索行为，使用什么搜索引擎、通过搜索引擎检索什么信息完全是由用户自己决定的，在搜索结果中单击哪些网页也取决于用户的判断。因此，搜索引擎营销是由用户所主导的，最大限度地减少了营销活动对用户的滋扰，最符合网络营销的基本思想。

4. 搜索引擎营销可以实现较高程度的定位

网络营销的主要特点之一就是可以对用户行为进行准确分析并实现高度定位，搜索引擎营销在用户定位方面具有更好的功能，尤其是在搜索结果页面的关键词广告，完全可以实现与用户检索所使用的关键词高度相关，从而提高营销信息被关注的程度，达到增强网络营销效果的目的。

5. 搜索引擎营销的效果表现为网站访问量的增加而不是直接销售

了解这个特点很重要，因为搜索引擎营销的使命就是获得访问量，因此作为网站推广的主要手段，访问量是否会最终转化为收益，不是搜索引擎营销可以决定的。提高网站的访问量是网络营销的主要内容，但不是全部内容。

6. 搜索引擎营销需要适应网络服务环境的发展变化

搜索引擎营销是搜索引擎服务在网络营销中的具体应用，因此在应用方式上依赖于搜索引擎的工作原理、提供的服务模式等，当搜索引擎检索方式和服务模式发生变化时，搜索引擎营销方法也应随之变化。因此，搜索引擎营销方法具有一定的阶段性，与网络营销服务环境相协调是搜索引擎营销的基本要求。

4.2.3 营销目标

1. 存在层

第一层是搜索引擎的存在层，其目标是在主要的搜索引擎/分类目录中获得被收录的机会，这是搜索引擎营销的基础，离开这个层次，搜索引擎营销的其他目标也就不可能实现。搜索引擎登录包括免费登录、付费登录、搜索引擎关键词广告等形式。存在层的含义就是让网站中尽可能多的网页被搜索引擎收录（而不仅仅是网站首页），增加网页的搜索引擎可见性。

2. 表现层

第二层的目标则是在被搜索引擎收录的基础上尽可能获得好的排名，即在搜索结果中有良好的表现，因而第二层可称为表现层。因为用户关心的只是搜索结果中靠前的少量内容，如果利用主要的关键词检索时网站在搜索结果中的排名靠后，那么有必要利用关键词广告、竞价广告等形式作为补充手段来实现这一目标。同样，如果在分类目录中的位置不理想，则需要同时考虑在分类目录中利用付费等方式获得靠前的排名。

3. 关注层

第三个目标直接表现为网站访问量指标方面，也就是通过搜索结果点击率的增加来达到提高网站访问量的目的。由于只有受到用户关注，经过用户选择后的信息才可能被点击，因此第三层可称为关注层。从搜索引擎的实际情况来看，仅仅做到被搜索引擎收录并且在搜索结果中排名靠前是不够的，这样并不一定能增加用户的点击率，更不能保证将访问者转化为顾客。要通过搜索引擎营销实现访问量增加的目标，则需要从整体上进行网站优化设计，并充分利用关键词广告等有价值的搜索引擎营销专业服务。

4. 转化层

第四个目标，即通过访问量的增加转化为企业最终实现收益的提高，因此第四层可称为转化层。转化层是前面三个目标层次的进一步提升，是各种搜索引擎方法所实现效果的集中体现，但并不是搜索引擎营销的直接效果。从各种搜索引擎策略到产生收益，中间效果表现为网站访问量的增加，网站的收益是由访问量转化所形成的，从访问量转化为收益则是由网站的功能、服务、产品等多种因素共同作用而决定的。因此，第四个目标在搜索引擎营销中属于战略层次的目标，其他三个层次的目标则属于策略范畴，具有可操作性和可控制性的特征，实现这些基本目标是搜索引擎营销的主要任务。

搜索引擎推广追求最高的性价比，以最小的投入，获得最大的来自搜索引擎的访问量，并产生商业价值。用户检索信息所使用的关键字反映出用户对该问题（产品）的关注，这种关注是搜索引擎之所以被应用于网络营销的根本原因。百度搜索引擎营销效果转化漏斗如图4-4所示。

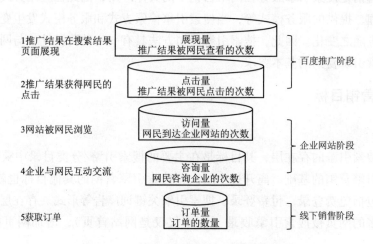

图4-4 百度搜索引擎营销效果转化漏斗

图片来源：百度百科

任务3 SEO 搜索引擎优化

随着网络的发展，网站的数量已经数以亿计，互联网上的信息量呈爆炸性增长，加大了人们寻找目标信息的难度，而搜索引擎的出现给人们寻找信息带来极大的便利，已经成为不可或缺的上网工具。根据人们的使用习惯和心理，在搜索引擎中排名越靠前的网站，被点击的概率就越大，相反，排名越靠后，得到的搜索流量就越少。据统计，全球500强的公司中，有90%以上的公司在公司网站中导入了 SEO 技术。

一般的网络公司因缺乏专业的营销知识和理念，仅从技术的角度出发建设网站，美工只管将网站设计漂亮，程序员只管实现客户要求的功能模块，这样做出来的网站是有缺陷的，不符合搜索引擎的收录要求，所以必须对网站进行全面的针对性优化。

4.3.1 SEO 含义

搜索引擎优化（Search Engine Optimization，SEO），是一种通过分析搜索引擎的排名规律，了解各种搜索引擎怎样进行搜索、怎样抓取互联网页面、怎样确定特定关键词的搜索结果排名的技术。

对信息类搜索引擎而言，搜索引擎采用易于被搜索引用的手段，对网站进行有针对性的优化，提高网站在搜索引擎中的自然排名，吸引更多的用户访问网站，提高网站的访问量，提高网站的销售能力和宣传能力，从而提升网站的品牌效应。

以百度为例，在百度搜索信息，带有"百度快照"字样的排名靠前的网页就是 SEO 的结果，如图 4-5 所示。

图 4-5　百度搜索页面

对购物类搜索引擎而言，SEO 是一种利用搜索引擎的搜索规则来提高网店在有关搜索引擎内自然排名的方式。狭义上讲是通过总结搜索引擎的排名规律对网店进行合理优化，使网店在搜索引擎的排名提高。广义上讲是通过 SEO 等的一套基于搜索引擎的营销思路，为网店提供生态式的自我营销解决方案，使网店在行业内占据领先地位，从而获得品牌效应。其本质是迎合搜索引擎的排序机制，让搜索引擎认为该店铺的商品或页面对电子商务平台内的用户最有价值，最终使该商品有可能成交。

以淘宝为例，在淘宝搜索"冰箱"，显示页面即为 SEO 的结果。如图 4-6 所示。

图 4-6　淘宝搜索页面

信息搜索类 SEO 与购物类 SEO 的目的是类似的，都是为了提升品牌、提高转化，但是二者在优化内容、优化方式等方面存在差异。

4.3.2 搜索排名影响因素

搜索排名影响因素是指影响搜索引擎结果排序的因素。影响搜索引擎搜索排名的因素有很多，无论是信息搜索类 SEO 还是购物类 SEO，究其核心影响因素主要包括描述质量、相关性、服务质量、权重等。

1. 描述质量。

描述质量是指网店或者网页中的标题、详情、内容等描述的质量。描述质量的优劣对用户体验有很大影响，进而影响搜索排名。

（1）商品描述质量。对于淘宝、速卖通等电子商务平台的 SEO 而言，描述质量是指平台中网店的商品描述质量，主要包括网店的商品标题、类目、属性、详情页等商品描述的质量。电子商务平台上的网店在进行商品描述时，务必要做到真实、准确，且在真实准确的基础上，创新和优化，提升质量。作为卖家，必须要准确地告诉买家其网店销售的是什么样的商品，是否符合其真实需求，从而帮助其快速做出购买决策。如果因为虚假描述引起纠纷，将会严重影响商品排名和店铺信誉，受到平台处罚，若要保证商品描述质量，则需要尽力做到商品描述完整准确、详情页与主图清晰美观。

（2）网页描述质量。对于自建网站而言，只有不断对其在百度、谷歌等搜索引擎进行优化，提高搜索排名，才能获得更多的免费流量。自建网站的描述质量是指网页描述质量，包括标题和详情页内容质量，需要综合考虑内容的可读性和价值性（内容能为用户产生的价值）。提供优质内容的网页，能在更大程度上满足用户需求，提升用户体验，搜索排名自然更加靠前。

2. 相关性

相关性是指搜索关键词与网店或网页要素之间的相关性匹配程度，用于反映两个以上要素之间的关联性。

（1）电子商务平台网店相关性。对于淘宝、速卖通等电子商务平台的 SEO 而言，相关性是指用户搜索关键词与店铺商品所属类目、商品标题、商品属性之间的相关性匹配程度，即主要包括类目相关性、标题相关性和属性相关性。

（2）自建网站相关性。对于自建网站的 SEO 而言，相关性是指用户搜索关键词与网页之间的匹配程度，即页面相关性，主要反映在用户搜索关键词与标题之间和用户搜索关键词与详情页内容之间，匹配程度越高，相关性越大，被优先展示的可能性越大。若要保证页面相关性，则需要综合考虑关键词匹配度、关键词密度（词频）、关键词分布。

3. 服务质量

服务质量是指在电子商务平台中，买家与卖家在交易过程中，卖家所提供服务能够满足买家需求的程度。用户是一个电子商务平台赖以生存的基础，因而用户的购物体验和利益往往会被平台优先考虑，而卖家服务质量对用户在平台的购物体验存在直接影响。基于此，各类电子商务平台均倾向于把流量分配给卖家服务质量好的卖家店铺，且均设置有相应的考核标准对卖家服务质量进行考核，以提升平台卖家服务水平。

从买家角度看，其利益诉求在于通过平台快速找到自身想要的商品，并且在整个交易过程中获得优质服务,包括售前、售中、售后、物流等服务。买家在选择从哪个店铺购买商品时,不仅是在比较商品的质量和价格,也在观察比较卖家店铺对买家应该承担的责任。

4. 权重

权重对搜索排名有着极大影响,权重越高,在搜索引擎中所占的分量越大,在搜索引擎中的排名就越好,这在一定程度上有助于流量的提升,所以权重的提升具有相当重要的意义。

(1)电子商务平台网店权重。影响网店商品详情页搜索排名的权重为商品权重。商品权重是电子商务平台根据商品表现给出的一个综合评分,也是电子商务平台对商品进行搜索排名的关键依据。商品权重主要由商品人气、商品产出和作弊处罚三个方面决定。

(2)自建网站权重。影响自建网站在搜索引擎搜索排名的权重为网页权重。网页权重是指搜索引擎给网页赋予一定的权威值,对网页权威的评估评价。影响网页权重的因素有很多,但究其核心因素主要包括内容时效性、用户参与度、链接建设。网页权重越高,说明自建网站在百度、谷歌等搜索引擎所占的分量越大,搜索排名自然就会靠前,权重低则反之。

4.3.3 关键词的分类、挖掘与优化

根据搜索排名的影响因素,可以发现要提高在搜索引擎内的自然排名,优化标题是提升自然搜索流量的一种有效方式,可以最大化获取搜索流量、提高展现量及转化率。因此在搜索引擎优化搜索排名过程中,能否在自然搜索结果页中被用户搜索到,关键词起到了非常重要的作用。

1. 关键词分类

关键词(keywords)是指用户在使用搜索引擎时输入的表达个人需求的词汇,它往往是最能直接反映出用户意图的。如果网店选对关键词,那便可以快速出现在精准用户的搜索结果中,从而达到引流的目的。搜索引擎需要对用户输入的搜索关键词进行词性识别,并根据关键词不同的词性分配不同的权重,所以熟悉并掌握关键词的分类是非常重要的技能。

目前,行业内并没有对关键词的类别划分形成统一标准,但在主流搜索引擎中常见的关键词类型一般有核心词、品牌词、属性词、营销词、长尾词等。

核心词是指与商品有紧密联系的,能精准表达商品的关键词,常见的核心词主要有商品词、类目词等,例如"连衣裙""背包""洗衣机"等;品牌词是指商品的品牌名称,例如"华为""格力""全棉时代"等品牌名称;属性词是指描述商品属性、特征的关键词,例如商品的尺寸、材质、颜色、型号、风格、样式、用途等,再如"吹风机负离子护发大功率"中,负离子护发、大功率都属于产品属性,是典型的属性词;营销词是指具有营销性质的关键词,营销词包括描述优惠信息、突出商品卖点、展现品牌信誉等的词汇,通常作为核心词和属性词的补充,例如"新款""包邮""大码""定制"等;长尾词是指商品的非中心关键词,但与中心关键词相关,也可以带来搜索流量的组合型关键词,长尾词一般由2个或2个以上的词组成,至少3个字以上,通常可以由核心词、属性词、营销词等搭配组成,例如"可定制蕾丝婚纱"等。搜索页属性词如图4-7所示。

除了上述关键词分类方法外,还有热门关键词、冷门关键词、一般关键词等。

2. 关键词挖掘流程

关键词挖掘是指利用关键词扩展工具,对目标词库进行相关数据指标分析,得出最优关

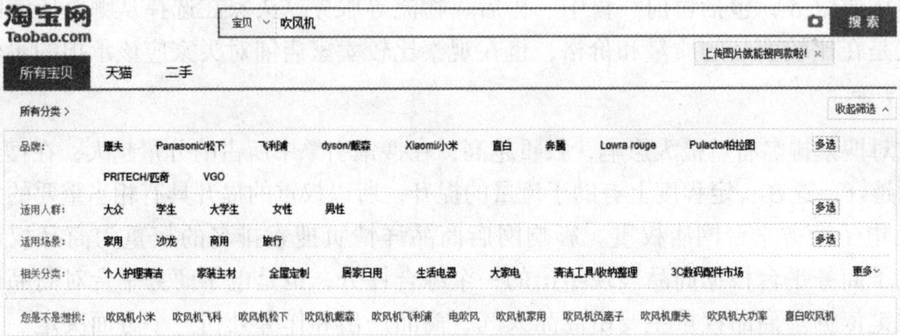

图4-7 搜索页属性词

键词。关键词挖掘是优化人员在选词前必做的一件事,可根据目标词库的大小,采取不同的策略进行关键词挖掘,它将为内容创作优化指明方向,有的放矢,达到 SEO 优化的最佳效果。但如何高效地挖掘优质关键词,仍是很多网店急需解决的问题。通常挖掘关键词有以下三个步骤。

(1) 深入了解自己的商品或服务以及用户的搜索习惯等,同时,需要了解搜索引擎的排名机制。

(2) 根据所在搜索引擎、行业的情况,设定关键词挖掘的范围。通常情况下,关键词要与商品相关,不能一味地追求关键词的数量。使用与商品不相关的关键词,可能会导致被搜索引擎降权。

(3) 采用多种不同的关键词挖掘方法进行关键词挖掘。目前关键词挖掘主要有以下三类方法。

第一类方法是直接在搜索引擎搜索时给出的提示词中获取关键词,例如搜索下拉框、相关关键词等;推荐关键词是利用平台的数据分析功能,根据产品信息推荐的与产品相关度较高的关键词,推荐的关键词是指在一定时间内统计并经过指数化处理后生成关键词的搜索热度、点击率、转化率、竞争度、市场均价等数据,根据数据找到与产品相关的关键词,如图4-8所示。

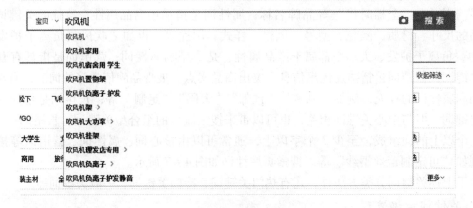

图4-8 搜索框推荐词

第二类方法是利用搜索引擎为网店提供的数据分析工具获取关键词，例如淘宝的生意参谋、京东的商智、速卖通的数据纵横、百度推广的关键词规划师、百度指数、谷歌 AdWords 的关键词规划师等。可以通过搜索查找关键词的形式，进行关键词的拓展。以直通车为例，直通车关键词如图 4-9 所示。

关键词	搜索次数	占比	点击次数	商城点击占比	搜索人数	点击率	当前宝贝数	转化率	直通车
1 裙子	430,487	19.2%	157,867	18.47%	89,728	36.67%	1,134,993	0.37%	0.85
2 裙子 半身 秋冬	188,286	8.4%	84,316	26.22%	37,171	44.78%	57,701	0.65%	0.96
3 裙子 秋冬 连衣裙	148,099	6.61%	60,780	22.97%	26,408	41.04%	151,945	0.19%	1
4 裙子 秋冬 捆裙	103,319	4.61%	44,586	13.62%	21,232	43.15%	52,290	0.71%	0.7
5 裙子 秋冬	71,698	3.2%	26,243	30.82%	13,652	36.6%	245,615	0.35%	0.86
6 裙子 冬装 连衣裙	66,469	2.96%	26,748	17.18%	13,121	40.24%	61,314	0.17%	0.91
7 冬季裙子	58,297	2.6%	20,660	20.57%	12,268	35.44%	145,611	0.38%	0.87
8 裙子 冬 半身裙	37,566	1.68%	17,211	16.26%	7,239	45.82%	82,572	0.71%	0.72
9 裙子 韩版 秋冬	30,955	1.38%	10,460	17.17%	7,339	33.79%	165,794	0.28%	0.75
10 裙子 秋冬 半身裙	27,907	1.24%	11,975	15.34%	5,775	42.91%	57,694	0.56%	0.83
11 裙子 冬	26,333	1.17%	11,281	17.85%	5,282	42.84%	326,285	0.60%	0.59

图 4-9 直通车关键词

第三类方法是借助市场中成熟的第三方关键词挖掘工具获取关键词。

（4）将挖掘到的关键词制作成关键词词库，并定期动态调整词库中的关键词。建立关键词词库的目的是商家在 SEO 优化的时候，可以省去关键词重复挖掘与重复筛选的过程，商家可以在关键词词库中直接选词，优中选优。

也可以浏览问答平台的提问、网络社区的标题，通过联想用户搜索习惯等提炼关键词。关键词选择的方式不是一成不变的，需要优化人员透析消费者的浏览及消费行为习惯，进行思考与创新。同时，网站关键词要注意选择符合目标定位、质量高、转化效果好的关键词，避免定位模糊的关键词。

3. 关键词的优化

无论是自建网站还是平台网店，运营都是长期的过程，用户的搜索关键词随时都有可能发生变化。在标题、文案、内容、详情页的制作过程中，需要注意关键词的组合、密度等问题。在网页、产品上架之后，进行数据监控与数据分析，需要定期动态更新关键词库，删除表现不好的关键词，添加新兴关键词。

4.3.4 商品标题制作

商品标题是描述商品的名称，通过标题可以让买家找到商品、快速了解商品的类别、属性、特点等。商品标题是与买家自然搜索联系最紧密也是影响最大的因素，一个优秀的商品标题可以为商品带来更多的自然搜索流量。对于网店而言，一个商品标题的好坏，在较大程度上决定了商品能否在自然搜索结果中展现，能否提升网店的自然流量，能否提高商品的转化率。

一个好的商品标题，应该满足两个条件：一是有利于点击，标题设置需要符合买家的购买习惯；二是有利于展现，标题含有买家搜索的关键词，且关键词相关性较高。

商品标题一般由核心词、品牌词、属性词、营销词等组成。一般网店制作商品标题主要分为以下几个步骤。

1. 按照标题组合机构，从关键词词库提取相关关键词

网店通过对商品属性、类目、品牌、特征、卖点等的分析，从词库中找出与商品有相关性的各类优质关键词。

2. 根据关键词数据指标，筛选出优质关键词

网店可根据商品的不同周期、竞争阶段，对词库中的各项指标进行筛选，选出最优关键词，并进行组合。可以参考课内实训最后一个表格指标数据，快速筛选优质关键词。

3. 调整标题关键词排序

网店需要根据买家的搜索习惯调整关键词的顺序。比如商品标题中到底用"负离子吹风机"还是"吹风机负离子"关键词组合？这时网店可以将这两个关键词组合放到淘宝搜索中去验证，判断哪个关键词更符合买家的搜索习惯，最终确定关键词。当然，网店还需要根据所在电子商务平台的商品搜索权重机制调整关键词排序。

4. 确定商品标题

根据商品的动态经营数据，网店可以适当地对商品标题进行优化调整。商品标题优化是关键词的组合优化，得出高质量的商品标题，提升商品的展现，提高商品的点击率，获得更优质的自然流量。

商品标题确定之后，在使用过程中，要定时进行数据监控与分析，及时调整表现不佳的关键词，这样不仅有助于提升商品的搜索引擎排序，也可为后期的付费推广打好基础。

案例

三只松鼠天猫店曾一度包揽了淘宝平台"坚果""碧根果""山核桃"等关键词的自然搜索排名的前几名位置，如今在淘宝网上搜索"坚果""碧根果"等关键词，三只松鼠依然排在前三名，且没有出现三只松鼠的直通车广告，因此可以确定三只松鼠在直通车推广的投入上要远远小于竞争对手。

三只松鼠的成功与资本、管理、团队等必然是密不可分的。从网店经营的角度来看，SEO 对三只松鼠有怎样的作用呢？

4.3.5 详情页优化

详情页是店铺展示商品详细信息的网页，也是与同类商品或网店竞争的主战场，是网店无声的推销员。优化详情页对提升网店转化率、激发买家的购买欲望、建立买家对网店的信任感、打消买家疑虑、促使买家下单都有明显的作用。

1. 商品属性优化

商品属性是指用于描述商品特征和性质的信息，比如服装的颜色、尺码、材质等，它决定了买家人群定位和购买意愿。同时，商品属性也是电子商务平台了解商品特征、计算商品和买家相关性、计算用户偏好的一个重要依据。虽然现在人工智能、大数据技术等都能帮助电子商务平台更好地理解平台内的图片和视频，但是平台对图片和视频的理解处理能力还是远远不如平台对文本类信息的理解处理能力，因此商品属性的重要性不言而喻。各大电子商务平台会强制网店在发布商品的时候填写必要的商品属性信息。不完整的商品属性信息，不仅会降低买家的平台购物体验，也不利于平台理解商品，导致平台不能很好地为买家推荐合适的商品。

商品属性优化包括系统属性优化和自定义属性优化。无论系统属性还是自定义属性，都应该准确，否则可能导致转化率降低和纠纷增加的现象，还有可能会导致"类目错放、属性错选、标题类目不符"等搜索作弊行为发生。

系统属性选项不多，建议填写完整，自定义属性使用得当，可以巧妙展示出商品的营销卖点，需精心设计。

2. 详情页文案优化

文案是指店铺详情页中以文字来表现的内容，主要包括商品介绍、宣传语、促销信息、售后条款、购物指南、支付与配送信息等。好的商品文案对于网店来说是至关重要的，具有说服力和引诱力的文案将极大地提高店铺的转化率。随着商品同质化越来越严重，提炼有竞争力的卖点、优化内容和格式成为详情页文案优化的必经途径。

详情页文案优化可从商品卖点提炼、文本内容、文本格式、文本图片等方面着手。

3. 详情页视频优化

详情页视频是指卖家为了更全面地展现商品，在网页中嵌入的短视频。商品视频的主要功能就是利用精细策划的视频内容实现商品营销与品牌传播的目的。商品视频的展示位置一般有两个，一个是主图视频，另一个是详情页视频。无论哪个视频，归根到底都是营销活动，因此成功的商品视频不仅要有高水准的视频制作，更要发掘营销内容的亮点。在拍摄商品视频的时候需要掌握视频营销的基本要求并应用一定的技巧，做到事半功倍。

商品视频的关键在于内容，视频的内容决定了其传播的广度。视频最主要的功能就是可以通过几十秒的分段展示，将商品的卖点清晰地表达出来，并快速吸引消费者的关注进而促使其达成购买意愿。因此，视频的内容除了要展示商品的全貌和效果外，更重要的是要将商品的卖点逐一展现在消费者面前。在提炼商品卖点时，需要了解消费者对于商品的详细需求和期望，然后迎合消费者的关注点设置视频呈现的商品卖点，从而刺激消费者的消费欲望，形成购买行为。为了将商品视频更好地展现在买家面前，在视频内容设计和制作方面应该考虑以下几点。

（1）可以将商品置于功能相关的场景中，搭配相应道具拍摄商品的整体外观形象，再展示商品品牌 logo、商品名、商品型号等，部分商品还可以进行多角度的特写展示。

（2）拍摄商品细节时，可以利用动态视频配合字幕说明的形式将卖点拆分后逐个展示，以迎合消费者的需求。

（3）可以根据需求拍摄商品配件，并对售后服务、注意事项、快递信息等内容进行说明，彰显商家的专业细致，获取消费者的好感。

（4）在视频中添加几帧的片尾，再次强调品牌 logo，进行补充说明，增加视频的完成度和专业感。

（5）视频要尽可能将商品完整地呈现，但是在一些细节上不必面面俱到。商品卖点要以展现商品的优点为基础，太多的细节展现反而会影响到消费者的决策。

4. 详情页描述优化

详情页描述是指概括详情页内容的简洁话语，用来告知用户该详情页所提供的内容。用户在利用关键词搜索详情页的时候，首先呈现给用户的是标题和描述部分。详情页描述在对搜索引擎友好方面有着不可忽视的作用，能够补充详情页标题和详情页关键词的不足，给搜索引擎和浏览者更加完整的信息。因此，想要进一步吸引用户点击，得到用户的青睐，醒目的、符合用户需求的详情页描述就发挥着至关重要的作用。详情页描述优化需要注意以下几点。

（1）详情页描述要符合详情页内容。

（2）详情页描述应该简洁明了。

（3）详情页描述应该满足用户的需求。

任务4　SEM 搜索引擎竞价排名

淘宝有数百万计的商家，如何快速脱颖而出是很多商家都关心的问题。在搜索引擎营销中，首先要进行 SEO 的相关工作，将商品或网页的关键词、标题、文案、内容、详情页等进行高质量的制作，提高信息化操作的质量。在此基础上，可配合 SEM 竞价，快速提高排名，实现迅速引流、提高知名度的目的。

4.4.1　基本含义

SEM 搜索引擎竞价排名是指网站付费后才能被搜索引擎收录，付费越高者可能排名越有优势。也可以说竞价排名服务，是由客户为自己的网页购买关键词排名，按点击计费的一种服务。客户可以通过调整每次点击付费价格，控制自己在特定关键词搜索结果中的排名；并可以通过设定不同的关键词捕捉到不同类型的目标访问者。国内最流行的点击付费信息类搜索引擎有百度、雅虎和 Google。

百度推出多种搜索广告商品，如闪投、品牌专区、品牌起跑线、品牌华表、基于图片搜索的图片推广等。展现形式也非常丰富，比如使用更加丰富的创意图片、丰富文字链、主搜索区与主搜索区右侧强关联、植入短视频等，使用强样式抢占视觉第一体验。在百度搜索结果中，带有"广告"字眼的都是 SEM 竞价排名的结果。以洗衣机为例，其百度搜索页面如图 4 - 10 所示。

在淘宝搜索关键词后其展示位置主要分为三大部分，分别是主搜区，有 1~3 位展示位，提示"掌柜热卖"；主搜区右侧，有 16 个竖着展示位；主搜区底部，有 5 个展位。每页右侧和底部共展示 21 个商品，其中右侧展示 1~16 位，底部展示 17~21 位，搜索页面可一页一页往后翻，展示位以此类推。"掌柜热卖"是常见直通车广告位，也是 SEM 竞价排名的结果。以洗衣机为例，其淘宝搜索页面如图 4 - 11 所示。

项目4　搜索引擎营销

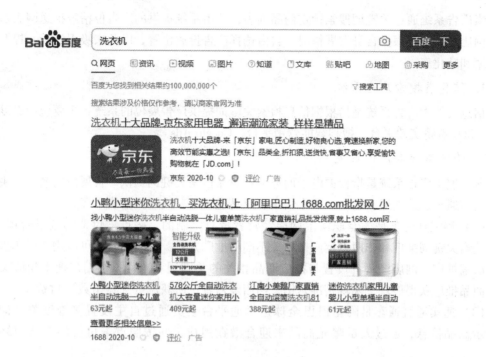

图 4-10　百度搜索页面

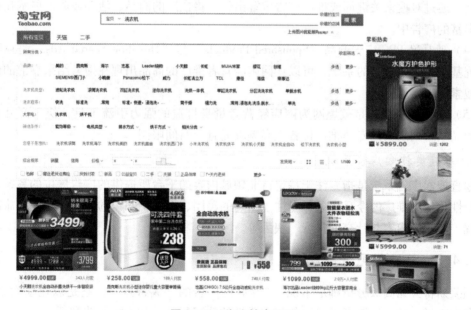

图 4-11　淘宝搜索页面

4.4.2　常见关键词搜索广告系统

关键词搜索广告系统是提供广告展现的在线精准营销工具，由固定排名、黄金展位等部分组成，主要包括信息类搜索广告系统、购物类搜索广告系统、垂直搜索广告系统等。关键词搜索广告系统通过关键词搜索锁定商品列表，并由系统提供的广告位精准推送网店营销信息，网店经营者可根据自身发展情况，自由选择广告投放位置，以此来吸引流量，提升商品点击率和转化率。

1. 信息类搜索广告系统

信息类搜索广告系统是指根据信息检索关键词提供广告展位的系统，主要包括百度搜索广告、360点睛实效平台、搜狗智能营销平台、Google Ads 等。

2. 购物类搜索广告系统

购物搜索广告系统是指根据电子商务平台商品检索关键词提供广告展位的系统，主要包括淘宝直通车、速卖通直通车、京东快车、亚马逊 PPC、敦煌流量快车等。

（1）淘宝直通车是为专职淘宝网店经营者量身定制的、按点击付费的效果营销工具，包含搜索关键词推广和非搜索定向推广等不同的推广方式，网店经营者可以用直通车进行单品和店铺推广。网店经营者设置与推广商品相关的关键词和出价，在用户搜索相应关键词时，商品推广获得展现，实现精准营销，网店经营者按所获流量（点击数）付费。

（2）速卖通直通车是阿里巴巴全球速卖通平台会员通过自主设置多维度关键词，免费展示商品信息，通过大量曝光商品来迎合潜在用户，并按照点击付费的全新网络推广方式。

（3）京东快车则是基于京东网店内推广，按照点击付费（CPC）的实时竞价类广告营销商品，通过对搜索关键词或推荐广告位置出价，将推广的商品、活动或店铺展示在京东网店内丰富的广告中。

（4）亚马逊 PPC 广告商品"Sponsored Products"与"Headline Search Ads"是亚马逊广告系统基于关键词搜索的系统，可以让网店经营者推广的商品出现在搜索结果靠前的位置或指定搜索结果区域。

（5）敦煌流量快车是敦煌网为网店经营者量身打造的强力引流工具，快车商品将会在搜索商品结果列表页的专属推广位置上高频曝光且无时间限制。

3. 垂直类搜索广告系统

垂直搜索广告系统是指专注于特定行业领域内容的平台所提供的广告展位的系统，如专注于个性化信息推广的今日头条、专注于团购的美团、专注于知识的知乎、专注于旅游服务的携程、专注于内容与社交的抖音、快手等。

4.4.3 SEM 常见付费方式

福莱斯特公司高级分析师尼尔说："互联网广告的一大特点是，它是以业绩为基础的。对发布商来说，如果浏览者不采取任何实质性的购买行动，就不可能获利。"

无论是信息搜索类 SEM 还是购物类 SEM，付费方式、付费比例一直在改变。常见的付费方式包括以下几种。

1. CPM

网上广告收费最科学的办法是按照有多少人看到你的广告来收费。按访问人次收费已经成为网络广告的惯例。CPM（每千人成本）指的是广告投放过程中，听到或者看到某广告的每一千人平均分担多少广告成本。比如说一个广告横幅的单价是 1 元/CPM 的话，意味着每一千人次看到这个广告就收 1 元，如此类推，10 000 人次访问的主页就是 10 元。

至于每 CPM 的收费究竟是多少，要以主页的热门程度（即浏览人数）划分价格等级，采取固定费率。国际惯例是每 CPM 收费从 5 美元至 200 美元不等。

2. CPC

每点击成本（Cost Per Click，或 Cost Per Thousand Click-Through），以每点击一次计费。这样的方法加上点击率限制可以避免作弊，是宣传网站站点的最优方式。但是，有不少经营广告的网站觉得不公平，比如，虽然浏览者没有点击，但是他已经看到了广告，对于这些看到广告却没有点击的流量来说，网站就没有收益。有很多网站不愿意做这样的广告。

3. CPA

每行动成本（Cost Per Action），是指按广告投放实际效果，即按回应的有效问卷或订单来计费，而不限广告投放量。CPA 的计价方式对于网站而言有一定的风险，但若广告投放成功，其收益也比 CPM 的计价方式大得多。

4. CPR

每回应成本（Cost Per Response），以浏览者的每一个回应计费。这种广告计费充分体现了网络广告"及时反应、直接互动、准确记录"的特点，但是，这个是属于辅助销售的广告模式，对于那些实际只要显示名字就已经有一半满足的品牌广告要求，大部分网站都会给予拒绝，因为得到广告费的机会比 CPC 还要渺茫。

5. CPP

每购买成本（Cost Per Purchase），广告主为规避广告费用风险，只有在网络用户点击旗帜广告并进行在线交易后，才按销售笔数付给广告站点费用。

无论是 CPA 还是 CPP，广告主都要求发生目标消费者的"点击"，甚至进一步形成购买才付费，CPM 则只要求发生"目击""展露""印象"，就产生广告付费。

6. 包月方式

很多国内的网站是按照"一个月多少钱"这种固定收费模式来收费的，不管效果好坏，不管访问量多少，一律一个价。尽管很多大的站点多已采用 CPM 和 CPC 计费，但很多中小站点依然使用包月制。

7. PFP

按业绩付费（Pay-For-Performance），虽然基于业绩的广告模式受到广泛欢迎，但并不意味着 CPM 模式已经过时。

8. 来电付费广告

来电付费广告指展示不收费、点击不收费，只有接到客户有效电话才收费。

某些广告主在进行特殊营销专案时，会提出以下方法个别议价，比如 CPL（Cost Per Leads）以搜集潜在客户名单多少来收费、CPS（Cost Per Sales）以实际销售产品数量来换算广告刊登金额等。

4.4.4 SEM 竞价推广策略

1. 分析某企业是否适合竞价排名

竞价排名本身并不能决定交易的实现，只是为用户发现企业信息提供了一个渠道或者机会，网站建设是网络营销的基础，没有扎实的基本功，先进的网络营销手段也不会产生明显的效果，另外，某些行业由于受国家直接控制，基本上属于垄断性的行业，比如对于石油和煤炭行业的开发生产型企业，就没有必要做竞价排名。而对于一些网络服务企业、IT 产品生产和销售企业等，最好做竞价排名。

2. 选择适合企业自身的搜索引擎

在同样价格条件下，应尽量选择用户数量比较多的搜索引擎，这样被检索和浏览的效率会高一些，但如果同一关键词参与竞价的网站数量较多，如果排名靠后，反而会降低营销效果，因此还应综合考虑多种因素来决定性价比最高的搜索引擎。在可能的情况下，也可以同时在若干个搜索引擎同时开展竞价排名，这样更容易比较各个搜索引擎的效果。

3. 根据企业实际情况竞价适量的关键词

实际上，即使在同一个行业，由于用户使用一个关键词是有一定分散性的，仅仅选择一个关键词所能产生的效果也是有限的，比较理想的方式是，如果营销预算许可，选择 3~5 个用户使用频率最高的关键词同时开展竞价排名活动，这样有可能覆盖 60% 以上的潜在用户，取得收益的机会将大为增加。此外，在关键词的选择方面也应进行认真的分析和设计，热点的关键词价格较高，如果用几个相关但价格较低的关键词替代，也不失为一种有效的方式。

4. 提高点击率和业务达成率的转换率

（1）将搜索引擎营销的思想贯穿于整个网站策划建设过程中。最好是在网站策划和设计阶段就将网络营销思想结合进来。

（2）网页内容与搜索关键词具有相关性极为重要。如果在百度或 Google 上就某些关键词进行宣传，在用户输入那些关键词并登录网站后应该能正确地进入到与关键词相关的网页的位置。

（3）测量和实验是提高转换率的关键。在没有测量的情况下，无法提高转换率。因此，需要具备一种好的测量监控系统，了解其实际情况，并测试网站的更新。

（4）提高网络品牌形象，获得客户的信任。可以通过积极地展示企业的保障政策、采购程序等，对站点上的表格采用 SSL 加密保护，帮助用户建立对企业的信任。

（5）通过网络营销软件、搜索引擎优化与排名自动检测软件和网站流量分析系统监控网站报告并找出那些转换率较高的搜索词以及删除那些转换率低的搜索短语。

（6）点击付费预算百分率在各个搜索引擎之间的分配也是影响转化率的一个因素。

任务 5　信息流推广

移动互联网时代下，信息流成为用户获取信息的主阵地，以 BAT 集团、今日头条为代表的新兴应用平台,新浪网易等传统门户,垂直类平台如短视频应用等均在积极布局信息流广告市场。信息流广告正在成为移动互联网时代的主流营销方式。

案例

感冒灵《健康本该如此》短视频

传播指数:★★★★★

内容指数:★★★★★

营销关键词:健康公益、数据警示、都市人群

营销内容解读:2018年感冒灵999关爱健康行动,拍摄了短视频《健康本该如此》。此片可谓年度扎心广告片。即便有很多年轻人一直将油腻、脱发、早衰挂在嘴边,但大多数人都觉得疾病离自己很远。茶杯里放点枸杞红枣,偶尔一次早睡早起,看似养生的生活方式,其实只能短暂麻痹自己。与其说这是一支广告片,不如说是一次善意的提醒,告诉肆意挥霍青春的人们,健康到底有多重要,并且在末尾加入了亲情与陪伴的温情元素。

说起来,999试水短视频的道路一直比较顺,他们从一开始就摆脱了广告惯有的"卖货"套路,而是将情感和价值融入其中,也借着这些短片在消费者心中打造出一个鲜活有温度的药企形象。

4.5.1 基本含义

信息流广告是信息流里插播出现的广告。信息流广告以文字链、图片、短视频等夹杂在用户浏览的信息中,与所处的环境贴合,被认为是最不像广告的广告。信息流通过大数据描绘多维度用户画像,通过人群标签精准定向理想受众,把合适的信息在合适的场景推送给合适的人。广告与内容融合在一起,用户操作和阅读时无强行植入,实现商业和用户体验的良好平衡。这种广告具有很强的互动性,用户可以参与互动,根据平台的特性自发进行广告的多维传播(如微博的转发、朋友圈的点赞),持续影响潜在受众。信息流广告如图4-12所示,2015—2021年中国网络广告市场信息流广告规模及预测如图4-13所示。

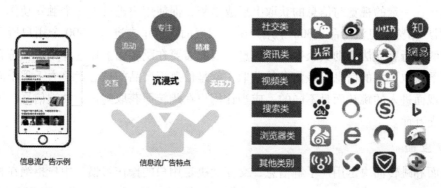

图4-12 信息流广告

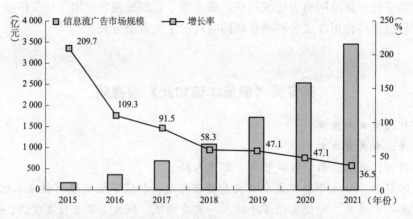

图4-13 2015—2021年中国网络广告市场信息流广告规模及预测

4.5.2 信息流底层构架与逻辑

信息流从底层架构上分为四个步骤，依次为展现面、跳转面、交互面与数据面。这四个面的用户由先至后触发逻辑和产品底层构架，但数据面是信息流平台上最具黄金价值的"智脑"，数据面决定了展现面、跳转面与交互面的千人千面，而这种千人千面正是信息流对用户的强黏性和吸引力的体现。

1. 展现面

展现面从信息流角度上看只是一个横条，但要在标题、图与文字简介等内容上符合用户的精准需求。例如一个照相馆信息，针对情怀敏感的用户，其展现面的信息可能是纪念日与爱人去拍纪念照，旁边配有高质量、情怀和风格突出的图片，使用户感受共鸣，进而激发用户进一步点击展现面，了解更多信息；而针对价格敏感用户，信息流展现面显示的可能是"外景拍摄+10套道具服装原价1 999元，折后999元"的价格提醒，触发用户进入界面，了解信息。

2. 跳转面

跳转面是当用户触发信息流展现面之后，进入更深的行为交互之前的页面。该页面通常能够让用户在一定的视觉与信息的获取上形成平衡，促使用户进行下一个触发动作。如果有1 000个用户浏览信息流产品，300个用户由于展现面优质单击进入，300个用户所看到的一个标签和两三行字无法帮助其获得更多信息，因此需要在跳转面上让这些用户在符合行为逻辑的情况下获取更多的信息。该信息的获取，就是信息流产品的核心竞争力千人千面。不同用户从展现面进入的跳转面是不同的，应当让用户在跳转面获取到核心关键信息，触发进入下一步的交互面。

3. 交互面

展现面和跳转面决定用户了解信息，交互面决定用户的操作习惯。用户拒绝在移动设备上进行复杂的操作，所以大部分移动应用都选择让用户免费注册登录，即用关联系统的DMP（数据管理平台）或者API（应用程序编程接口）让关联入口级的应用账户能够在该应用内通用。交互面的设计要在充分考虑用户的行为习惯的同时将页面简单化。

4. 数据面

信息流产品最核心的是数据面。数据面扮演整个信息流产品云端指挥部的角色，每一位用户在任何一个信息流产品终端上的操作行为，无论是滞留时间、收藏、分享、不感兴趣、主动订阅等数据都在数据面得到汇总、分类与归因分析。这种汇总分析与归因是基于生态化甚至基因化的复杂组合。

信息流产品周密的底层架构不仅会在展现面、跳转面、交互面与数据面形成强大的生态动力，而且为整个信息流产品的开放流量与接入流量形成源源不断的动力。

知识拓展

千人千面

4.5.3 信息流推广竞价机制

近年来信息流广告成为 SEM 竞价广告之外核心的增量渠道。虽然信息流广告和 SEM 推广都是竞价广告，但两者也有区别。首先，从信息呈现方式上看，SEM 是用户主动搜索，是人找信息，而信息流广告根据用户标签主动推送，是信息找人。另外，从竞价方式上看，SEM 主要采用关键词竞价，信息流广告使用实时竞价。

实时竞价（Real Time Bidding，RTB）是一种利用第三方技术在数以百万计的网站上针对每一个用户的浏览行为进行评估以及出价的竞价技术。广告平台每展现一次广告，系统都要在很短时间内完成广告的竞价排名，决定展示具体的广告。简单地说，就是把每一个用户每一次的页面浏览进行拍卖，实现互联网广告的智能化、精准化、实时性投放。信息流推广竞价机制包括触发机制、排名机制和计费机制三个方面。

1. 触发机制

触发机制是指广告被用户看到并点击的逻辑。系统通过各种定向方式引发用户点击广告，具体过程可以分解为以下三步：首先，用户浏览信息时，信息流推广平台会收集用户的兴趣等信息，找到与用户匹配的广告创意；其次，系统预估 CTR（点击率）等指标，决定匹配的广告创意的排名；最后，系统按照排名顺序将广告展现在用户页面上。

2. 排名机制

实时竞价排名机制是广告展示的预估收益 ECPM，ECPM 值越高，排名越靠前。用户每次刷新页面后，排名顺序会进行新的排列。

$$ECPM（预估花费）= 预估点击率 \times 出价$$

每个平台对预估点击率的定义基本相同，即根据推广设置的内容和评测出创意的质量综合判定的分值，但具体算法规则平台间略有差异。以今日头条为例，预估点击率排名影响因素包括预估点击率排名影响因素、创意相关性、落地页相关性及其他影响因素。

影响 ECPM 值的另一个因素是出价。出价方式主要包括 CPM、CPC、CPA、CPV、CPT、OCPM、OCPC 等。

CPM（Cost Per Mill）：千人展示成本，即广告被展示 1 000 次所需要的费用。

CPC（Cost Per Click）：单次点击成本，即广告被点击一次所需要的费用。CPC 是最常规的点击竞价方式，可以简单理解为出价越高，广告位置越靠前，获取的优质广告资源越多。

CPA（Cost Per Action）：单次行为成本，按转化量付费。

CPV（Cost Per View）：有效播放成本，视频信息流按播放计费的广告计费方式，一般按视频广告 10s 有效播放进行计费。

CPT（Cost Per Time）：按时间包断购买。

OCPM（Optimized Cost Per Impressions）：目标转化成本，按点展示付费。

OCPC（Optimization Cost Per Click）：目标转化成本，是经过优化的 CPC，仍按点击付费，但采用更科学的转化率预估机制，帮助企业获取更多优质流量的同时提高转化率。

设置不同的出价方式，对应的 ECPM 的计算公式也有区别，创意质量没有问题，但出价方式或出价金额不合理，也会降低创意展现量，提高转化成本，这就需要在账户中根据推广目标进行选择。

3. 计费机制

信息流竞价广告计费遵循下一名计费制。多家企业针对同一类目标人群共同竞价，每家企业根据自身推广需求设置不同的出价方式，排名的先后顺序按不同出价的竞价排序公式计算，得出 ECPM 数值和排名结果。

在信息流推广中，系统判定的预估点击率和预估转化的高低会直接影响最终转化成本。

4.5.4　信息流推广人群定向

信息流广告的核心是个性化推荐，而个性化推荐的前提是人群定向。信息流推广人群定向是指根据用户属性、用户偏好、生活习惯、用户行为、兴趣爱好等信息而抽象出来的标签化用户模型。通俗说就是给用户打标签，而标签是通过对用户信息分析而来的高度精练的特征标识。通过打标签，可以利用一些高度概括、容易理解的特征来描述用户，让人更容易理解用户，并且方便计算机处理。

人群定向是账户搭建的基础，定向方式可以分为三类：基础定向、行为定向、兴趣定向。

1. 基础定向

基础定向是根据人群的性别、年龄、地域等基础信息进行定向的过程。基础定向有两个维度：核心基础定向和辅助基础定向。

（1）核心基础定向。核心基础定向的两个必要因素是"场景"和"职业"。通过用户对于产品的使用场景和职业来确定用户的收入能力等信息，并以此确定投放方向。

（2）辅助基础定向。在"场景"和"职业"的基础上，通过"地区""设备""时段"等关键点最大限度保证投放的精准性。基础定向是比较宽泛的判定依据，针对潜在人群，适合刚需类产品、品牌曝光等基础设定。

2. 行为定向

行为定向是通过数据分析对用户的行为进行分类筛选的过程。行为定向主要有以下三种方式。

（1）搜索定向。

这是基于用户搜索的关键词，通过意图标签进行定向，抓取更加精准的访客，是最精准的流量。

（2）互动定向。

这是基于用户的社交行为，像互动点赞、转发、评论等进行定向。互动定向的流量比搜索定向更加宽泛。

（3）回头定向。这是基于用户的浏览行为，像购买、浏览相关页面或公众号等进行定向。行为定向锁定的人群大多为目标人群，较为适合 IP 包装、内容传播等。

3. 兴趣定向

兴趣定向是基于用户兴趣标签进行的更进一步定向。它是信息流投放过程中最重要也最具信息流特点的方式，根据平台对访客的不同标签，汇集成不同的兴趣爱好，作为信息流推广选择人群的重要手段。兴趣定向一般分为核心兴趣和人群兴趣两种。

（1）核心兴趣。针对后台兴趣分类，可以找到最符合自身行业的相同分类。一般核心兴趣是我们在选择兴趣中必选的一项。

（2）人群兴趣。根据人群画像九要素，按照不同的受众，选择访客适配的多种相关兴趣。

人群定向中，基础定向偏向泛人群，兴趣定向偏向目标，而行为定向（搜索、APP、电商、社交互动）更偏精准效果，所以在以信息流推广效果为主的情况下，一般都是以"基础＋兴趣""基础＋行为"等多种交叉定向组合进行测试。

项目实训

任务 1　关键词挖掘

关键词的挖掘、分析，建立完整的关键词词库是 SEO 的基础，也是非常重要的部分。需要同学们熟练使用淘宝千牛后台、相关实训软件，提高动手操作能力。

【实训目的】

（1）掌握关键词挖掘的方法。

（2）通过数据分析，对挖掘的关键词进行分类和整理。

（3）建立商品关键词词库。

【实训要求】

登陆淘宝千牛平台，通过搜索引擎下拉框、选词助手、直通车系统推荐词等工具进行关键词的挖掘、分析与整理。

【实训步骤】

目标产品标题为"Philips/飞利浦电吹风机负离子护发不伤发大功率"。

（1）拆分产品标题，并将拆分的关键词按类别填写到表 4 – 1 中。

表 4-1 标题分词

关键词类别	Philips/飞利浦电吹风机负离子护发不伤发大功率
核心词	
属性词	
品牌词	
营销词	
长尾词	
其他词	

(2) 根据图4-14给定的商品属性拓展关键词，将关键词填写到表4-2中。

品牌名称：Philips/飞利浦

产品参数：

证书编号：2015010709756560	证书状态：有效	申请人名称：飞利浦电子香港有限公司
制造商名称：飞利浦(中国)投资有限公司	产品名称：飞利浦电吹风	3C产品型号：BHC110 220V～50Hz 160...
3C规格型号：BHC110 220V～50Hz 160...	产品名称：Philips/飞利浦 BHC112	电吹风品牌：Philips/飞利浦
型号：BHC112	功能：负离子 恒温 冷热风	售后服务：全国联保
产地：中国大陆	电吹风风嘴样式：单集风嘴	颜色分类：褐色
电吹风最大功率：1 600W(含)-1 999W(含)	线长：1.5m-3m	生产企业：飞利浦
附加功能：滋养护发	电吹风档位：3档	便携性能：手柄可折叠
适用场景：家用	适用发质：中性 干性 油性 粗硬 细软	适用人群：学生 青少年 婴儿 孕产妇 大...
智能类型：不支持智能	保修期：24个月	最大功率：1600W
适用头发长度：中长发	风温档位：3档及以上	风量档位：3档及以上
适用发量：发量多 发量少 发量适中		

图 4-14 商品属性

表 4-2 商品属性关键词拓展词

关键词类别	Philips/飞利浦电吹风机负离子护发不伤发大功率
核心词	
属性词	
品牌词	
营销词	
长尾词	
其他词	

(3) 根据商品拓展关键词，对实训系统中的商品描述信息进行关键词拆分，借助行业

热搜词、Top 词库等工具,删掉没有人气的关键词,留下与商品相关、符合买家搜索习惯并且具有推广意义的关键词,填入表 4-3 中。

表 4-3 商品描述关键词拓展词

关键词类别	Philips/飞利浦电吹风机负离子护发不伤发大功率
核心词	
属性词	
品牌词	
营销词	
长尾词	
其他词	

(4)关键词的挖掘与整理分析。在上述归纳的基础上,借助淘宝提供的关键词工具,对关键词进行进一步的分析与整理,新建 Excel 表格,删除重复、不相关的词,进行带数据分析的整理,并将最终结果填写至表 4-4 中。

表 4-4 商品关键词词库

序号	类别	关键词	展现量	点击率	转化率	竞争指数
1						
2						
3						
4						
5						
6						

任务 2　淘宝直通车推广

【实训目的】

(1)掌握淘宝直通车的使用方法。

(2)掌握直通车竞价关键词的选择与设置。

(3)挖掘产品卖点、创意。

【实训要求】

进入淘宝千牛工作台—营销中心—直通车,使用 4.3 课内实训项目建设的关键词词库,筛选竞价关键词,并完成出价、投放区域、投放时间、投放人群、创意等设置,完成推广流程。

【实训步骤】

(1)打开并登录淘宝,进入营销中心,打开"直通车",单击进入标准推广,左侧为直通车推广步骤,右侧为具体内容。如图 4-15、图 4-16 所示。

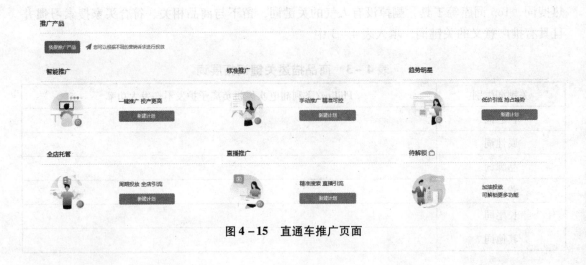

图 4-15 直通车推广页面

图 4-16 推广设置

淘宝直通车为直通车不熟练的新商家推出了智能推广和全店托管,商家只看报表数据就可以。如果想要锻炼推广流程与技能,可选标准推广。

(2)单击"标准推广"进行投放设置,如图 4-17 所示。

图 4-17 投放设置

计划名称是为了方便店铺管理，并不展示在购物页面，卖家可根据习惯的产品营销分组或逻辑进行分类。达到日限额之后，系统便会自动停止投放，如图4-18、图4-19、图4-20所示。

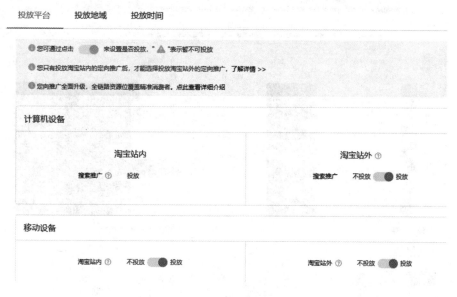

图 4-18 投放平台

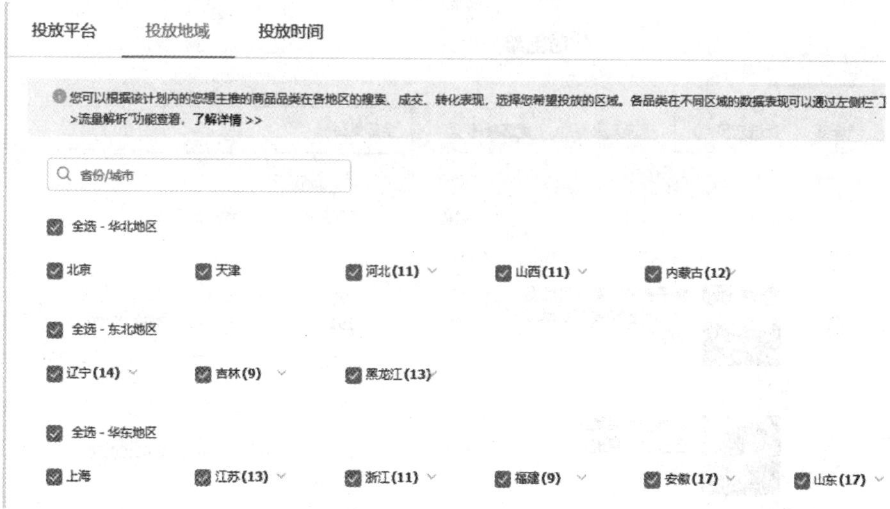

图 4-19 投放地域

关于投放平台，目前淘宝定向推广全面升级，全链路资源位覆盖精准消费者；投放地域可以根据该计划内主推的商品品类在各地区的搜索、成交、转化表现选择；商品在不同时段的流量和转化可能有所不同，可以针对各时段设置不同的折扣出价，提高流量利用效果。

（3）单元设置如图4-21所示。

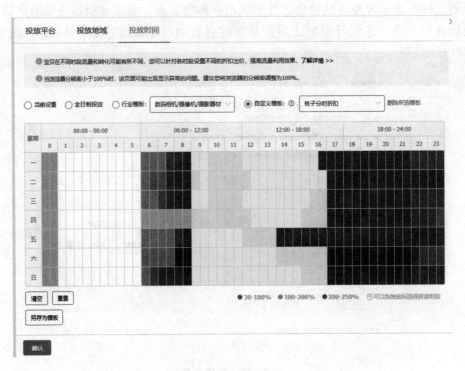

图 4-20 投放时间

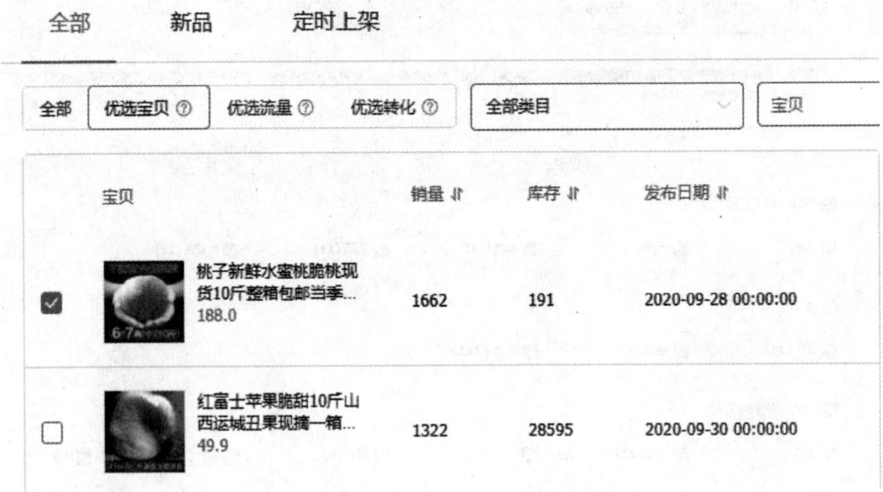

图 4-21 单元设置

（4）创意设置，如图 4-22 所示。

新商家如果暂时不能进行创意设置，可选择"开启智能设置"。自定义词的设置，也能充分体现商品的营销点、卖点。

（5）单击"标准推广"进行投放设置，如图 4-23、图 4-24 所示。

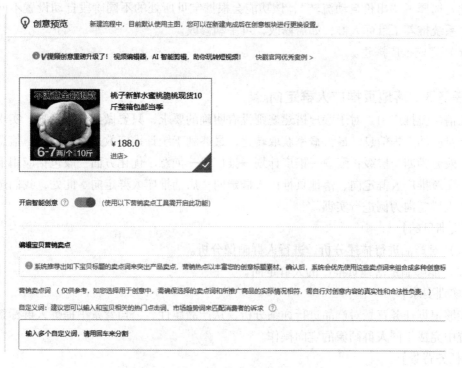

图4-22 创意设置

图4-23 设置推广方案

图4-24 智能出价和推广人群

此处选择了"出价自动流转",该功能会根据宝贝所处的不同阶段自动设置不同的目标策略。系统推荐了目标人群,如需修改,可手动修改。

(6) 完成推广搭建。

任务3 落地页推广人群定向

在信息流推广中,对于账户搭建规则没有明确的要求,只要做到分类清晰,实现不同的人看到对应的广告信息,最大概率获取转化,最终利于统计推广效果数据即可。信息流账户结构一般分为四个层级:账户—推广计划—推广组—创意。优化方面一般包括应用下载人群定向、文章推广人群定向、落地页推广人群定向、店铺推广人群定向。此处,我们选择落地页推广人群定向为例进行实训。

【实训目的】

(1) 对产品进行描述分析,进行人群画像分析。

(2) 能够制定落地页推广的人群定向。

【实训要求】

能够根据任务背景对产品进行详细分析,从产品属性、公司背景中提炼人群标签,在实训系统中完成不同人群画像的定向操作。

【任务背景】

爱美女装是一个时尚平价都市女装品牌,深受职场女性的喜爱。公司产品线丰富,有自己的设计师团队,风格偏知性、优雅、得体、时尚,大部分产品价格区间在100~400元,秋冬款外套除外,深受职场女性喜欢。另外,公司运营多年,在多地市都有自己的线下店铺,运营稳定。

为了进一步扩大品牌知名度和产品影响力,增加产品的曝光量,提高销量,针对本次信息流推广,公司对产品介绍落地页进行了重点设计。公司秋季主推商品是"AM/爱美时尚女装秋季新款修身舒适通勤连衣裙",请结合产品特性和本次推广活动的策略方针,制定合理的人群定向和出价策略,完成本次任务。

【实训步骤】

(1) 分析任务。对"AM/爱美时尚女装秋季新款修身舒适通勤连衣裙"的产品属性进行分析得知,该产品主要面向的消费群体为职场时尚都市女性,产品售价为149元,线上线下均有销售,所以具有"商场同款、线下消费偏好"的消费群体也应该是我们所考虑的目标定向人群。

(2) 请从产品属性和公司背景中尽可能多地提炼出人群标签,填写至表4-5中。

表4-5 产品关键词分析

产品名称	AM/爱美时尚女装秋季新款修身舒适通勤连衣裙
关键词	

(3)根据任务背景和产品信息,通过分析人口属性和兴趣点,拆解目标人群,拓展人群标签,完成落地页目标人群画像的分析。人群画像的数量,可以根据自己的分析需求,进行添加,如表4-6所示。

表4-6 目标人群画像分析

AM/爱美时尚女装秋季新款修身舒适通勤连衣裙	
人口属性	性别: 地域: 年龄:
个人兴趣	兴趣分类:
	兴趣关键词:
其他	App行为定向、收入、教育等:

(4)根据分析得到的人群画像,在实训系统中,完成人群画像的定向操作,如图4-25所示。

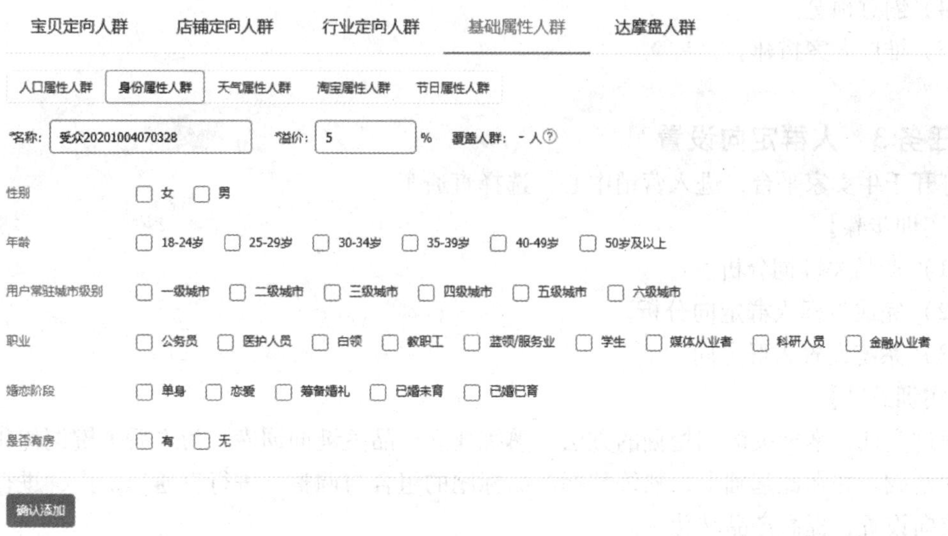

图4-25 人群画像定向操作

项目实训

【实训目的】能够使用搜索下拉框、选词助手、直通车关键词推荐等关键词工具进行关键词挖掘与分析,进行商品标题制作,并在系统中完成SEM推广方案的搭建与定向设置。

【实训内容】

任务1　使用直通车关键词推荐等选词工具进行关键词挖掘与分析

登录淘宝千牛卖家平台，通过买家页面搜索框下拉推荐、选词助手、直通车关键词推荐等挖掘女装连衣裙相关关键词，建立关键词词库。

【实训步骤】

（1）登录淘宝千牛卖家平台。

（2）搜索下拉框选词。

（3）选词助手选词。

（4）直通车关键词推荐。

（5）建立关键词词库。

（6）组建商品标题。

任务2　SEM直通车推广

打开千牛卖家平台，进入营销中心，选择直通车。

【实训步骤】

（1）推广方式选择。

（2）投放设置。

（3）单元设置。

（4）创意预览。

（5）推广方案搭建。

任务3　人群定向设置

打开千牛卖家平台，进入营销中心，选择直通车。

【实训步骤】

（1）产品关键词分析。

（2）完成目标人群定向分析。

（3）系统设置人群定向。

【实训总结】

通过实训，掌握关键词挖掘的方法，熟练建立产品关键词词库，为之后关键词优化打下良好的基础。并在此基础上，熟练掌握产品标题的组合与调整，进行直通车推广，进行精准人群定向设置，提高产品转化率。

课内测试

1. 单项选择题

（1）以下属于垂直搜索引擎的是（　　）。

A. 淘宝搜索　　　　B. 阿里搜索　　　　C. 机票搜索　　　　D. 站内搜索

（2）以下不属于标题制作误区的是（　　）。

A. 直接复制爆款标题　　　　B. 核心关键词越多越好

C. 直通车推荐关键词可多参考　　　　D. 品牌词可随意使用
(3) 以下说法正确的是（　　）。
A. SEO 与 SEM 并无必然联系　　　　B. SEO 与 SEM 关系为负相关
C. 高质量的 SEO 有益于 SEM 转化　　D. SEM 效果必然优于 SEO
(4) SEM 是以（　　）为主导的营销方式。
A. 用户　　　　B. 产品　　　　C. 平台　　　　D. 制造商
(5) 以下属于属性词的是（　　）。
A. 女装　　　　B. 新款　　　　C. 包邮　　　　D. 长袖

2. 多项选择题
(1) 搜索引擎包括（　　）。
A. 全文搜索引擎　　　　　　　　　B. 垂直搜索引擎
C. 元搜索引擎　　　　　　　　　　D. 目录搜索引擎
(2) 搜索引擎的发展趋势包括（　　）。
A. 实时化　　　　B. 个性化　　　　C. 移动化　　　　D. 社会化
(3) 搜索排名的影响因素包括（　　）。
A. 描述质量　　　B. 相关性　　　　C. 服务质量　　　D. 权重
(4) 关键词类型包括（　　）。
A. 核心词　　　　B. 属性词　　　　C. 营销词　　　　D. 长尾词
(5) 以下属于百度 SEM 区域的有（　　）。
A. 闪投　　　　　B. 掌柜热卖　　　C. 品牌起跑线　　D. 品牌专区

3. 简答题
(1) 搜索引擎的工作原理是什么？
(2) SEO 排名影响因素有哪些？
(3) 商品标题由哪些部分构成？
(4) SEM 常见付费方式有哪些？
(5) 信息流推广的人群定向由哪几个部分构成？

项目 5

社交网络营销

学习目标

【知识目标】
1. 掌握社交网络营销的概念、特点，理解社交网络营销的优势。
2. 掌握 SNS 营销的运营步骤和策略，了解其运营需要注意的问题。
3. 了解"知乎"的发展历程和模块应用，掌握其运营的特点。
4. 理解社交网络营销发展的趋势。

【技能目标】
通过对产品的了解和把握，完成产品的营销策划，能够从微博、微信、网络视频等 SNS 社会化平台中选择合适的社交平台并进行策划。

任务导入

拼多多的崛起

在消费升级的大背景下，电商平台迅速崛起。拼多多作为新兴电商平台，依靠腾讯公司高流量的社交软件，展开了其独特的"社交电商"运营模式，在短短三年内，以爆炸式增长趋势跻身中国电商平台的前三名。作为后起之秀，能在中国电商界站稳脚跟，拼多多的营销策略有其过人之处。

拼多多自 2015 年上线至今，发展迅速，其独具特色的社交电商思维功不可没。拼多多的出现不同于淘宝的 C2C 和京东的 B2C 的经营模式，而是以一种新形式 C2B 拼团的形式出现在大众面前。传统电商，例如淘宝和京东，注重平台规模扩张，以平台优势提高销量。而"社交电商"最大的特点就是具有社交属性，它依靠的是电商与社交的结合，通过用户的社交关系进行平台推广。在拼多多上，如想以更低价格获得商品，就可通过向亲朋好友发链接的方式进行拼团，而想拼团的人必须下载拼多多 APP 并成为其用户。所以，一人购买商品，演变为多人共同参与，使拼多多的用户在短期内迅速增长，形成裂变式社交拼团。

拼多多利用低价诱惑、社交乐趣、从众购物等消费者心理有效激发了三四线城市的消费需求，成功实现了产品的营销宣传。拼多多2020年第一季度财报显示该季度营收65.41亿元，同比增长44%；年活跃买家数达到6.28亿人，单季增加4 290万人，继续保持高增长。

在当今互联网时代只要有了流量，赚钱势在必得。一则拼多多可以像淘宝一样竞价排名争夺广告位；二则可以采取美团的模式向商家抽成；再则，只要数据够多，未来还可以靠大数据赚钱。

任务1　认识社交网络营销

当今互联网技术已进入Web2.0时代，网络信息技术快速发展。互联网技术的兴起给消费者的消费习惯和企业的营销管理带来了诸多影响，促进了企业营销策略与营销方式的转变。传统的网络营销手段，诸如搜索引擎竞价排名、门户网站广告等方式所起到的营销效果已越来越弱化。随着Facebook、Twitter等国外的社交网络媒体在网络营销上的优势日益凸显，以及社交网络媒体在中国的蓬勃发展，越来越多的中国企业，看到了社交网络营销的潜力，意识到了利用社交网站进行营销的重要性。

5.1.1　社交网络营销的基本概念

社交网络（Social Networking Services，SNS），即社会性网络服务，是指旨在帮助人们建立社会性网络联系的互联网应用服务，又称为社交网站或社交媒体。通过社交网站，用户可以发布自己的信息，浏览他人的信息，同时可以与其他的用户建立实时的在线交流，这样社交网站使人们的社交关系可视化和工具化，实现了人际信息传递的数字化、实时化和可追溯化。

社交网络营销，即SNS营销，是以社交网站为载体的营销模式，是一种伴随着网络社区化而兴起的营销方式。SNS营销利用SNS网站的分享和共享功能，基于六度分隔理论，通过建立产品和品牌的群组、举办活动、利用SNS分享进行"病毒式"营销。

社交网络营销是最贴近消费者的营销模式，其创造了一个"个人的"网络世界，让用户的朋友、同事和家庭都参与其中，让用户的社交网络成为其网络活动的中心，形成了一个庞大的个人数据库，借此帮助企业找到最忠诚的用户或者潜在客户，进行更准确有效的数据库营销。针对这些特定的、有共同属性的社交群体，企业通过有一定传播力的内容或者活动等，借助社交群体中人与人的关系的裂变实现品牌和产品信息等的迅速传播，从而获得更多的利润和价值。

社交网络营销兴起于美国是一种新兴的商业营销模式，为企业和消费者之间提供了相互交流、相互沟通、相互参与的互动平台，短短几年时间便风靡全球。

◎ 案例

支付宝集五福之病毒式营销

2020年，这已经是支付宝举办集五福活动的第五年。一个支付宝互动小游戏，目的是吸引更多用户使用支付宝软件，同时促进支付宝用户之间的社交活动。经过几年的时间，这个小游戏成了不少用户惦记的一份年味也成为一种新年俗。"福文化"也因此在更多人中传递开来。为了扫福集福,老年人贴起传统福字,年轻人则大开脑洞,用牙签、口红甚至鸡骨头摆出福字。这种现象背后又暗含着哪些运营策略?

我们先来看一下历年来奖金金额的调整。2016年,有79万多人集齐了五张福卡,平分2.15亿现金,人均271.66元;2017年,1.68亿用户集齐了五福,拼手气分2亿,最高分到666元,最低只有几毛钱;2018年,2.51亿用户集齐五福,依旧是拼手气,但是金额提高到了5亿,用户最高分到666元,最少能分到1.08元;2019年,近3.3亿人集齐了五福,仍然是拼手气瓜分5亿,中奖金额多为1.68和2.08元,还有2019个用户获得了全年帮还花呗的大奖。而2020年的奖金池依旧是5亿元,还增加了最高48 888元的全家福花呗。说实话,这么大金额的红包对于普通用户来说,是相当具有诱惑力。所以,活动一上线,很多人便跃跃欲试。

那么,如何能集到五福呢?首先,要参加活动,需要用户登录支付宝,在页面正中间发现并点击集五福活动。这种博人眼球而又简易操作的活动,很快引发了人们的广泛参与。好友之间互送福卡又大大增加了支付宝对话框的使用率。其次,支付宝集福与蚂蚁森林一些小游戏关联。用户一定要深入参与到蚂蚁森林活动中,比如收集到一定数量的绿色能量、给福气林浇水、蚂蚁庄园收取金蛋等活动,才能够获得新的福卡。这一波集福的目的,是用福卡刺激蚂蚁森林,用蚂蚁森林给支付宝带来持续使用和高强度黏性。最后,支付宝充分应用分享功能,包括分享到支付宝好友、分享到生活圈,邀请大家一起参与到换福环节。分享这一功能让更多的人了解参与支付宝的集福活动,也让更多人了解支付宝,支付宝也因此获得一批新用户。

集福活动设计的巧妙之处在于大众集齐五福是一件很困难的事,特别是敬业福。于是用户为了快速集齐五福,就需要互相交换福卡,而这就要通过加好友或者加群来实现。这种方式有助于支付宝建立社交属性,将熟人关系转移到支付宝内,引发全民互动,从而解决支付宝朋友圈活跃度不高的问题。

虽然活动一度因很多人无法集到一张敬业福而被诟病,但是,活动的传播速度和影响力足可以用病毒来形容,活动过后支付宝的用户量大幅上涨,更多人更加了解了支付宝。归根到底,支付宝只花费了两亿就做了一个别人花费数十亿也不一定能做到如此成功的营销策划活动,这种营销策略值得许多企业商家学习。

5.1.2 社交网络营销的特点

在市场竞争日益激烈的营销环境下,社交网络营销改变了传统营销模式下"一对多"的独白式单向营销模式,通过社交网络平台以低成本、全覆盖的方式将符合受众要求的产品信息传达到每一位潜在消费者。社交网络营销的核心是关系营销,营销的关键在于抓住消费者。

1. 信息传播快,范围广泛

社交网络平台可以通过互联网实现实时的信息发布与共享,可以借助特定的话题或营销点随时随地发布营销信息,制造营销话题,而无须受时间和空间的限制。同时,社交网络平台关系复杂化,人与人之间可建立蜘蛛网式的关系链接,通过人与人的互相传播与扩散,其传播范围可实现爆发式增长，使信息能够传递到每一位受众群体。

2. 社群成员具有稳定性，消费客户呈现集聚性特征

社交网络营销以社交网络平台为载体，社群成员都是基于共同或者相似的爱好、兴趣和价值取向聚集在一起的，因此彼此间容易建立起相对稳定的关联关系。社交网络成员容易产生对某一信息或产品的共鸣，形成聚集性的消费带动效应，并且成员之间通过相互影响，能产生消费叠加能量，从而放大企业的营销效果，使企业从中获利。

3. 营销信息的多向互动性

与传统的单向输出型营销模式相比，社交网络营销具有互动性强、反馈及时的特点。

（1）用户之间的互动与信息传播。社交网络平台的用户将自己感兴趣的信息与平台内的好友进行分享，实现用户间的信息传播。用户的动态和信息会通过平台传递给朋友，好友会与用户进行交流与反馈，同时将信息再扩散传播，这是社交网络最大的特点和优势。

（2）用户与产品营销者的信息互动与交流。产品营销者通过网络社交平台发布信息，制造话题，并得到客户群体的评价与反馈，这样有利于直接掌握消费者的反馈信息，针对消费者需求及时对宣传战术和宣传方向进行调整。

4. 营销信息碎片化

伴随网络信息技术的快速发展，网络资源呈现多样性和碎片化的特征。社交网络营销要适应网络资源传播的特征就需要在营销定位上呈现多样性，这意味着企业需要在产品信息的发布设计、营销内容宣传和服务方面适应消费者接受信息的特点，短小精悍、夺人眼球，以实现营销信息的有效传播扩散。

5. 营销结构弱中心化

不同于传统营销结构的中心化特征，即以信息传播者为中心，向信息接收者单向辐射，形成以一点向外扩散的信息传播模式，使社交网络营销呈现相互交错的网状信息传播特征。信息的传播不再是单向的、集中的，信息的接受者同样是信息的再传播者，信息传播模式由集中走向分散，呈现弱中心化的特征。

5.1.3 社交网络营销的优势

1. 社交网络营销可以满足企业不同的营销策略

在社交网络信息传播大幅发展的今天，任何一个想要成功推广企业信息、实现产品销售的企业都不可能离开社交网络营销，越来越多的企业尝试着在社交网络上施展拳脚，社交网络营销已成为企业营销的标配。企业可通过社交网络平台开展各种各样的线上活动，从产品植入到市场调研甚至是"病毒式"营销等，所有这些都可以通过社交网站实现。社交网络最大的特点就是可以充分展示人与人的互动，而这恰恰是一切营销的基础所在。

2. 社交网络营销可以有效降低企业的营销成本

与传统营销在推广费用上的高花费相比，社交网络营销依靠的是销售者与最终客户的直接接触，减少了中间环节的费用以及高额的广告费用。社交网络"蛛网式"的信息传递模式更具有互动性和传播性，可以使更多的潜在受众得到关注，从而减少营销费用。

3. 可以实现目标用户的精准营销

社交网络平台的用户通常都是实名制，用户的关注内容和兴趣范围可以统计，用户注册的数据也都是较真实的。企业在开展网络营销时可以很容易对目标受众按照地域、收入状况、兴趣爱好等特性进行筛选，从而有针对性与这些用户进行互动，宣传企业形象和产品内容。如果企业营销的经费不多，但又希望能够获得一个比较好的效果时，可以只针对部分区域开展营销，例如只针对某一重点区域的用户开展线上活动，从而实现目标用户的精准营销。

4. 社交网络营销是真正符合网络用户需求的营销方式

互联网信息传播能够实现如此迅速的发展，除了得益于互联网技术的大幅发展之外，用户对于网络信息传播的需求也是其快速发展的拉动力量。社交网络满足了用户最本质的需求，即参与、分享和互动。没有任何一个媒体能够把人与人之间的关系拉得如此紧密，实现实时的分享与互动。无论是朋友的一篇日记、推荐的一个视频、参与的一个活动，还是朋友新结识的朋友，人们都能够在第一时间了解和关注其动态，并分享感受。只有符合网络用户需求的营销模式才能在网络营销中发挥更大的作用。

5.1.4 社交网络营销应注意的问题

社交网络营销是最符合现代社会受众获取信息方式的营销手段之一，它具备传统营销和其他网络方式营销所不具备的独特优势。但社交网络营销并非一劳永逸，许多企业的社交平台推广都是虎头蛇尾，并没有取得良好的效果，白白浪费了前期的策划和推广。究其原因，社交网络营销在社交平台用户的维护、企业及产品信息的推送、营销活动的策划等方面存在如下问题。

1. 社交网络平台信息回复不及时

社交网络营销的优势在于快速和互动，能够迅速制造热点话题，通过与用户的实时互动达到营销宣传的目的。因此，社交网络营销应切忌出现营销过程中信息反馈不及时的问题，让信息关注群体等待很长时间会让前期的营销策划前功尽弃。因此，要定期维护社区账号，及时查看回复消息，特别是对一些网友的回帖和评论要积极响应并互动，才能够不断积累人气，维护老用户，拓展新用户，实现社交网络群的扩大。

2. 缺乏清晰的社交营销战略

社交网络资源的多样性和实时性使得社交网络营销具有碎片化的特征，内容往往短小精悍。社交网络营销通过社交平台策划营销话题，信息的发布方式具有松散的特点，这使得很多企业在进行社交网络营销时缺乏统一的战略，容易出现蹭热点、制造零散话题等问题，导致营销宣传难以长久维持。因此，社交网络营销需要建立正式的线上营销计划，在这个过程中每一步都要有清晰的目标。

3. 社交网络营销媒介不连贯

社交网络营销虽然具有快速、实时的特征，但其营销效果的显现并非立竿见影。很多企业三天打鱼两天晒网，没有连贯系统的推广社区，企图通过一次营销策划便可积累起忠实的客户群体是不现实的。用户需要一个阶段的积累和关注才能够认知到某一企业或品牌,并不是一两篇文章或帖子就足够的。因此,社交网络营销应当制订完整的市场营销计划,选择合适的社交平台,连续推送营销信息,避免不连贯现象的出现。

4. 社交网络信息切忌出现低级错误

拼写和常识错误会让一个信息推送的内容看上去很糟糕,会使得企业和产品形象在消费者心中大打折扣。企业在社交网络平台如博客、微博上推送的信息都应当做到专业,营销者应当严格审查自己推送的内容,重复检查文章流畅性和可读性,不要让低级错误毁了公司和产品的形象。

任务2 SNS 营销的运营

SNS 营销就是利用 SNS 平台的分享传播和共享服务功能,充分利用人与人之间网状的链接结构实现的一种营销。通过近似病毒式的复制与传播手段,让更多的受众了解产品的信息。SNS 平台种类繁多、发展迅速、资源丰富,营销手段更是形式多样,但不管何种营销方式,营销结果都是衡量营销成败的唯一标准,其营销规律仍然有章可循。

5.2.1 消费习惯和营销模式的演变

在探讨 SNS 营销运营的手段之前,我们先了解一下现代网络发展导致的消费习惯的变化,以及由此引起的消费模式的变革。随着消费者意识的崛起、多元媒体渠道的涌现,人们的消费观念正在发生变化,从最早期的"功能式"消费,演变为后来的"品牌式"消费,再到"体验式"消费,而现在,已经进入了"参与式"消费时代。这也意味着消费需求第一次超出了产品本身,不再囿于产品的物化属性,更多地延伸到社会属性。

1. 功能式消费

功能式消费是在经济发展水平相对较低的时期,生产活动只能满足消费者最低层次的需求,消费者也只有满足基本生活需求的能力。当社会商品处于供不应求的状况时,消费者购买行为只关心商品能否满足自身某种需求,这种消费时代我们称之为功能式消费时代。

在功能式消费模式阶段,生产者重视产品的功能,对于行业竞争和产品营销意识淡薄。消费者接受产品信息的渠道单一,消费行为呈现"从众化"的特点。

2. 品牌式消费

随着消费者文化层次、收入水平、消费观念的不断提升,消费者的品牌意识不断增强,对知名品牌也越来越偏爱。品牌消费,是指使用品牌产品以满足人们物质和文化生活的需要。品牌意识铸造品牌质量,引导品牌消费,创造品牌价值。随着互联网技术的发展,市场和企业之间信息不对称的现象越来越少,消费者很容易就可以获取产品的信息。因此企业必须牢固树立品牌意识,不断提升产品的核心竞争力,准确把握市场动向,推广品牌消费,实施品牌战略。

3. 体验式消费

随着经济发展水平不断提高,产品日益丰富,行业竞争不断加剧,消费市场逐渐由卖方市场转向买方市场，生产者开始重视营销环节对产品销售的重要作用。在此阶段，消费者接受信息的渠道更加广泛，尤其是互联网的出现使得产品信息更加透明，消费行为也日益表现为个性化、情感化的特征，"非从众"心理日益增强，此时的消费便不再是以功能消费为主了，体验式消费时代来临。

在体验式消费时代，生产者要以服务为中心，以产品为载体，站在消费者的感官（Sense）、情感（Feel）、思考（Think）、行动（Act）、关联（Relate）五个方面，重新定义、设计营销的思考方式。突破传统上"理性消费者"的假设，注重消费者在消费前、消费时、消费后的体验，创造消费者的良好情景消费体验，通过感官体验，形成思维认同，以抓住消费者的注意力，达到成功销售产品的目的。体验式消费注重消费者的体验经历，为消费提供良好的服务，以求在竞争中占据一席之地。

◎ 案例

宜家家居体验式营销

宜家，自1943年创立至今，已经成为全球最大的家具家居用品商场。之所以取得如此大的成功，主要是因为它从一开始就推行沉浸体验式营销。提及宜家的沉浸体验式营销，你会发现它真的接地气。它将内部布局和服务方式设计得更加自然、和谐，旨在让每个人感觉进入宜家就像是出外休闲旅行一般。为了这一切，它在商场中设有咖啡店、快餐店和儿童活动区域等。在购物过程中，你累了，可以喝一杯咖啡，也可以吃一份甜点，甚至是小憩一会。而在产品方面，宜家主张更为直接的体验。对于抽屉、柜子、床垫等，当你想要买的时候，不妨自己拉开抽屉，打开柜门，躺在床垫上试试，感受一下质量，再决定购买。并且，它还通过"家装设计"制造不同风格的样板间，根据不同的风格进行设计和布置，将一切合理配置，给消费者最直观的产品展示。可以说，宜家是借家装体验来售卖家具和创意设计。

不过，宜家的沉浸体验式营销与其他企业营销有所不同，它拒绝主动服务。宜家的工作人员更多扮演的是一个引导者的样子，引导消费者扮演不一样的角色，进行采购，这完全打破了消费者的顾虑，在节省消费者时间的同时，提高了成交率。

4. 参与式消费

如果说体验式消费仍然是以生产者的产品为中心，通过创设体验情景以及优质的服务使消费者获得良好的消费体验感觉以达到营销的目的，那么，参与式消费则真正把消费者放在了产品生产的中心环节。在参与式消费阶段，消费者对产品有自己的想法和设计。为了满足消费者的这种诉求，一些企业开始调整营销手段，通过创造性的参与式营销，将品牌建设的"话语权"交到消费者手中。

在Marketing2.0时代，任何品牌如果简单地按照自己的推断去制订品牌策略，去满足消费者体验，则意味着冒险和错误。品牌要想得到消费者的认同，一个最好的办法就是让消费者参与品牌建设，由他们主动提供自己的想法和做法。品牌和媒体已不能再像以往那样能控制所有的品牌体验和传播资源，而消费者也已经不再是传播的终点，他们成为传播过程中的一个节点，甚至在一定意义上是媒体。只有引导、迎合消费者的行为和体验，才能使品牌的营销效果得到最大限度的释放，而参与式营销则是与消费者沟通和互动最有力的方式。

我们熟知的"红米"手机就是参与式消费的例子,红米手机是小米公司旗下的一款产品。在开发这套产品时,小米公司从品牌爱好者中挑选了 100 名志愿者,让他们参与设计和改良,同时小米手机的粉丝也可通过社交网络平台参与其中,红米手机营销取得的成功也印证了参与式营销的优势。

5.2.2 SNS 营销运营步骤

SNS 营销的设计应当符合消费者消费模式的特征,在保证产品质量和服务的基础上,充分让消费者参与其中,做到以消费者的需求为中心,创造话题吸引消费者的兴趣,增加其品牌的黏性和忠诚度。SNS 营销运营主要由以下几部分构成。

1. 定位准确,选择或者建立适合的 SNS 平台

SNS 营销在开展过程中要考虑产品和客户的定位,分析企业的产品和服务适合哪一类的消费群体,即我的产品要卖给谁,目标客户需要什么样的产品。这样,才能选择适合企业自身的 SNS 营销平台、推广方式和策略。

SNS 平台资源丰富,用户众多,生产者在选择或者建立营销的社交网络平台时,应当根据产品特征和消费者特点,选择与目标客户相匹配的平台,即产品的目标客户群体与 SNS 平台的目标客户群体要一致。

定位准确的社交网络平台,其平台用户具有相似的身份属性,有共同的兴趣爱好、类似的情感需求、相近的地缘联系。只有这种准确定位的社交网络平台才能让用户针对某一话题展开讨论,产生共鸣,才能凝聚用户并创造出价值,也才能具有长久的生命力。例如人人网更适合在校学生,以同学为主;腾讯、微博则是综合性的平台。

2. 制造话题,增加用户数量,聚集人气

通过精准定位,选择或者建立合适的 SNS 营销平台后,需要采取策略增加用户数量、凝聚人气。

(1)通过创意活动凝聚人气。用户或者说粉丝数量是决定一个 SNS 平台生命力的关键。营销者应当根据营销目标,通过精心策划形式各异的创意活动,让平台内容丰富多样,有内容可看,有故事可听,更重要的是增加与用户的交流和互动,凝聚用户和产品的情感共鸣,增进与用户的彼此了解。

物质福利是创意活动策划必不可少的要素,通过实实在在的让利活动吸引消费者是凝聚人气的有效手段。平台在凝聚人气、制造话题的过程中,可以通过折扣、优惠券等让利活动给予粉丝奖励,增加他们的黏性和归属感。

(2)充分发挥意见领袖的带动作用。一个 SNS 营销平台能否长期运营下去,并且保持较高的人气,必须具备专业的意见领袖。所谓意见领袖是社交网络平台中首先或较多接触大众传媒信息,并将经过自己再加工的信息传播给他人的人,是网络营销宣传中的重要角色,具有影响他人态度的能力,他们介入大众传播,加快了传播速度并扩大了影响。

对于营销者来说,可通过自己设立意见领袖或者有效动员 SNS 平台中的意见领袖为自己服务的方式来保持用户群体的积极性、正向性,使网络舆论始终朝着为自己服务的方向发

展。如今，网络媒体的力量如此强大，足够在瞬间成就一个品牌，也有能力瞬间毁灭一个品牌。

> **案例**

口红一哥——李佳琦

在网络营销迅猛发展的今天，相信大家对网红经济一词已经耳熟能详。红极一时的口红一哥李佳琦便是网红经济下网络营销的成功范例。李佳琦曾于 2018 年 9 月，成功挑战"30 秒涂口红最多人数"的吉尼斯世界纪录，成为涂口红的世界纪录保持者，自此被称为"口红一哥"。2018 年"双十一"与马云 pk 卖口红，最终战胜马云。2020 年 6 月 23 日，李佳琦作为特殊人才落户上海。只买李佳琦推荐的口红已经成为许多年轻爱美女士选择口红的标准，其营销能力已远远超过许多大牌明星代言的广告。

(3) 将粉丝转化为实际购买行为的消费者。

第一步：平台+用户=粉丝。SNS 营销不同于传统的营销模式，它抛开了中间商环节，通过互联网使企业找到了与直接消费者密切接触和交流的机会，通过最快速便捷的方式聚集追随者，形成粉丝，向消费者宣传自己的产品。SNS 平台的用户基于共同的兴趣、爱好等社交属性聚集在一起。企业通过有闪光点、吸引力，甚至是有噱头的创意活动和意见领袖等方式不断吸引用户关注，形成社交网络的忠实粉丝。维系粉丝与企业产品之间关系的纽带是一种情感关系，粉丝的消费行为更多表现为一种情感基础，一旦粉丝喜欢和认可了某一款产品，其消费行为往往带有情感冲动，对产品的一切都很期待。

第二步：粉丝+情景=消费。在互联网时代，越来越多的企业通过社交网络平台来营销和宣传自己，社交网络用户也往往不仅是一种产品的粉丝。企业在通过平台聚集众多粉丝之后，需要创设情境，将粉丝转化为有实际购买行为的消费者。

创设情境营销就是触发消费者购买的情景需要，让他们产生购买行为。当社交网络营销平台与情景相交融时，消费者更注重的是参与消费的激情，购买行为是为了满足自己的情感需要，因此，企业一定要选择有创意的、能够触发消费者情感的产品。

> **案例**

"果粉"通宵排队买新款手机

"果粉"是网络上对苹果手机爱好者的昵称，从苹果手机问世以来，苹果公司通过独特的营销宣传方式，吸引了数量众多的粉丝人群。这种情感需求又延伸到了苹果电脑、iPad 等产品，他们对于苹果产品有一种精神追求，对于苹果公司的每一次新品发布会，他们都密切关注，凡是苹果的产品都渴望拥有。

每次苹果手机推出新品后，"果粉"就会通宵排队购买，这就是粉丝效应。苹果公司通过定时公开发售的方式，产生轰动效应，促进消费者购买。所以，SNS 平台先要聚集高忠诚度的粉丝，然后通过创设必要的情景才可以将其转化为有购买能力的消费者。

5.2.3 SNS 营销运营的策略

1. 游戏营销策略

游戏营销策略是将产品或品牌及其代表性的视觉符号甚至服务内容，以游戏的表现方式，通过场景再现，悄无声息地灌输给消费者，以达到营销目的。像 QQ 空间等抢车位的游戏，就是依托 SNS 在停车位上放置各种汽车的广告，与现实中的汽车品牌结合，将产品外形、定位、价格等信息植入游戏中，使产品的相关信息在人们玩游戏的过程中，悄无声息地进入他们的脑海中。这些植入方式跟用户切身利益结合，用户在这样的过程中，更加容易接受产品，企业更加容易做口碑，也更加容易引导购买行为。

2. 品牌植入策略

目前，在 SNS 网站上，互相赠送虚拟礼物是维系人际关系的一种常见方式。比如，可以将产品的信息展现在礼物当中，互赠礼物的过程即为体验产品或品牌的过程，同时，在赠送的过程中也可以设置奖励的桥段，发出或收到虚拟礼物即可获得赢取真实产品的机会，虚拟礼物越多，机会越大。这样，在 SNS 平台上，植入有真实产品信息的虚拟礼物将会在多个用户之间进行交流，从而加深产品的关注度，达到广告显示的作用，从而取得良好的营销效果。

3. 互动创意营销策略

互动营销是精准营销模式的核心组成部分，它强调在企业和消费者之间找到共同利益点，选择巧妙的沟通时机和方法，将二者紧密地联系起来，在双方之间建立良性的互动。在消费行为中，企业的目的是提供满足顾客需求的产品和服务，而顾客的目的则是在众多的产品和服务中寻求最符合自身需要的产品。这是一个双方博弈的过程，而 SNS 营销中的互动特性则打破了企业与消费者的沟通障碍，帮助企业和消费者达成共识和平衡。

创意营销的目的是发挥用户的积极性、主动性和创造性。在创意营销模式中，用户从被动的接受者变为主动的参与者，通过个性创意，表达对企业品牌和产品概念的理解和诠释。SNS 营销的优势就是投入成本低，营销效果好，特别适合企业进行品牌推广、产品宣传，互动创意有效地加强了沟通，有助于培养用户对品牌的忠诚度和依赖性，在互动关系中也帮助企业塑造了品牌形象。

5.2.4 SNS 营销运营需要注意的问题

1. 了解每个社区的特性

每个 SNS 平台都会有自己的特点，包括风格、氛围等。要在某个 SNS 平台进行营销，营销者就一定要先去了解这个社区的特性，明白什么样的话题会在平台中得到很好的传播，用户对什么信息反感等。只有对这些特性有了足够的了解，营销者才可以进行针对性的分享，也才能保证分享的内容能够得到比较好的传播。

2. 创建属于你的品牌群组

很多 SNS 社区都提供了群组版块，比如豆瓣、蘑菇街等，在选择 SNS 社区进行营销时，最好选择具有群组模块的社区，因为群组是可以累积到同兴趣的用户的，也会有很多意见领袖的存在，群组会是我们营销的很好资源。

我们需要去培养属于自己的品牌群组，通过创意活动的形式为平台添加群组的人气。有了属于自己的品牌群组之后，这个群组的组员都会是你传播品牌最好的渠道。同时，随着品牌群组人气的不断上升，你的品牌在整个社区当中的影响力就会得到展现，从而会有更多的人了解到你的品牌，这是一个良性循环的过程。

3. 多接触所谓的超级用户

任何社区里面都会有一些非常受到关注的用户，我们称之为超级用户。这些用户是我们必须去接触的，如果能够得到他们的一些帮助，我们的品牌传播会非常迅速。

接触他们的方式要先了解他们的兴趣点，通过共同兴趣的话题来吸引他们的注意力，最好是经常更新他们所关注领域的最新资讯，他们会很愿意去转载给他们的粉丝的，这样我们与他们的关系就会变得紧密。之后再对他们进行营销，成功率就会高出很多。

4. 多想想营销策略，创新思路

由于现在做 SNS 社区营销的很多，作为社交网络的普通用户来说，对于铺天盖地的营销、广告都有了相当的判断力，所以大众化的营销手段是很难取得效果的，需要我们进行创新，需要多思考、常更新营销思路。

任务3　知乎平台的运营

知乎是一个可以连接各行各业用户的网络问答社区平台。用户之间分享着彼此的知识、经验和见解，为中文互联网源源不断地提供多种多样的信息。从某种意义上说，知乎更像一个论坛，用户围绕着某一感兴趣的话题进行讨论，同时可以关注兴趣一致的人。但知乎又不仅仅是一个论坛，它有自己的知识体系。一般而言，对于知识概念性的解释，网络百科几乎涵盖了读者所有的疑问，但是对于发散思维的整合，却是知乎的一大特色。

5.3.1　知乎的发展历程

知乎网站于 2010 年 12 月开放。2011 年 3 月，知乎获得李开复的天使投资，之后又获得启明投资的千万美元投资；2013 年 3 月，知乎向公众开放注册，在不到一年时间内，注册用户迅速由 40 万攀升至 400 万；之后知乎取得迅猛的发展。

2018 年 4 月 26 日，知乎对外宣布启动用户权益保护升级，针对除信任的搜索引擎外的第三方机构，将采取白名单许可的方式，规范知乎内容的使用标准。2018 年 6 月 6 日，知乎正式宣布，原有的"知识市场"业务升级为"知乎大学"，并组建新的知识市场事业部。

2019 年 3 月，知乎正式推出盐选会员这一全新会员服务体系。2019 年 10 月，"知乎直播"功能正式上线。在直播场景中，用户可以更加轻松、直接地分享知识、经验和见解，展开实时的讨论交流，获得来自主播的专业解答。2019 年 11 月 19 日，"知乎百科"正式启动公共编辑计划，邀请用户共同参与百科的内容公共创作，进一步完善结构化的内容展示机制。

知乎的口号是"与世界分享你的知识、经验和见解"。作为一个知识型社交网络平台，其运作模式符合 SNS 营销模式的特点，知乎用户可以在平台上充分实现知识的共享、分享与互动讨论，同时用户还可以利用平台实现类似于大学课程一样的系统化、体系化的知识学习。知乎已成为在线互动型知识获取模式的首选。2017 年 11 月 8 日，知乎入选时代影响力·中国商业案例 TOP30。2019 年 10 月 21 日，胡润研究院发布"2019 胡润全球独角兽榜"，知乎排名第 138 位。2020 年 1 月 9 日，胡润研究院发布"2019 胡润中国 500 强民营企业"，知乎以市值 245 亿元位列第 300 位。

5.3.2 知乎 App 的模块应用

知乎手机 App 版本共有五个模块，位于界面的最下端，分别是首页、会员、发现、消息和我的模块。

1. 首页模块

知乎首页，如图 5-1 所示，有四个功能区。在左上角是"关注"，主要呈现用户关注的信息、所关注人的最新提问及回答以及当下的一些热点问题。用户在这一版块，除了查看最新问题及回答之外，也可以通过"设置""关注问题""添加评论""分享""感谢"和"收藏"等功能参与到自己感兴趣的问题中，对该问题添加关注、评论等内容。

在首页左上角还新增加了直播模块，推出提供实时语音问答的产品"Live""知乎书店""知乎圆桌""知乎专栏"以及"付费咨询"模块。

推荐模块是平台根据用户关注或感兴趣话题向用户推荐相关内容的模块。在话题内容的推荐上，知乎运营方一方面可以根据用户关注话题进行信息汇总，另一方面可以通过用户在知乎网络相关行为数据的记录统计，达到相当精准的推荐。

热榜模块则分为视频、科技、体育、时尚、影视等诸多小的模块，用户可以根据内容分类查看。值得一提的是，这些热榜内容同样会运用大数据技术，匹配用户较为感兴趣的内容进行展示。知乎平台通过对用户细分，真正实现了一对一的精准推送。在这一模块中，用户还可以对相关问题进行修改、评论、举报和管理投票。用户可以对自己觉得不合适的问题、问题标签和问题补充进行修改。同时，如果发现不合适或自己感兴趣问题，用户也可以评论或举报。

2. 会员模块

会员模块又细分为"会员推荐""读书会""杂志""专栏"和"Live 讲座"五个专栏。会员模块是知识付费经济的集中体验，只要成为"知乎"的会员，便可以享受无限量的知识大餐。在这里，你可以分门别类地搜索到各行各业、各个领域前沿的话题与讨论，可以读到线下和纸质的书籍，可以专享平台自制的高质量的在线讲座与课程等。用户也可以通过平台与信息发布者、其他用户进行在线交流与互动，发表自己的观点和看法、提出问题、在线讨论等。同时，知乎平台会根据会员感兴趣和关注的内容推荐相关的内容，相比起用户自己查找和搜索这些内容，平台推荐的内容质量更高，甚至更符合用户的需求。

当然，会费收入及在线内容的收费也是知乎的主要收入来源，通过精准化的用户细分，有针对性的营销与推荐，知乎可以很好地吸引用户，增加用户的黏性，通过互动与分享不断地扩大用户数量。知乎正通过 SNS 营销的运营方式享受着互联网经济带来的巨大收益。

3. 发现模块

知乎的发现模块可以分为三个板块，分别是"圈子""频道"和"分区"，如图 5-1 所示。

在这一板块中，用户可以搜索到最新的热点问题（按时间先后顺序呈现），可以通过加入不同的社交群组查看他人正在关注和热议的话题，同时可以参与互动与讨论。在互联网消费时代，消费者往往有从众和扎堆的心理，总是希望得到他人的关注和认可，同时又总是渴望能够融入群体，能够了解他人关注的领域和话题，从而在这个瞬息万变的社会中找到安全感和存在感。

知乎的发现模块正是适应了用户的这一心理而设置的，用户可以很便捷地了解到他人关注的领域和讨论的话题，并且可以通过平台查看意见领域对这一问题的观点和见解，了解到问题的来龙去脉，形成自己对这一问题的看法。同时，这个过程本身也是用户接触社会、认知社会的一个窗口，用户可以从过程中拓展眼界和知识面。

4. "消息"模块和"我的"模块

这两部分模块的设定较为简单，主要是消息推送与个人信息的管理。"消息"模块主要是记录用户互动内容的模块，包括用户联系人管理、赞同与喜欢的内容的评价与点赞，关注的账号以及评论与转发的内容的记录。"消息"模块还包括知乎平台给用户的消息推送和内容推荐等，比如知乎日报的内容，会列示当下的热点问题并给出相对客观的评论。

"我的"模块主要是个人信息的管理，包括学习记录、会员充值、余额管理、我的书架等内容。

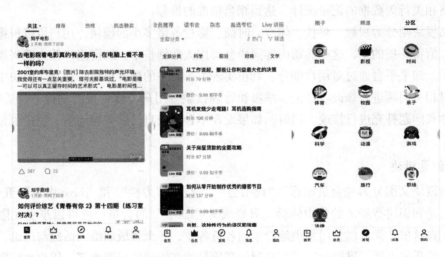

图 5-1 "知乎"手机 App 模块

5.3.3 "知乎"大学

2018 年 6 月至今知乎已提供 15 000 个知识服务产品，生产者达到 5 000 名，知乎付费用户人次达到 600 万。每天，有超过 100 万人次使用"知乎大学"。

"知乎大学"是"知识市场"的升级。从"知识市场"变成"知乎大学",除了增加了视频课程,调整了部分会员权益之外,最大的变化是把知识体系化,形成了"课程+书+训练营"的一套完整产品矩阵。课程体系包含"Live 小讲"和"私家课",完成从音频到视频、从小体量到大体量、从短时分享到长期体系化的初步覆盖。"书的体系"则包含"知乎书店"的电子书、有声书、知乎·读书会,还包括 2018 年年初上线的,旨在帮助用户拆解、分析和导读一本书的"知乎读书会"。训练营体系则是一种轻型的培训服务,相对于以往的课程更有深度。

与此同时,知乎宣布"超级会员"正式售卖,购买的用户可一站获取知乎站内超过 3 000 场"知乎 Live"、600 多本由知乎各领域优秀回答者所领读的"读书会"音频、超过 700 本热门电子书等。

知乎改变了以往知识论坛平台比较松散的模式,将用户关注的热点问题进行系统化的整合,根据特定群体的兴趣爱好和关注点进行有针对性的推荐和营销自制的或是引进的在线课程、电子书籍等。这种知识付费的在线平台正是借鉴了 SNS 营销的手段和方式,通过平台的宣传聚集了大量的粉丝和用户,然后通过开放式、发散式的论坛讨论,吸引更多用户的同时,将用户进行群体细分,充分掌握每个用户群体的阅读特点和关注点,进而进行有针对性的营销。

5.3.4 知乎运营的特点

1. 发散性的互动学习模式

与其说知乎是一个信息获取的平台,倒不如说它是一个信息讨论的阵地:用户围绕着某一感兴趣的话题进行相关的讨论,同时可以关注和你兴趣一致的人。对于发散思维的整合是知乎的一大特色,知乎鼓励用户在问答过程中进行讨论,在发散性的思维中形成自己的认知。

2. 高质量的信息内容推送

互联网让人们以空前的效率自由分享和使用信息。但由于科技的双刃剑效应,以及市场和社会等多重因素的影响,互联网同样带来了信息泛滥和过载等问题。真正有价值的内容被大量低质量的信息所淹没,没有得到有效传播和与价值相匹配的收益。知乎一直致力于通过社区的 UGC 机制、专业内容生产者的 PGC 力量,以及各领域优秀回答者的甄别和判断力,生产和传播优质内容;并通过技术和产品创新,让有价值的内容与知乎问答社区相融合,实现高质量内容的重新组织和价值再分配。知乎不断优化服务,让消费者以更低成本,获得更多选择的优质内容,满足自身学习、成长的诉求。

3. 严格的用户管理制度,有效提升用户质量

知乎每一个注册用户都有一个 PR(Person Rank),用户的每一个操作都将直接影响其个人的 PR 值。在回答的时候,答案顺序按赞同票数排序,赞同票数相同的情况下按个人 PR 值排序,同时隐藏被认为无效的答案。这在一定程度上提升了用户的质量,鼓励用户发表正向的、有价值的观点,过滤了相当部分的垃圾信息。

2019 年 3 月 18 日,知乎正式推出"盐选会员"这一全新会员服务体系,主要涵盖三个

部分，包括高价值的付费内容权益、社区功能权益、会员身份权益三大维度。在新增的"社区功能"权益维度，用户可以通过首页关键词屏蔽、评论区发图等专属功能提升日常使用知乎的浏览、讨论体验。此外，知乎还新增会员专属标识、会员专属客服等会员用户的身份权益。在原有"知乎大学"一站式精选知识服务的基础上，"知乎"也对付费内容进行了权益升级：包括 300 + 国内一线杂志刊物持续更新、3 500 + 盐选私家课和 Live 讲座、超过 10 000 本盐选电子书、600 + 位盐选专家领读等。截至 2019 年 1 月，知乎已拥有超过 2.2 亿用户，其中大部分为 18～35 岁追求自我提升的年轻人群。

4. 有效满足用户的社会认同心理诉求

从人的心理诉求角度来讲，知乎很好地满足了用户分享的欲望，给用户提供了一个高质量的分享舞台，同时满足了个人建立威望的人性需求。你回答得越多，就越表明你知识渊博，你的威望就越高。如果说微博、微信、SNS 等产品是满足了人的社交需求的话，那么知乎则是满足了人的最高层次的两个需求：尊重（社会承认）和自我实现的需求。

5.3.5 知乎面临的问题

1. 破窗效应依然存在

知乎最本质的还是社交网络问答平台，虽然实行了严格的会员管理制度，但网络舆论的走向仍然存在不可控的因素，一旦有人从中灌水，就会引发一连串的连锁反应，这就是破窗效应。知乎意识到这种威胁，采取了许多措施来抑制破窗效应，比如对提问类型进行了限制，允许用户举报重复低质量的问题和隐藏没有帮助的答案等，但是破窗效应的威胁依然存在，如何在用户数量和质量之间找到一个很好的平衡点是知乎下阶段面临的一个难题。

2. 有价值问题占比变小

很多注册完知乎的人，不肯自己探索而是一味的提问。问答社区的宗旨是解决一些较难解决的问题，倘若用户只是不断地提出近乎幼稚的问题，那么这样的问答社区的问题质量无疑会慢慢下降。

早期知乎是聘用一群精英人士来解答问题，通过形成经典的问答，然后散布于网络平台，激发用户的探索和求知热情，这是知乎营销宣传的策略之一。但随着用户数量的增多，问题规模逐渐变大，有意义的回答变得越来越稀缺。那些曾经制造无数经典问答的精英人士或者隐退，或者无法完成如此巨大的工作量。所以如今能看到的问题和解答已不如早期让人印象深刻了。

知乎如果无法解决这个问题，极可能沦为又一个百度知道、天涯问答。

3. 激励制度有待提升

知乎基本实行的是零激励制度，只是靠用户的回答或提问所带来的精神上和知识上的收获来激励用户，对于积分奖励和物质奖励等也使用很少，而且效果也不明显。知乎的问答与互动基本上都是凭借人类分享的本性，以及渴望获得他人认可的自我实现感与满足感，但是我们不可能要求大家天天都有这个心情。此外，如果有些用户提出的问题无人解答，这样更加挫伤用户的积极性。

要想让知乎的用户单纯从提问和回答上就能得到激励，网站的运营方需要付出极大的努力。知乎需要通过各种各样的方式引导用户行为，建立讨论秩序，营造交流的氛围。这种模式没有任何成功的先例可以模仿，只能靠知乎进行不断尝试、不断调整。

任务4　了解社交网络营销的发展

在互联网技术迅猛发展和5G时代即将到来的今天，越来越多的人开始走出现实世界的交际圈，借助互联网不断形成自己新的虚拟社交圈。当看到"90后""00后"们不断刷着手机，在各种网络社交媒体上享受自我的时候，SNS营销时代已经来临。

SNS营销的发展呈现以下几种趋势。

1. 重视弱连接关系的营销

在互联网营销时代，电视、报纸、杂志等传统媒体的广告都不能有效影响消费者的消费行为，反而是社交群体中好友的分享或者是意见领袖的推荐能够产生强大的吸引力。因此"社群经济"成为SNS营销的一个热词，任何企业都希望在"互联网+社群"的网络营销模式中分得利益的一杯羹。

然而，SNS营销早期的兴起和发展往往是基于亲友、同事、同学等关系建立起来的，我们称之为"强连接"建立起来的营销群体。这种网络营销关系只是简单地将线下已有的关系转移到了线上，这种关系建立的营销群体用户数量较少，而更多的是基于人情关系建立起来的营销关系。这就是为什么很多通过朋友圈、微信群等建立起来的营销群体难以维持的原因，而真正的社交网络营销应当是通过平台的推广和产品的宣传聚集忠诚度较高的粉丝群体。这些粉丝是通过共同的爱好、共同的兴趣等情感需求连接在一起的，彼此之间并不存在线下的某种"强连接"关系，我们将其称之为"弱连接"关系。企业只有善于建立并能长久维系这种"弱连接"关系，才能称之为真正意义上的SNS营销，也才能真正地将社交网络营销做大做强。

2. 重视群体价值观的建立

社交网络的长久存在和发展离不开社群文化的凝聚力，而社交成员共同的价值观则是群体文化的体现。SNS营销成功必然离不开共同的价值观的建立。如果一个SNS营销平台仅仅依靠创意活动增加人气，仅仅通过意见领袖来维持销售，那么任何资源都是会枯竭的。在SNS营销社交数量日益增多的今天，营销平台很快会被覆盖，这也是很多包括大型企业在内的SNS平台难以逃脱的命运，建立初期风风火火，最后都以失败告终。由此可见，单靠推销和宣传产品信息，依靠功利化的手段能够在短时间内吸引到消费者，产生刺激购买行为，但缺乏长久的生命力。因此，SNS平台要想长久持续下去，必须形成具有鲜明特征的文化体系、形成用户共同的价值观，唯有依靠文化的凝聚力才能保持社交群体持久的生命力。

Ⓔ 案例

李子柒——传统文化打造的美食博主

如果我想向你介绍一个集中国传统文化、美食、网红于一身的人，那么就一定要提到李子柒。李子柒，本名李佳佳，1990年出生于四川省绵阳市，美食短视频创作者。2015年，李子柒开始拍摄美食短视频；2017年6月16日，获得新浪微博超级红人节十大美食红人奖。2018年，她的原创短视频在海外运营3个月后获得YouTube银牌奖。2019年8月，获得超级红人节最具人气博主奖、年度最具商业价值红人奖；2019年12月14日，获得《中国新闻周刊》"年度文化传播人物奖"。2020年1月1日，入选《中国妇女报》"2019十大女性人物"。2020年5月19日，中华人民共和国农业农村部官网发布消息，李子柒受聘担任首批中国农民丰收节推广大使。

央视新闻评价李子柒的视频：没有一个字夸中国好，但她讲好了中国文化，讲好了中国故事。她只是默默地在那里干着农活，偶尔跟奶奶说几句四川方言，但全世界各地的人，却开始了解"有趣好看"的中国传统文化，并纷纷夸赞中国人的勤奋、聪慧，进而开始喜欢中国人，喜欢这个国家。不得不说，李子柒是个奇迹，一颗平常心做出了国际文化传播的奇迹。

3. 营销策略越来越微观化

网络营销的出现彻底改变了原有市场营销理论和实务存在的基础，营销策略和管理模式也发生了根本的变化。网络营销是企业向消费者提供产品和服务的另一个渠道，也为企业提供了一个增强竞争优势、增加盈利的机会。

在传统的企业营销策略中，企业产品要经过层层中间商环节，如批发商和零售商，才能到达最终消费者。因而，生产大型消费品的企业习惯于采用大市场营销战略，制定针对中间商环节的统一的营销策略，即对同一种产品用同一种方式进行市场营销。而网络营销的出现使得生产企业抛开了中间商环节，可以有机会直接面对最终消费者，可以了解消费者的消费行为，掌握消费者对于产品的喜好。由于最终消费者是独立的个体，是个性化的存在，因此，以往大市场营销的策略已不再适合网络营销时代。微观营销便由此产生了，同时大数据的出现也使得获得和分析这种行为成为可能。

所谓微观营销，就是指企业必须研究消费者的特点，根据消费者的需求生产、销售产品和服务，使自己的产品、服务和营销方案满足消费者的个性化需求。越来越多的企业开始采用微观市场营销战略，重视消费者个性化和社交化的需求。可以预见，在网络营销时代，微观营销将逐步取代原先的标准化营销模式。

4. 营销领域社区化

随着我国城镇化进程的不断加速，人们的生活方式逐渐向社区化发展，社区化生活逐渐完善并成为未来人们的主要生活方式，社区将成为城市构成的基本单位。所谓社区，就是聚居在同一地方的人通过某种方式而形成的共同的生活群体。

社区生活与人们的生活息息相关，良好的社区环境不仅应该能够满足人们的居住需求，更重要的是拥有一整套满足人们衣、食、住、行等各种日常需要的完整服务链，比如超市、学校、医院、交通工具等。社区的这些特性使得社区成为一个相对独立的生活圈，社区生活内的居民也会形成某种紧密的联系，彼此之间相互影响。

社交网络营销应当不断适应这种快速发展的社区环境，通过分析社区特性和社区受众的特征寻找适合自己产品的营销范围和销售模式。社区特性包括社区规模、社区层次和社区的管理模式等；受众的特性包括受众的心理、受众的需求和受众的行为等方面，可以通过对这些方面深入细化的分析取得营销突破。

项目实训

课内实训项目

【实训目的】

通过本次实训，系统化理解社交营销的分析与策划，能够根据策略选择对社会化平台的营销投放，掌握整个营销过程的同时，达成营销目标。

【实训要求】

每5人为一组选择一种熟悉的商品，分析该产品进行社交营销的可能性，并给出具体的营销策划方案。根据营销方案，完成对社交营销内容的设计与编辑。

【实训步骤】

步骤1：针对商品完成社交营销方案的设计，从论坛、微博、微信、博客、SNS社会化平台等方式中，至少选择4种进行分析与策划。

步骤2：营销设计。根据营销策划方案，对所选营销方式进行内容设计与编辑。

步骤3：营销效果分析。对其他小组的营销成果进行比较，并进行评价。

课外实训项目

【实训目的】

1. 由每个小组选择自己的产品（具体的产品），为该产品设计博客营销方案。
2. 理解博客在营销中的作用。
3. 掌握利用博客群、名人博客等方式进行博客营销。

【实训内容】

1. 在门户网站（新浪、搜狐、网易、腾讯）或专业博客网站注册一个博客账号，并对博客进行设置（风格、版式等）。
2. 利用博客群、博客首页推荐、名人博客等手段进行博客营销。

【实训步骤】

1. 注册一个博客账号。

（1）注册申请成为博客会员。

（2）以管理者的身份对博客的风格进行设计。

（3）增加博客的内容，使其至少具备以下元素：文字（日志）、图片（如相片）、视频、音乐。

（4）利用BBS、QQ、MSN、邮件、搜索引擎等方式推广自己的博客，并记录下来（推广方式、推广内容）。

（5）查看其他会员的博客网站，体会一下博客的营销作用。

2. 名人博客营销。

（1）在网上找一个具有影响力的博客（最好是企业博客，不一定是名人和明星），了解其博客等级、访问量、关注数量、发表的文章数量、博文的跟帖数量等基本数据。分析该博客上的文章都是关于哪一方面的？分析该博客在该领域内的影响力如何？博客营销的效果如何？将分析结果填入表5-1中。

表5-1　名人博客营销分析

博客名称和网址			
博客等级		总访问量	
发表的文章数量		每篇博文的平均跟帖数量	
该博客上的文章都是关于哪一方面的？			
该博客在该领域内的影响力如何？			
博客营销的效果如何？			

（2）模仿名人博客制作一个博客，并进行推广。

（3）在你的博客上发表至少2篇博文，内容要宣传温州名购网或旗下的产品，最好写成软文的形式（比如从一个热点问题谈起，引到名购网或某个产品上）。

（4）在博客上关注更多的博客和博友，至少关注3个。

【实训方法】

以小组为单位，各个学生独立上机操作，然后进行小组比较分析。

【实训考核】

1. 实验报告以书面形式提交。

2. 组长根据表现负责对本组成员进行评分；教师针对小组综合表现评定小组成绩；每位成员的个人分析报告是个人成绩的评定依据。

课内测试

1. **不定项选择题**

（1）社交营销的特点有（　　）。

A. 直接面对消费人群

B. 投入少，见效快

C. 可作普遍宣传手段，也可以针对特定目标

D. 直接掌握消费者反馈信息

（2）社交营销宣传方式包括（　　）。

A. 病毒式营销　　　B. 发福利　　　C. 口口相传　　　D. 单独宣传

（3）社交营销与传统营销不同点不包括（　　）。

A. 网络社交无须熟人介绍　　　B. 网络社交的内容更加透明

C. 网络社交不受周边环境的影响　　　　D. 社交营销无须成本
(4) 病毒性营销是利用（　　）进行促销。
A. 生产企业　　　B. 原材料供应商　　　C. 消费者　　　D. 销售企业工作人员
(5) 随着现代网络技术的发展，我国的消费模式都经历了（　　）阶段的变革。
A. 功能式消费　　　B. 品牌式消费　　　C. 体验式消费　　　D. 参与式消费

2. 判断题
(1) 社交的目的是解决需求。（　　）
(2) 社交营销的关键是关系营销。（　　）
(3) 社交营销宣传内容要有价值。（　　）
(4) 利用用户希望获得优惠的心理进行传播，如支付宝集五福属于发福利营销。（　　）
(5) 社交网络营销可以满足企业不同的营销策略。（　　）

3. 简答题
(1) 社交网络营销的特点和优势是什么？
(2) SNS 营销运营的步骤和策略有哪些？
(3) 知乎运营给我们的启示是什么？
(4) 你认为社交网络营销未来的发展趋势是什么？

项目 6

场景网络营销

学习目标

【知识目标】
1. 了解场景网络营销的概念。
2. 明确场景网络营销的设计原则,掌握场景网络营销的模式。
3. 能够认识到场景网络营销的重要性。

【技能目标】
能够结合场景网络营销的特点与设计原则,将场景网络营销运用到现实案例中,通过提升消费者的消费体验来提升店铺和产品的营销效果。

任务导入

手机换红牛

大学生这一消费群体和大学校园特殊的营销环境,需要企业策划新的营销方式。红牛找准移动互联网时代大学课堂缺乏专注力这一痛点,发起"能量校园,手机换红牛"活动,选取"课堂"这一既需要"能量"又要求"专注"的场景,从学生需求出发,鼓励他们专注课堂学习,集中精力向前看。学生用手机换得红牛饮料的同时,体验来自红牛的正能量——专注一堂课。学生接收到了品牌传送的信息,一方面与品牌形成互动,增强用户品牌认知度;另一方面开始思考专注带给自己的价值。学生通过红牛的品牌精神和活动倡导的"专注力"在课堂情境中产生碰撞,发现自己超乎想象的能量。

"手机换红牛"分线下和线上两部分展开,线下活动以"专注一堂课"为引导,带动高校人气,赚足大学生眼球,获取目标用户对品牌的认知度和满意度;线上主要以微信端活动"能量大声噪"为延展,在朋友圈进行火爆传播。从线下到线上,围绕目标用户进行全方位的品牌互动体验,让品牌传递的信息更加生动。活动现场如图 6-1 所示。

为了迎合"专注"的主题,活动特地选择课前学生进课堂的时间点,在教室前排布置

项目6 场景网络营销

图6-1 手机换红牛现场场景

好"能量袋",每个"能量袋"中放置一罐红牛和一枚能量书签,学生走进教室,自愿用自己的手机换取一罐红牛,得到能量书签。看到红牛饮料出现在课堂上,很多学生抱着试一试的态度参与,通过交换,专注一堂课,加深了用户对产品和品牌的印象。课后,学生拿回手机,扫一扫"能量书签"上的二维码,关注红牛能量校园微信公众号,在线上与品牌产生更深一层的交互与链接,通过"能量大声噪"制作专属能量书签,激发自己创作和参与的热情,同时在朋友圈分享"能量",借助微信的社会化关联,"能量书签"在活动班级以外的院系也引发传播,大大提升了品牌的曝光与好感度。

思考题:1."手机换红牛"这一活动构建了哪些场景?
2."手机换红牛"活动为何能吸引大学生的参与?

任务1 认识场景网络营销

6.1.1 场景网络营销的产生背景

任何营销模式的出现与发展都是基于对现行的营销环境与营销对象的变化而产生的,而什么是营销环境呢?营销环境是指销售产品时所处的市场环境,而营销对象则是指客户,其中又包含客户的性格特征、需求心理、消费观念等。被誉为现代营销学之父的菲利普·科特勒(Philip Kotler)将营销的发展分为以下三个阶段,如图6-2所示。

(1)以产品为中心的营销1.0时代。此时的营销和销售并无太大的差别,更注重的是营销人员的语言表达能力。

(2)以消费者为中心的营销2.0时代。在这一阶段,企业开始更加注重与用户之间的互动,产品在为用户提供具体使用功能的同时,还需要具备一定的情感价值,因此企业需要向用户传递企业品牌文化,激起用户购买产品的欲望。

(3)以价值观为中心的营销3.0时代。在这一阶段,企业对消费者的定位从产品的受众定义为真正具有独立人格与精神的消费个体,价值的交换与产品的交易升华为情感的互动与共鸣,精神与价值观的诠释更加重要。

而现如今正发展的场景网络营销就是这个时候的产物,它立足于情感认同以及一致的价

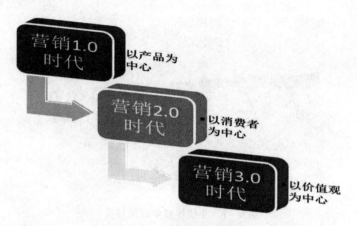

图6-2 营销环境的发展

值取向,同以价值观为中心的营销3.0时代的核心理念完美契合。场景网络营销就是基于营销环境与营销对象的变化应运而生的。

1. 营销环境的变化:移动化、碎片化与场景化

移动互联网时代的营销环境开始呈现出新的特点:移动化、碎片化与场景化。

人们从在固定的时间、固定的地点进行消费的传统模式,逐渐变成不限时间、不限地点、不限渠道的新型消费模式,消费者可以在任何时间、任何地点,通过任何方式购买他们所喜欢的商品。移动终端的销量几乎呈几何式增长,人们花在手机上的时间逐渐增长,这些都将营销环境的移动化特征完美地表现出来。

自媒体时代的泛中心化开始将个体的信息传播能力无限放大,人们的关注点不再局限于少数的几个焦点,反映在消费行为中即引发了消费时间、消费地点与消费需求的碎片化。

人的消费行为和环境的影响有较大的关联性,营销要取得良好的效果需要有能够触动消费者的相应场景。科学技术的发展为一些场景创造提供了现实基础,智能佩戴设备、随处可见的广告屏幕以及与互联网直接对接的移动终端,都可以成为商家展示消费场景的有效载体。营销人员能否创造出吸引消费者的有丰富内容的场景化营销,成为衡量企业营销战略成功与否的重要标准。

2. 营销对象的变化

消费主体的变化主要来自逐渐成长起来的"80后""90后",这一群体具有明显的时代特征:个性化、社交化、娱乐化,如图6-3所示。

作为一个不断崛起的消费群体,他们的消费行为与消费理念开始改变商业环境,以往被压制的产品个性化与定制化需求被解放出来,情感的交流与参与度成为企业获得成功的关键要素。

企业可以通过各种生活、工作、娱乐场景的构建,给予营销对象与众不同的、个性化的、多样性的体验,通过场景氛围、社交等要素的影响,使营销对象产生有利于企业的行为,如购买决策、口碑传播等。比如,小米手机能够大获成功,就在于它成功地将这一理念真正融入到了企业的经营理念之中。

图 6-3 营销对象的时代特征

6.1.2 场景网络营销概念

1. 场景的特点

移动互联网及智能终端设备的普及，推动人类进入场景时代，产品或服务生产逻辑越来越接近于人的需要，一切围绕着人性展开。如今，人们已不需要为购买一件商品而发愁，因为线上线下同类商品多如牛毛，随处可见；但人们却为如何筛选一件适合自己的商品而苦恼。供大于求的市场环境让人们的消费欲望或刚性需求升级，谁的产品或服务打造的场景更接近于人们需要的真实场景，谁就可以"黏住"消费者，成为占据市场的胜利者。那么，场景具有哪些特点呢？

（1）场景式推荐的个性化。个性化推荐是根据用户的兴趣特点和购买行为，有针对性地向用户推荐需要的信息和商品。场景式个性化推荐主要运用设定的特定场景，根据用户的兴趣特点和购买行为，通过多维度用户群组进行分析，向用户推荐感兴趣的信息和商品，为不同用户提供个性化服务，满足不同用户不同需求，从而实现主动推荐目的。

（2）场景的智能生活化。智能生活是基于移动互联网打造的一种全新智能化生活方式，其依托云计算技术、以云分发服务为基础融合家庭场景功能、构建享受智能家居控制系统带来的新生活方式，从多方面、多角度呈现家庭生活中更方便、更舒适、更安全和更健康的具体场景，进而创造出具备智能化的生活社区。

智能化生活可以为人们带来这样的生活场景：家庭娱乐、亲情关爱、家庭服务、家居环境、身体保健、家庭安全、能源管理等。

（3）场景的虚拟化。随着移动智能终端实现随时随地无缝接入，满足任何时候、任何设备、任何网络访问应用的需求，把现实中客观存在的场景制作成三维数据模型，然后模拟人的视角在屏幕上展示成为可能。

通过场景虚拟化，可以真实地模拟现实世界和环境，使虚拟的场景更逼真、更活泼、更具有吸引力,让用户自觉进入场景之中,增加代入感。

(4) 场景的娱乐化。全民娱乐时代的到来,场景时代必然不能缺少娱乐因素,否则也吸引不了用户的参与和关注。场景的娱乐化不是网络游戏或视频全面娱乐化,而是向更深层次的娱乐化演进。

2. 构成场景的基本要素

随着大数据、传感设备、视频监控与定位系统的普及,一个基于移动互联网的场景时代已经到来。移动智能终端设备的推广运用,使每个人时时处在各种特定的场景之中,场景成为一个重要入口,并且能以指数级的速度传播,这在 PC 电脑时代是难以想象的。场景不断颠覆传统的市场观念和传统行业,构筑起全新的场景思维。在文学语境中,无论是室内场景还是户外场景,都要具备时间、空间、人物三大要素。基于移动互联网下的场景包含以下三个要素。

(1) "空间与环境"要素。场景不仅是一种空间位置指向,也包含与特定空间或行为相关的环境特征,以及在此环境中人的行为模式和互动模式。空间与环境并不等同,但又不可分割,所以需要把空间与环境当作要素来看待。空间与环境和人们的生活密切相关,也和时间关联。空间与环境和人都是变量,存在固定和移动两种场景。固定场景是人们在相对静止的状态下所处的空间环境,与人们日常活动相关联,此时与人们的关系相对稳定,可视作常量。在以 PC 电脑终端上网的时代,人们使用互联网的场景相对较为固定,仅仅局限于家庭、办公室和网吧等场所,与外界的联系时断时续。移动场景指的是通过移动智能终端设备登录互联网,人们的活动场景不断变换,不受环境和时间的限制,上网时间拉长,并保持时时在线。对于用户来说,移动场景永远是一个变量,时空和环境的场景快速切换,每一种场景又会给用户带来不同的感受和不同的需求。移动互联网不仅打破了人们习惯的"封闭性"和"专注性",使得人们工作、生活与休闲、娱乐之间的界限变得模糊,体现出碎片化特征,而且影响和改变了人际关系,人与人的互动交流更加频繁,但同时各种"干扰"随之增多。特别是时间碎片化对人们的生活影响更大。智能手机转移注意力的成本很低,既击碎了人们的完整时间,又填补了人们的零碎时间,同时增加了人与人的互动交流。

(2) "实时状态"要素。用户的实时状态,包括用户此时此刻、此地此景的身体、各种行为和需求等相关信息数据,既有可能基于过往的生活习惯,也有可能因为环境因素影响产生偶然性、突发性。无论是在固定场景还是移动场景中,人们的实时状态都会受到周边环境或多或少的影响,产生喜欢或厌烦的心理反应。周围环境的场景往往是丰富多彩的,但任何人只会对那些自己喜欢的场景感兴趣,捕捉那些对自己有用的信息为己所用。用户关注哪些场景或捕捉哪些信息,这是了解用户下一步行为的关键。

(3) "用户惯性"要素。人们在不同场景中的需求与行为模式,常常会受以往生活经验的影响,打上生活惯性的烙印,惯性是理解用户行为走向的基本依据。用户很少受外界因素影响,理性支配、重复以前产品或服务的惯性消费行为,如请客吃饭习惯到某家饭店、购物习惯到某家超市和某家网店、买衣服习惯选择某品牌和颜色、修车习惯到某家汽车修理厂等。事实上,在许多生活场景中,人们往往遵循惯性而生存。人们的思维会针对一些高重复性的信息和行为固化为固定的模型,这在日常生活中体现为惯性或思维定式。因此,移动互联网时代的场景分析,必须要结合用户以往的习惯。通过智能移动或固定智能终端设备,对人们的生活习惯以数据方式适时收集,运用数据库方式加以存储。场景分析的目标,是将每一个对象识别出来，并与数据库存储的相关信息进行匹配，以此分析用户的生活、消费习惯，预测用户即将进行的行为。

6.1.3 场景网络营销的实质

随着移动智能终端技术的发展与普及，消费者通过移动智能终端保持时时在线，商家构建不同产品或服务的各种"真实"场景，可让消费者置身于特定的应用场景之中，充分体验产品或服务的美妙，提高购买消费欲望正逐渐变为现实。

基于移动智能终端的场景网络营销就是围绕消费者的碎片时间整合产品或服务，根据不同目标群体特性进行分类管理，对产品或服务进行有针对性的场景设定，在此基础上广泛精准营销。场景网络营销就是借助消费者所处的场景及特定的时间和空间，营造特定的场景，与消费者形成互动体验、完成消费行为的过程。

场景网络营销的实质是通过提供给消费者丰富的购物场景和便捷的购物体验，让消费者在包罗万象、浩如烟海的信息中，找到自己所喜爱的产品或服务，提高潜在消费者成为现实消费者和忠诚消费者的转化率，同时黏住消费者，最终成为某项商品或服务的"粉丝"。场景网络营销的实质具体表现为以下几个方面。

1. 场景网络营销靠的是"心智影响力"

消费者的购买行为都是基于个人或家庭需求，均受到消费人数、需求量、购买力、储藏地点、产品保鲜期及消费者生活习惯、消费观念、消费心理等诸多内外因素的影响，因此消费者的消费表现会出现差异性大、复杂多变和习惯性的显著特征。

从营销的角度来说，场景网络营销与广告、公关、网络等营销方式没有本质区别，但场景网络营销是依据移动互联网的发展，改变人们的认知思维，不论是情感型消费者还是理智型消费者都因为时间的碎片化，使其对产品的感觉、知觉、记忆、思维以及决策过程发生了明显的变化。而在购买行为上，消费者或多或少会受到来自特定场景的暗示或诱导而进行购买决策。随着消费者时间的碎片化，很多消费者不再按照固有的生活习惯选择购物方式，而是情感、理智上都受控于自我意识里的"心智"驱使。场景网络营销正是依靠"场景"影响心智而展开营销攻势。

2. 场景网络营销固化消费者购买习惯

许多消费者已经习惯在网店搜索产品，选择后下订单付款，然后等着快递送货上门。商家更关心的是消费者再一次购物时，能否按照已经养成的消费习惯，再次到本网店消费。为此，商家花费大量的精力在如何让消费者真正"黏在"自己的品牌上，以及产品的"固化率"问题上。因此，培养消费者消费习惯异常重要，场景网络营销的优势在于，不断通过网店、微信公众号或朋友圈，向特定场景下的消费者推送所需产品或服务信息，让消费者在没有任何精神负担或心理压力下，强化对产品或服务的认识，不知不觉中固化消费习惯，加深对品牌的认知。

3. 场景网络营销提升消费者体验

商家的产品或服务能否得到消费者认可，很大程度上取决于消费者在使用产品或服务的过程中获得体验。只有当消费者获得了高质量、与众不同的体验，消费者才会对产品或服务留下深刻印象，在潜意识里就会将此次体验与其他同质产品与服务进行区分，形成消费习惯，成为忠诚顾客。场景网络营销正是基于移动互联、仿真、传感、定位等智能终端技术建立的新型营销模式，通过场景持续地影响和感染消费者，将品牌宣传隐含于服务中，更具人性化，与消费者互动性更高，体验效果更好。

知识拓展

场景网络营销：一场营销革命的来临

任务2　场景网络营销设计原则与策略

场景网络营销是指用户的上网行为始终处在输入场景、搜索场景和浏览场景之一，通过对用户数据的挖掘、追踪和分析，在由时间、地点、用户和关系构成的特定场景下，连接用户线上和线下行为，理解并判断用户情感、态度和需求，为用户提供实时、定向、创意的信息和内容服务，并通过与用户的互动沟通，树立品牌形象或提升转化率，实现精准营销的营销行为。

6.2.1　场景网络营销特点

场景网络营销以充分尊重用户网络体验为先，围绕用户输入信息、搜索信息、获得信息的行为路径与上网场景，构建以"兴趣引导 + 海量曝光 + 入口营销"为线索的网络营销新模式。场景营销在用户"感兴趣、需要和寻找"时，充分结合了用户需求和目的，展现网店的营销推广信息，是一种充分满足推广企业"海量 + 精准"需求的营销方式。其特点如下。

1. 随机性

随机性是指营销时间和地域的随机性。场景网络营销可以在用户刷朋友圈或浏览网页、接收邮件、接收短信等任意时间与地域下，潜移默化地影响消费者，进而使其产生兴趣，随时随地进行营销行为。

2. 不相关性

不相关性是指即使是两件不相干的事情也能产生场景化销售。例如用户与营销者聊天时，提到家里的花洒坏掉的问题，聊到一些洗漱用品，在这种情景下就可以进行洗漱用品的场景营销。

3. 多样性

一个用户会有多种多样的场景需求，一个场景连接到多个不同的用户，这就使网店经营者可以进行不同的多种场景营销。场景网络营销根据不同推广方式展现商品的特质，通过让消费者产生代入感的方式提升成交率。

6.2.2 场景网络营销原则

如何把营销场景化,而不只是简单的广告信息内容的传递,这就要求做到在构建营销场景时,必须坚持以下原则。

1. 创新性原则

在构建营销场景时,必须将各种互联网资源和线下实体店的场景资源整合起来,达到多媒体、多场景的协调一致,形成持续的品牌传播,实现全场景无缝覆盖,让每个消费者每时每刻都置身于营销场景里。在特定应用场景中,优化产品体验。

整合各种资源的关键是创新,这并非构建营销场景一定要发明创造,而是指根据营销环境的变化而构建变化的营销场景,结合企业自身的资源条件和经营实力,力求营销场景要素在某一方面有所突破,能适应消费者碎片时间的变化,使消费者乐意接受,触发其购买欲望,最终赢得消费者。从这个意义上来说,创新是构建营销场景的基点和生命线。

(1) 创新必须围绕着为场景网络营销"加温"。移动互联网强化了人与人、人与产品的连接,把不同时空、不同地域的消费者串联在一起,已经突破了时间、空间的限制。品牌通过一个社交平台、一个简单的应用场景就可以广而告之,这种基于人际关系和消费者体验建立起来的关系网络,是场景网络营销生产与发展的基础,通过对理性消费者的观察,用富有创意的手段,为场景网络营销营造定制化、个性化、有"温度"的场景,为场景网络营销加温,引发消费者共鸣,产生消费激情,是创新的出发点。

(2) 创新不能忘"初心"。在这个新鲜事物层出不穷的时代,消费者的记忆功能逐渐衰减,想要吸引住消费者,商家在构建营销场景时,不能盲目追逐热点实践,忘记传播品牌的"初心"。在构建营销场景时,打造独一无二的消费者体验、创造与消费者产生共鸣的场景,永远是场景式营销不变的主题。技术和环境的提升可以改变品牌向消费者传递品牌价值和核心理念的方式,但要打动消费者内心、触发消费者购买欲望,还要依赖隐藏在场景背后的品牌。

(3) 创新必须做到持续不断。信息技术的发展日新月异,当有人还在热衷于商场购物刷卡结算时,网上购物第三方支付结算已经普及。在场景时代,"只有想不到,没有做不到",科技如同一只看不见的手,触伸到所有行业和领域,场景营销要以积极的态度进行持续不断的创新。

2. 一致性原则

某个物体出现在某种场景中的可能性被称为场景的一致性,同一物体处于不同场景中会直接影响人们的知觉加工和记忆功能。一致性的场景在知觉加工阶段存在优势,表现在知觉加工速度更快、准确率更高。在场景网络营销中,运用场景知觉和记忆特点及机制对构建营销场景具有重要的指导意义。如在设计产品营销场景时,可以利用一致性场景先捕获消费者的注意力并抓住眼球,再运用不一致性场景加深、巩固消费者印象,让品牌在消费者心目中形成长时间的记忆。

3. 模糊性原则

在构建场景网络营销场景时,同样需要采用模糊营销。比如"怕上火喝王老吉"就是一种典型的模糊化场景,不需要详细解释凉茶的功效特点,只需把一个产品与一个模糊化场景联系起来,就可以引起消费者的共鸣,触发其购买欲望。场景网络营销需要模糊化,但在

"模糊"背后必须有精确的功能和特点来支撑。

（1）构建营销场景，必须从消费者的场景出发，而不是从产品本身的功能出发。

（2）构建营销场景，必须能够引发消费者的联想，并且是指向性联想，让消费者联想到产品的一种特定功能，最终归结到一种精确的诉求。

（3）营销创意要将各种精确的功能演绎或转化为一个鲜活生动的场景。

6.2.3 场景网络营销策略

场景泛指喜剧或电影中的一帧一帧画面，在营销中则是一个个的消费场面，场景化思维要求洞察用户习惯，设身处地地融入实际的消费场景，开阔营销视野。大数据应用使得勾画用户画像、定位不同消费场景、追踪消费行为、挖掘潜在消费者与消费者使用需求呈现多层次、多类型的场景网络营销成为可能。想要做好场景网络营销可以从以下几个策略入手。

1. 明确目标

要明确提供的服务、服务对象以及服务方式。通过服务方式设计场景网络营销的整体布局，并将服务和服务对象落实到场景网络营销方案中，让用户明确服务内容与适用人群。

2. 细分用户

不同层次、不同阶段的用户喜好不同、需求不同，因此要将用户进行类别细分。比如可以按照年龄划分为老年人、成年人、孩子等，成年人又可以再分为成年男士、成年女士等。

3. 挖掘痛点

每个用户的需求点不同，要根据不同的用户群体深度挖掘用户痛点，确定需求点。例如针对学校寝室夏天闷热的痛点，确定能够夹在床杠上并且能够蓄电的电风扇的需求点，进而引出对USB接口通电风扇的需求。这种场景网络营销能够让功能更加专业，人群标签更加精准。

4. 选择场景

一个成功的营销策划离不开精准场景的选择与把控，可以根据具体的推广渠道选择合适的营销场景。

5. 文案创作

文案创作在一定程度上决定着营销的成败，一篇好的文案可以事半功倍，做好文案是场景网络营销的重要环节。

任务3　场景网络营销模式

由于技术水平和使用范围的限制，场景网络营销处于初步发展阶段，能够实现的连接与互动的水平存在局限，可以依照线上与线下的连接与互动的强弱程度进行场景模式的应用模式划分，如图6-4所示。

图6-4　场景网络营销的营销模式

6.3.1 场景体验主导型

场景体验主导型的场景营销指线下与线上弱连接与互动，营销刺激源主要来自线下场景，突出线下体验的营销模式。

1. 特点

场景体验主导型具有突破地理限制、基于设备辅助以及多感官体验的特点，如图6-5所示。

图6-5 场景体验主导型的特点

2. 示例

在大街地面上喷涂的 Rain Code

香港是一个常年多雨的地方，香港宿务航空创造独特的场景：在大街上用防水漆喷绘出带有太阳图案的二维码，如图6-6所示。当下雨时这个特别的图案凸显出来，特别引人注意。路人用手机扫取二维码可以连接到航空公司特别设计的机票订购网页，网页上描绘着菲律宾的阳光、大海与沙滩的画面，吸引用户到晴朗的菲律宾旅游，去感受阳光，这刺激了被长时间阴郁的雨天影响的路人的痛点，使其尤为心动和向往。航空公司巧妙地利用气候特点，使用新奇的方式，在街道上打造出特色的场景，成功地吸引并通过引发心理共鸣打动客户，激发需求，为航空公司实现销售的增加。

图6-6 Rain Code

6.3.2 虚拟场景主导型

虚拟场景主导型的场景营销是指线下与线上弱连接与互动,营销刺激源主要来自线上虚拟场景,突出线上连接与互动带动线下体验的营销模式。

1. 特点

虚拟场景主导型具有多平台覆盖、数据关联、资源共享以及特色虚拟场景的打造等特点,如图 6-7 所示。

图 6-7 虚拟场景主导型的特点

2. 示例

淘宝试妆台

淘宝试妆台是一款淘宝试妆软件,用户单击对应的美妆用品就能实时在手机上看到自己的妆后效果,并可根据试妆效果选购对应的彩妆商品。首先在手机上打开淘宝 App,定位到"我的淘宝",往下拖拉,就能看到"试妆台"图标了。进入试妆台后,可选择主题妆、睫毛、眼线、口红、腮红、眼影、眉毛等为自己上妆,直到满意为止。试妆台会为用户推荐试过的化妆品的相关宝贝,方便用户购买。虚拟的上妆场景以其趣味性吸引了用户尝试,以其交互性、低成本、便利性、实时等特点成为未来导购 App 的一个发展方向。淘宝试妆台如图 6-8 所示。

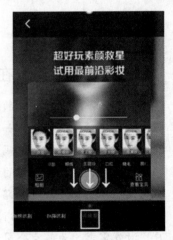

图 6-8 淘宝试妆台

6.3.3 连接与互动主导型

注重线下与线上两者的紧密连接与互动,结合消费者生活中的各种场景进行营销信息推送,从而将营销与消费者的生活高度融合,目的是在场景的利用或制造下实时满足痛点,提升消费者体验。

1. 特点

连接与互动主导型具有场景的量化识别、技术的高要求以及时空的延伸等特点,如图 6-9 所示。

项目6 场景网络营销

图6-9 连接与互动主导型场景特点

2. 示例

时尚场景革命：国内首款图片问答社区"Yes想要"

"Yes想要"是前百度电商总经理蔡虎于2015年7月推出的创业项目，是一款"移动图片分享+知识问答"的导购App，也被用户称作"买买买版"的Instagram。"Yes想要"是一款在不同场景中提供各种真人秀搭配，刺激用户发现和关注当下最流行的潮流搭配与时尚趋势，并通过大数据及深度学习能力，一站式提供全球范围的时尚类商品的购物搜索及推荐引擎，它可以解决用户"去哪儿买"的难题，是面向新生代的基于手机以及社交网络的崭新购物方式，如图6-10所示。

"Yes想要"的创新点在于"图片+知识问答"的导购模式，用标签实现场景化。蔡虎认为："技术导向的图片搜索不只是淘宝在做，百度也做过，且技术更成熟。但技术导向的图片搜索没有温度，对用户而言，需要一个有温度的场景。"

图6-10 Yes想要

任务4 了解场景网络营销应用与发展

6.4.1 场景网络营销应用流程

场景网络营销的流程如图6-11所示。

1. 建立连接：识别与获取顾客

利用场景这一核心要素，不论是进行场景的识别、模拟、创新或融合，还是选择合适的设备与网络的连接方式，以此吸引顾客，让顾客走进预设的场景当中，目的都是建立起企业与顾客的连接，建立连接的流程如图6-12所示。

2. 深化连接：建立顾客认知

认知从体验中获得，顾客在场景中获得的体验很大程度上

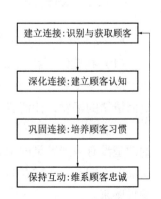

图6-11 场景网络营销的流程

· 139 ·

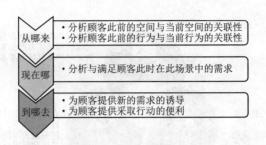

图6-12 建立连接的流程

决定场景营销的成败。建立顾客的认知,打造并保持良好的体验要注意以下几点。

(1) 更新服务理念,权衡场景网络营销带来的智能服务上的人性化和减少人与人之间实际交流的非人性化。

(2) 改进信息的检索方式,如要在检索的排列类型上有所拓展,除了顾客评分等可以增添好友评价、周围人选择等,同时应优化个性化信息。

(3) 尽可能传递完整美好的场景画面,与顾客形成情感共鸣,把握顾客的价值敏感点。顾客只有从高质量的体验中形成对企业的良好认知,才能让连接深化、沉淀。

3. 巩固连接:培养顾客习惯

让连接得以巩固,让客户形成使用习惯,关键在于核心竞争力的形成,在场景网络营销中应注意以下几点。

(1) 场景的扩展、更新与内涵丰富。

(2) 场景应用的细致化和轻量化。

(3) 社交的必要性。

4. 保持互动:维系顾客忠诚

在连接中保持企业与顾客的互动性,鼓励顾客向企业进行表达与诉求,只有当顾客向企业表达得越多越久,企业才能越了解顾客并不断完善营销内容。

场景不只与空间有关,还包括各种社交氛围。企业可考虑在场景中嵌入社交功能,营造社交氛围,鼓励客户在场景中社交,从而维系客户的忠诚。

6.4.2 场景网络营销应用与实例

1. 场景体验主导型的应用

(1) 构建线下特色场景刺激痛点。消费者的痛点是指消费者在体验产品或服务过程中原本的期望没有得到满足而造成的心理落差或不满,这种不满最终在消费者心智模式中形成负面情绪的爆发,让消费者感觉到"痛"。

"痛点"可分为三类:一是人们普遍有所体会的某种心理上的难受,或者某些蠢蠢欲动的欲望没有得到满足的难受;二是体验过某种产品后,如果不买会难受,会有不满足感,可谓欲罢不能;三是顾客购买过程中遇到一些挫折,使得顾客最终获得产品时,强烈地对比出愉悦感来。

(2) 利用智能设备丰富和提升场景体验。企业可以利用智能设备丰富和提升场景体验,同时获取数据反馈。

2. 虚拟场景主导型的应用

（1）基于顾客操作划分场景。企业可基于顾客的需要将场景划分为输入、搜索与浏览。如图6-13所示。

以搜狗为例，为了争夺移动端的入口，搜狗进行多平台覆盖和多方面合作。如与腾讯搜搜实现资源整合，增强移动端的场景融入，同时借助LBS等定位技术，依托智能化产品获取诸如旅游、美食等内容；如了解顾客对于某词汇进行了高频率的输入，搜索网站主动在下面推送与词汇相关内容的链接，甚至还结合顾客当下的时间与地点推送更具体的内容；如对于附近颇受好评的港式餐厅，顾客可以直接在输入中分享浏览器收藏的网站找到。总之，浏览器会主动提供顾客在移动端搜索更关注的生活服务化信息，尤其是本地的信息。除此之外，搜狗还积极开发图像识别技术，方便顾客直接通过手机相机就能完成识别和检索。

图6-13　输入、搜索与浏览场景

这些得以让顾客在不同的场景之下，体验信息搜集和需求满足的便捷与愉悦。

（2）虚拟场景与线下场景的交互。虚拟场景的构建来源并作用于线下场景，场景的构建一般基于并高于现实场景，即在现实的基础上展现出一定的想象和夸张，吸引顾客点击并连接，加上社交平台带来的分享的乘法效应，很容易引发爆点。

ⓒ 案例

下了地铁并不意味着目的地就到了，对于众多路痴而言，最后一公里目的地的寻觅往往是最难受的，"随便走"这款实景导航工具就是要解决在"步行"场景下找路的问题。这个工具最大的亮点就是能实现实景导航。

通过调用手机中的GPS、陀螺仪传感器及手机摄像头，"随便走"根据特定的算法能够算出用户当前位置与目的地经纬度的差值，实时地将位置信息推送给用户，并融入当前的实景环境给出前后左右的方位指示，用户无须再费心判别方向了。与将坐标点融入地图来导航的方式相比，"随便走"不涉及图片加载，如图6-14所示。

图6-14　最后一公里实景导航工具"随便走"

"随便走"根据吃、喝、玩、购、住、行等需求进行了场景划分,如图6-15所示。顾客选择一个场景,"随便走"都会就近向你推荐相应的去处,如餐馆、KTV、景点等,并通过实景导航把你带过去。对去过的地方,顾客可自行添加生活标签,比如"上次聚会的地方"。"随便走"新版还添加了"摇一摇"功能实景感知周边,距离最近的对应生活信息会直观地呈现在屏幕上。

图6-15 随便走的场景划分

3. 连接与互动主导型的应用

(1)时间维度应用,如图6-16所示。

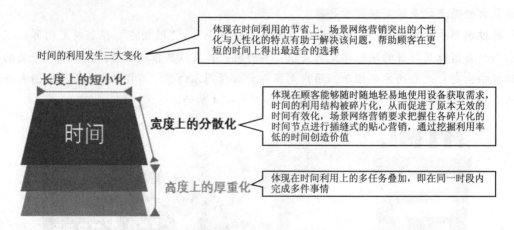

图6-16 时间维度应用

(2)空间维度应用,在场景时代,空间维度突出的是由大变小、由点变线的变化,如图6-17所示。

(3)关系维度应用。让社交推动场景,用场景凝聚社群,打造亚文化标签。移动设备

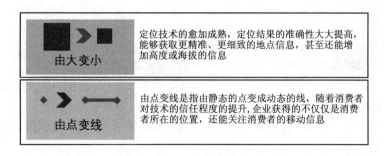

图 6-17 空间维度应用

让社交分享得以随时随地进行,社交氛围对于人们活动的影响也越来越明显。每一个应用、每一个场景都需要社交功能来帮助企业丰富其场景内涵,挖掘更多隐藏价值,有利于进行社交营销,并能满足顾客交流、分享、攀比等心理需求,扩展其人际关系,帮助认识新朋友,增强顾客与企业之间的黏性。关系维度应用如图 6-18 所示。

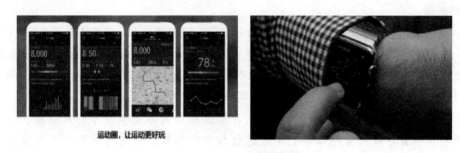

图 6-18 关系维度应用

项目实训

【实训目的】了解场景网络营销的构成要素以及场景网络营销设计原则,掌握网络营销的运作模式,探索场景网络营销的发展,为以后的店铺营销打下坚实基础。

【实训内容】

1. 列举一个关于场景网络营销应用的案例。

2. 在电商平台中选取适合的产品进行场景网络营销案例设计,选择最适合的场景网络营销运作模式进行产品推广。

【实训总结】

通过对相关产品的场景网络营销,选择最合适的营销模式进行运作,展开完整的营销,提高商品转化率。

【课堂讨论】

1. 场景网络营销的应用流程为何要围绕着顾客展开?

2. 时间维度三个角度的分析对你有何启发?

> 课内测试

1. 选择题

(1) 营销环境的变化有（　　）。
A. 移动化　　　　B. 碎片化　　　　C. 场景化　　　　D. 虚拟化

(2) 场景具有的特点有（　　）。
A. 多样性　　　　B. 随机性　　　　C. 相关性　　　　D. 娱乐性

(3) 场景网络营销的原则是（　　）。
A. 创新性原则　　B. 模糊性原则　　C. 个性化原则　　D. 一致性原则

(4) 场景体验主导型具有的特点为（　　）。
A. 突破地理限制　B. 基于设备辅助　C. 纯虚拟化展示　D. 多感官体验

(5) 连接与互动主导型的应用主要体现在（　　）。
A. 虚拟维度的应用　B. 空间维度应用　C. 关系维度应用　D. 时间维度应用

2. 判断题

(1) 我们现在正处于以消费者为中心的营销时代，把握消费者心理就能取得成功。（　　）

(2) 营销时代的移动化、碎片化就是指人们已经开始走出在固定的时间、固定的地点进行消费的传统模式，逐渐变成不限时间、不限地点、不限渠道的新型消费模式，消费者可以在任何时间、任何地点，通过任何方式购买他们所喜欢的商品。（　　）

(3) 在进行场景网络营销设计时，无论营销效果如何都要坚持不断地创新，哪怕最近一段时间的点击量与转化量持续增长也要进行相应的创新，创新内容可以不拘泥于品牌理念，抓住消费者眼球就可以。（　　）

(4) 在进行场景网络营销时，重要的是选择合适的场景，文案设计并不重要。（　　）

(5) 挖掘并刺激用户痛点可以提高消费者的购买欲。（　　）

3. 简答题

(1) 场景网络营销的营销模式有哪些？
(2) 简述营销场景策略。
(3) 场景网络营销应用流程有哪些？

项目 7

微信营销

学习目标

【知识目标】

1. 了解微信营销的含义和特点。
2. 熟悉微信营销的优势和劣势。
3. 掌握微信营销的策略及营销模式。

【技能目标】

能够熟悉微信的各种功能,并能利用这些功能,在朋友圈、微信公众号等进行营销策划和营销推广。

任务导入

【微信视频号】张小龙的短内容来了!

腾讯公司高级执行副总裁、微信事业群总裁张小龙在 2020 年 1 月 9 日微信公开课 Pro 的视频演讲中提到的"微信的短内容"终于来了。但是,所有人都没想到,张小龙的短内容居然是视频号。2020 年 1 月 22 日,微信官方账号@微信派发布消息称,微信的短内容来了。微信视频号正式开启内测。

什么是微信视频号?微信视频号是全新的内容创作平台,也是一个了解他人、了解世界的窗口,人人都可以在此平台上进行记录和创作。

微信视频号申请通过后,可分享视频或者最多 9 张图片,视频最长 1 分钟,且视频号与公众号是相互独立的,但视频号可添加公众号链接或者文字。从位置上来看,视频号的入口位于朋友圈下面,如图 7-1 所示。

图 7-1 短内容-微视频号

【思考】在微信里,除了通过"朋友圈"功能来实现社交化营销外,还有哪些营销模式?

任务1　认识微信营销

7.1.1　关于微信

微信(WeChat)是腾讯公司2011年推出的一款快速发送文字和照片、支持多人语音对讲的手机聊天应用软件。用户可以通过手机或平板电脑快速发送语音、视频、图片和文字等信息。微信提供公众平台、朋友圈、消息推送等功能,用户可以通过"摇一摇""搜索号码""附近的人""扫二维码"添加好友和关注公众平台,同时可以将看到的精彩内容分享给好友,也可以分享到朋友圈。微信消除了距离的限制,当用户成功注册微信后,可以和周围的微信"朋友"形成一种联系,用户按喜好订阅自己所需的信息,商家可以通过提供用户所需信息,推广自己的产品和服务,实现点对点的营销。

目前,微信已然变成一种生活方式,成为超过十亿人使用的手机应用,人们在逛街的时候不用再带钱包,利用微信就可以便捷安全地网上支付;驾车出行时,打开微信中的城市服务就可以查看道路交通情况;还可以自助选择公交、出租车、共享单车等。此外,人们还可以享受微信上的便捷服务,如线上叫餐、线上购物、生活缴费、报刊阅读、税务、教育等。微信提供多项服务入口界面如图7-2所示。

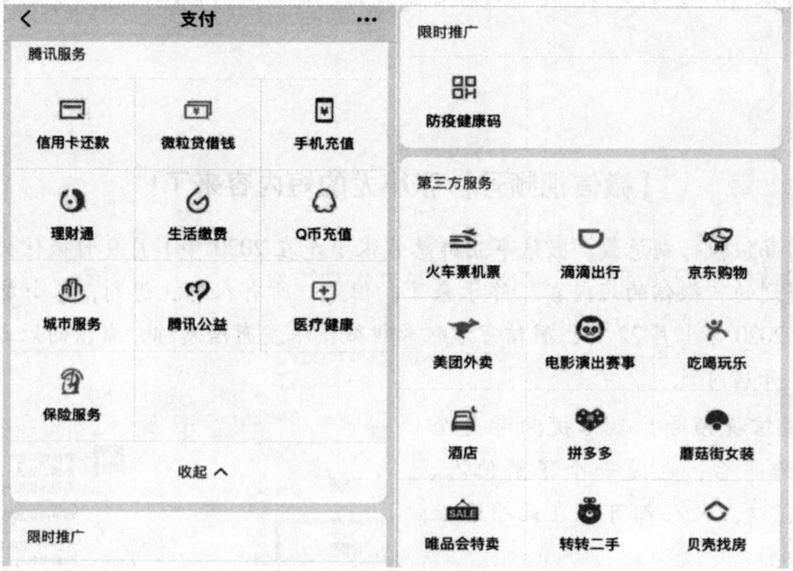

图7-2　微信提供服务内容

7.1.2　微信改变传统行业营销方式

作为移动互联网的重要入口,微信成为智能手机用户的一项全民运动。随着微信公众平台功能的不断完善及技术的提升，微信营销成为企业竞相角逐的新领地。尤其对于服务行业而言，微信营销不仅为企业拓展了新的营销渠道，节约了推广成本，还增强了用户线上线下的互通体验，推动了企业的发展。微信营销改变的不仅仅是传统行业的营销方式，更重要的是营销观念上的改变。

微信营销是网络经济时代企业对营销模式的创新，是伴随着微信的火热产生的一种网络营销方式。微信不存在距离的限制，用户注册微信后，可与周围同样注册的"朋友"形成一种联系。微信的社会化属性赋予其极大的营销优势，有利于企业建立人性化的人工微信客服，给订阅用户更及时、更贴心的体验。另外，微信营销的意义还在于实现自我分裂式的推广，微信推广的成功率远高于其他渠道，其推广的目标人群来自好友、手机通讯录、朋友圈，因此关系的建立是可信任的。

随着微信营销终端服务的发展，企业可以为不同行业和层次的订阅用户提供更直接的服务或产品。相对互联网传统方式，微信营销在终端运营上成本开支较低，这为中小型企业的发展和转型节约了大量开支，使得企业配合营销开展运作更加顺畅，大大降低了企业的营销成本。现在很多企业都意识到了微信中存在着商机，微信营销的需求正呈爆发式增长。微信营销是移动互联网时代应运而生的重要营销平台和工具，庞大的用户群落和数据信息为微信营销提供基础依据，为企业竞争获胜提供重要支持。当然，微信营销需要结合企业战略规划进行深度营销，企业应当以微信营销为切入点，抓住这个数据经济时代赋予的机会。

7.1.3 企业微信公众平台的商业价值

企业必须了解微信公众平台的商业价值，然后结合订阅用户的需求，确定微信提供怎样的服务。

1. 移动营销平台

（1）微信可以引导销售，及时快捷地把产品或服务信息推送给订阅用户以促成交易。

（2）微信可以宣传品牌形象，通过微信，订阅用户不仅可以接收品牌信息，还可以更方便地参与企业发起的互动活动，企业品牌从此得到传播。

（3）微信可以实现促销活动的最大曝光，能及时有效地把企业最新的促销活动告知给订阅用户，吸引订阅用户参与，以此降低企业的营销成本。

（4）微信可以实现 O2O 营销的闭环，线上与线下营销的互通是必然趋势，而微信为二者的结合提供了更便利的通道。

2. 用户调研平台

（1）移动互联网推动了体验经济时代的来临，用户体验将成为企业的核心竞争力，它包括了服务体验、品牌体验、物流体验等各个环节，这些环节都可以通过微信让订阅用户实时地反馈。

（2）产品调研是每个企业制定经营策略时非常重要的环节。以往通过第三方公司发放问卷或者电话调研，不仅成本高而且数据不精准，而通过微信直达订阅用户，企业不仅可以自主调研，更能省去大笔费用。

3. 客户关系管理

客户关系管理是一个不断加强与客户交流,不断了解客户需求,并不断对产品及服务进行改进以满足客户需求的连续过程,其最终目标是吸引新客户、保留老客户以及将已有客户转化为忠实客户。微信作为一款沟通工具,极大地方便了订阅用户与企业的沟通,并节省了成本,特别是将微信与企业客户关系管理系统结合,提高了客服在客户心中的满意度。

4. 企业移动平台官网

在 PC 时代,企业需要官网提供信息供用户查询,而在移动互联网时代,企业依然需要这样的官方网站,而且订阅用户只需记住企业昵称并搜索微信公众号就可以获得企业介绍、产品服务、联系方式等信息。

5. 移动电商平台

未来的电子商务中企业需要尽可能让订阅用户随时随地购买到产品。比如,某人在玩微信时突然想买一件衣服,可以不用跳出微信而直接在微信上实现购买。因此微信公众平台可以成为企业移动电商的渠道之一,实现选择下单和支付交易,甚至物流查询、客户服务。

任务2 理解微信营销概念及特点

7.2.1 微信营销的相关概念

微信营销是指企业利用微信平台,通过向用户传递有价值的信息而最终实现企业品牌力的强化或产品、服务销量增长的一种营销策略。微信营销主要体现在对安卓系统、苹果系统的手机或者平板电脑中的移动客户端进行的区域定位营销,商家通过微信公众平台,结合微信会员卡管理系统展示商家微官网、微会员、微推送、微支付、微活动。

7.2.2 微信营销的主要特点

1. 传播更精准

微信沟通模式是点对点的沟通,从社会学角度看,代表一对一的强关系,具有很好的私密性。这对营销而言就意味着可以获得大批的精准客户。

2. 高效性

智能手机作为即时通信工具,对于企业的产品信息,用户在任何时间、任何地点都可以接收到,这就方便了微信营销。

3. 高互动性

相比其他传统的社交软件,极高的交互式媒体是微信最大的优势,用户可以通过作为微通道的公共平台跟企业像朋友那样交流沟通。通过微信,企业也可以获得更加真实的客户群。

4. 营销形式灵活多样

微信是一个可以实现多功能营销的平台,且不同的功能各具特色,能达到不同的营销效果。微信多功能营销平台如图7-3所示。

朋友圈 ⇒	用户可以发布文字、语音或者图片等,有需要时也可实现一对一的交流和互动
微信群 ⇒	既可以一对一互动,也可以一对多互动。那些需要大范围传播、广而告之的内容,极适合发布在微信群中
位置签名 ⇒	可以利用"用户签名档"这个免费的广告位置为自己做宣传,附近的微信用户通过关注微信,就能看到宣传的信息
二维码 ⇒	用户可以通过扫描二维码识别身份来添加朋友、关注企业账号;企业则可以设定自己品牌的二维码,用折扣和优惠来吸引用户关注,开拓O2O的营销模式
公众平台 ⇒	在微信公众平台上,每个人都可以打造自己的微信公众号,并在微信平台上实现和特定群体的文字、图片、语音的全方位沟通和互动
开放平台 ⇒	通过微信开放平台,应用开发者可以接入第三方应用,还可以将应用的LOGO放入微信附件栏,使用户能够方便地在会话中调用第三方应用进行内容的选择与分享

图7-3 微信多功能营销平台

任务3 微信营销优劣势分析

7.3.1 微信营销优势分析

1. 营销成本低

相比传统营销,微信营销成本非常低廉。传统营销比如纸媒、电视媒体营销通常包括印刷、人力、纸张、器材等一系列成本。而微信营销的成本基本可以忽略掉,企业只需注册一个账号或认证一个公众平台就可以了。通过订阅号或公众号,企业可以向客户群推送相关信息或服务,只需要动动手指,就能极大地降低企业的宣传成本。

2. 定位精准,有效性高

通过一定的分类标准,企业可以将用户进行分类,选出自己的目标客户。利用微信公众号这一平台,将企业信息点对点定位精准地推送到目标客户那里。另外,由于在订阅企业微信公众号的时候,用户都是自愿的,这就提高了企业所推送信息的有效关注度。

3. 营销模式的多元化

微信营销有着众多的营销模式,比如最常见的有朋友圈、漂流瓶、位置签名、二维码、开放平台、微信公众平台等,且各具特点,出于不同的营销目的,企业可以进行不同的模式组合。另外,因为微信支持不同类型的信息,企业不仅可以通过文字的发送、图片的传达,还可以通过语音信息的发送达到与客户的沟通交流。

4. 传播速度快，受众面宽

朋友圈作为微信的第一大功能，在信息的传播方面有自己独特的优势，当某一位朋友圈的用户接受并认可企业推送的某一条信息之后，他就会转发并进一步分享到自己的朋友圈，这样他的微信里的朋友们就可以看到这一信息，同样地，如果他的这些朋友也认可这一信息，就会也转发到自己的朋友圈，让更多的朋友圈用户看到。以此类推，通过一级一级的传播，这一信息就可以在短时间内大量的传播。

5. 潜在客户众多

伴随着微时代的进一步发展，我们将面临一个巨大的营销市场，吸引越来越多的企业加入微信营销的行列的，正是这些越来越壮大的微信用户群体，因为这些正是企业微信营销的潜在客户。

7.3.2 微信营销劣势分析

1. 用户隐私安全无法保证

在这样一个信息时代，个人信息一旦泄漏，被不法分子掌握，后果将不堪设想。微信作为新兴的社交软件，其本身自带的多媒体功能，加速了这种安全隐患，如朋友圈、二维码等，用户很容易在日常使用中泄漏自己的信息。而且，由于发展的快速性，现在的微信还不能很好地维护用户的隐私安全，用户也难以分辨网站信息的正确与否，容易上当受骗，所以，企业首先应当考虑的问题就是如何通过降低微信这一社交软件的安全隐患来保障用户的隐私安全。

2. 由于发展速度太快，软件自身还存在缺陷

由于软件自身存在的一些缺陷，很容易导致企业错失一些顾客，比如添加好友多会出现卡的现象，系统平台有时候会出现故障，基础设施不稳定等，这使得在微信上开展起电子商务营销有很大的困难，所以应该优化软件，为用户群体创造出更好的、更精准的软件和功能。

3. 用户体验感较低

微信用户每天都会面对大量的公众号推送的信息，好多企业在没有具体分析用户真正需求的基础上，推送了大量过度信息，过于热情的推送反而给用户带来了困扰，一旦造成用户的不适感，这些用户就很容易取消对企业公众号的关注，彻底切断和这家企业的互动。因此，如何通过建立良性互动，更好地增进企业与用户之间的感情，是企业在微信营销中要重点关注的。

4. 受地域限制的营销，传播效果欠佳

微信营销有自己的区域性，这主要是因为微信传播借助的主要是微信的定位系统，所以应当开发出相应的企业版本和商家版本进行营销，这样才能更好地服务用户，进行营销。

任务 4　微信营销策略及营销模式

7.4.1　微信营销策略

1. 新媒体时代的微信营销平台运作策略

（1）在与目标客户群体处于相互认知的初步阶段时，企业的微信营销平台的营销重点应当放在增强微信信息发布的及时性和互动性水平，通过按预定周期向目标客户群体推送对方感知度较高的微信信息的方式，来赢得目标客户群体的高关注度。为迅速扩张企业微信账号的市场影响力和号召力，企业可以在其微信营销平台采取"病毒式"营销策略等。但是企业在执行"病毒式"营销策略时，应当注意避免微信营销信息的过度频繁所导致的目标客户群体的心理反感度的问题。为方便目标客户群体在线下场合便捷地登录企业微信，企业可以为潜在的线下客户提供二维码登录渠道，并给予利用二维码登录的客户以购物优惠折扣的方式来鼓励客户参与企业微信互动。

（2）在与目标客户群体处于相互认知的巩固阶段时，企业的微信营销平台的营销重点应当放在有甄别地推送微信信息上，以确保客户群体可以获取具有较高服务含金量的微信信息，从而巩固目标客户群体对企业微信账号的美誉度。由于传统营销模式中企业和销售对象之间的距离较长，严重影响目标客户群体及时有效反馈对企业产品的意见，从而使得企业丧失改进企业营销问题和产品缺陷的良机。微信是一对一的传播方式，精准性是其优势。企业在实施微信营销的过程中，应当根据微信产品点对点交流的特色来着力开发高互动性营销模式。重点表现为企业应当与客户之间借助即时化聊天系统来建立密切的人际关系，用客户喜闻乐见的方式来拉近与客户间的关系，从而潜移默化地促进目标客户达成新的消费意向。

2. 新媒体时代的微信营销模式设计策略

（1）微信营销业者可采取事件营销模式设计方案。微信营销业者应紧抓当前热点新闻，以目标市场客户感知兴趣热点来作为微信营销组织策划方案的切入点，激发潜在客户群体对企业产品或服务品牌的感知度，以有效树立企业产品或服务的品牌形象，增进其知名度与美誉度，从而达成企业预设的微信营销目标。具体而言，微信营销业者可采取明星事件营销策略，借助目标市场客户群对明星的感情认同来加重客户群体对企业产品或服务的认同度，以明星的知名度来炒热企业产品知名度，进而促使企业产品或服务获取增值收益。微信营销业者还可采取体育事件营销策略，通过赞助体育赛事的方式，将体育赛事所带来的广大客户群体转化为企业潜在客户。

（2）微信营销业者可采取生活化营销策略。微信营销业者应当重视在微信平台营造符合目标客户群体的独特审美取向的生活价值氛围，让认同该独特审美情趣和生活价值观的潜在客户群体汇聚在企业微信平台。企业微信平台可通过激励潜在客户群体分享其日常生活乐事的方式来相互认知乃至熟知，从而形成相互依偎且难以分割的微信客户信息交互关系。企业应该注意提供人工客服服务，及时实现人与人的实时沟通。企业在基于微信营销平台与客户群体展开交流的过程中应当重视对客户群体的沟通要求给予及时且有效的回复，这不仅有助于企业微信博取客户群体的好感，而且可以通过企业微信好友渠道传递到更多潜在客户群体中，使得企业的微信营销活动取得倍增效果。

3. 新媒体时代的微信营销客户服务策略

（1）新媒体时代的微信营销客户服务部门应当重视对客户信息的收集与整理工作。微信营销业者应当在确定企业的目标客户群体的基础上，有选择地发布更能引起其目标客户群兴趣的信息，以增加目标客户群对其微信账号的关注度。微信营销业者可以按照发布信息的内容属性和时间序列来编排和整理信息，以适合其目标客户群特点的信息交互方式来确定信息方式和发布时间节点，有效增强目标客户的反馈率。微信营销业者应当对目标客户群体的反馈信息给予及时和高效的处理，并从中遴选出与企业当前营销战略主题相吻合的客户信息，进行有针对性的回复，以增进目标客户的互动感。微信营销业者应当及时整理归类和分析目标客户群的反馈信息，使之成为可以被有效查阅和利用的系统化客户信息，以账号操作者与受众群体的互动水平作为评估该平台的重要指标。

（2）微信营销平台应当重视对目标客户群进行满意度水平调研。导致目标客户群信任危机的可能性诱因诸多，微信营销业者应当本着科学态度和务实作风深入调研影响客户满意度水平的各项因素，在确保调研信息真实客观与公正的基础上积极采取有力措施纠正企业微信营销策略失误，将客户不满意度水平控制在一定范围内。

7.4.2 微信营销模式

基于微信平台优质的客户资源和广阔的营销空间，越来越多的商家参与其中，形成了多种形式的营销模式。

1. 朋友圈——口碑式营销

口碑式营销一向被商家所看重，微信的朋友圈功能为此提供了一个良好的平台。基于微信用户的稳定性和情感黏性，朋友圈里所转发的内容加上用户的评价更容易让人接受和认可。淘宝店利用朋友圈进行店铺和产品的宣传和推广，并采用文字、图片、语音、链接等形式与用户进行深度交流，将微信用户发展成为目标客户，然后引导用户在淘宝店内进行支付，完成购物行为，并通过积分奖励等形式邀请这些购买用户在微信朋友圈晒单和分享心得，以扩大宣传力度和效果。利用微信朋友圈作为推广平台，使营销的转化率大大提高，淘宝店家不但增加了产品销量，还赚足了人气。

2. 查看附近的人——活体广告位

查看附近的人是指微信用户可以根据自己所在的地理位置找到其方圆两公里内同样开启本功能的微信使用者。根据这一功能，餐馆、酒店、商场等商家可以建立自己的微信账号，通过签名栏使用言简意赅和富有特色的语言进行广告宣传。只要商家24小时运行微信，并保持查看附近的人这一功能一直处于开启状态，就能形成可以随时变换的活体广告。微信用户在某一地理位置点击"查看附近的人"，微信就会自动搜索到附近使用微信的店铺。用户可以根据自己的实际需求，结合微信店铺的广告内容，选择合适的商家进行体验和消费。这样的营销模式特别适用于在外出差的商务人士。在一个陌生的环境里，微信用户不用通过网页搜索就能找到离自己最近的商铺进行消费，以最快捷和有效的方式满足衣食住行的需求。

3. 扫一扫——O2O 模式

移动互联网的新机遇是 O2O，二维码将成为线上和线下的关键入口。微信二维码的成功应用，将线上与线下完美结合，形成 O2O 模式。微信用户通过扫描商家提供的二维码，对商家的网站和产品进行详细了解，并可以享受由此带来的会员增值服务和产品折扣。微信推出手机支付功能后，强化了这一模式，用户可以在不离开微信这个平台的情况下，完成整个购物行为，形成了一个完整的闭环购物模式。

4. 公众账号——点对点营销

微信的公众账号为商家提供了一个专业的营销平台。基于微信用户的高活跃度和高质量性，企业可以实现对用户的点对点精准营销。一旦用户添加某商家的公众账号，该商家就可以基于大量细致化的数据分析根据其所属地域、性别、年龄、职业、兴趣和消费习惯进行精准的消息推送。同时，商家在推送消息时还必须注意推送频率，过度频繁的内容推送会招致用户的不满和反感。微信运营商可在推送频率上加以设置：企业类公众账号每月只能推送一次消息，媒体类公众账号每日只能推送一条消息。点对点的推送给商家带来了高效的宣传效果，同时也向商家发出了挑战，没有新意、没有真材实料的信息推送注定会被用户所摒弃。

除上述四种主要营销模式外，微信营销模式还有其他种类，如通过漂流瓶功能开展品牌活动，通过游戏中心引导用户下载付费游戏等。微信营销的模式远不止于此，它的发展空间是广阔的，需要开发者、用户和商家共同探索和开发。微信营销的潜力是无限的，但道路并不是一帆风顺的。

任务5 微信营销案例分析

微信营销被各企业及商户关注以来，经过多年的锤炼，涌现了诸多精彩案例，不管为企业品牌影响力的拓展还是商品销售方式的创新都提供了广阔的渠道和展示空间，本节将重点分析几个较为成功的微信营销案例。

7.5.1 艺龙网："与小艺一战到底"

基于自定义回复接口开发的 APP，将答题赢奖品的模式植入到微信中，采取了有奖答题闯关的模式，设置了每日有奖积分，最终积分最高的获得丰厚大礼。

艺龙网在 2013 年 3 月开启了一次"与小艺一站到底"活动，具体规则如下。

1. 每天 15 道题，分 4 天发布（3 月 5 日至 8 日）。回复答案选项即可。

2. 一旦开始便计时，答题结束后会有正确数和用时统计，每日累积成绩。一人限一次机会。

3．答题截止时间为 3 月 11 日 12：00。

最后，最快最准的人获得价值 5 000 元的旅行大奖（至国内任一目的地往返机票 + 3 晚酒店住宿）。

此模式应用了互动式推送微信。据了解，活动期间每日参与的互动活跃度达五六十万，微信的订阅用户也同步新增几万,而整个活动的资金投入却比微博活动少得多。

从活动形式分析,此种活动的好处有以下几个。首先,成本低廉,可以凭借较少的资金和物质投入,获得极好的用户互动效果,增强粉丝的黏性;其次,采取积分累计制度,通过积分的实时展现,达到用户粉丝的刺激效果,进而产生强互动关系,产生回复数量的激增效果;再次,通过公布用户排行榜的形式,调动整个粉丝的争先心理,进而刺激回复的数量;最后,活动的设置比较新颖,参与形式比较简单,比较适合传播,进而利于粉丝的增长和活跃度的提升。

从活动功能开发上说,此活动基于微信的自定义回复接口开发,实现了"一站到底"活动与微信的对接,利用粉丝的回复来触发指令,在其中实现了活动的功能。此外,在回复的答案中巧妙地植入自身品牌的信息,抑或是热推产品的信息,进而实现品牌最大限度的曝光以及产品的推广。这种互动式的营销方式优于所有的单一告知型广告。

由此延伸开来,此种形式类似于一种游戏,正如很多互联网人士所说,微信上比较适合做游戏类的开发应用,要实现游戏的微信化。在此,我们建议,如果有想做独立游戏App的,可以尝试下借助微信,搭建基于微信App上的游戏,借助微信的庞大用户基数,做出自己的特色,借势而为,相信赚得盆满钵满只是时间问题。

7.5.2 金六福:春节回家互助联盟

基于微信的社交属性,将公益活动的模式植入到微信中,采取了有奖报名的模式,设置了官方微信拼车报名活动,借助春运的热潮、社会媒体的报道,实现了空前的社会效应和品牌效益。

春运依然是一个重大的社会难题。面对"买票难"问题,很多白领"自谋出路",开始寻求新的回家方式,拼车即是其中之一。自2011年,国内首个由民间自发组织的公益平台——金六福"春节回家互助联盟"成立以来,春节互助拼车逐渐成为一种广受欢迎的回家途径。

微信作为新兴的手机通信模式,具有较强的社交属性。此模式有赖于微信的庞大受众,依托于金六福公司强大的实力,借助春运回家买票难的大背景,适时推出,并在各大媒体进行曝光报道,立即引发强烈的社会反响。此模式借助微信公共平台,由受众自发发送信息给予官方平台账号运营者,运营者进行统计和整理,但方式难免烦琐。可以借助开发自定义回复接口,与企业网站的报名系统打通,抑或是更进一步,直接在里面完成输入"出发起点—出发终点",自动弹送出春运拼车的该路线的信息以及人员。如果实现此效果,将有效减少人力成本的投入,增强微信粉丝受众的黏性以及互动程度。由此还可以看出,微信营销绝对不是单一的营销方式,还需要借助各种营销以及推广方式进行最大限度的曝光,最终达到企业营销的目的,扩大营销受众,进而获取更多的品牌价值收益。

7.5.3 慕思:"睡商大调查"

慕思借助微信公共平台,发布调研需求活动,通过HTML5技术搭建专业页面,并借助社交网络,支持QQ、微博登录,无缝对接调研系统,从而完成调研需求。

慕思通过微信海的服务,建立"健康睡眠专家"公众账号,围绕慕思的产品特点,从较为符合广大受众的阅读以及喜爱的健康睡眠角度进行调研宣传，取得了不错的效果。

此模式利用微信提供的"查看原文"跳转链接，用户点击后会跳转到企业独立的微信官方 HTML5 网站（该网站经过独立的开发和网页功能及交互设计），依托于微信的庞大用户基数，通过微信推送给微信粉丝，完成调研需求。现在的移动互联网追求多样化的展现方式以及交互方式，而 HTML5 很好地顺应了这一潮流。

目前，微信已经为多家企业提供了此项服务，包括网页功能定制以及页面开发运维等。微信的链接跳转为企业的微信营销打开了窗口，成为微信营销成败的关键因素。企业借助更丰富的页面展现、产品介绍甚至用户的互动，实现销售目标抑或是品牌的曝光度。因此，微信公众账号运营者在微信公众账号的内容推送之余，也要做好内容的承载页面，给予 HTML5 页面高度的重视。

任务6　了解微信营销的发展前景

1. 微信银行的普及

据相关报道，目前多家银行都开展了微信公众账号营销，这一营销模式几乎取代了 80% 的常规客服功能，尤其在招商银行开展得尤为广泛。由于微信公众账号具有自主查询命中率高、人力物力成本低等优势，未来微信银行将是发展的主流趋势，我们只需要一部手机就可以搞定银行业务。

2. 物联网时代微信营销

网上购物已经成为一种潮流趋势，同时也大大方便了人们的生活，随着物联网时代的到来以及微信支付功能的实现，用户在家里就可以通过手机接入物联网购买商品，进行网上消费，给生活带来了很大的便捷。同时，企业也可以通过微信开展产品信息的调研，开发出能给客户带来最大效用的产品。

3. 微信营销国际化

在 2013 年的移动通信软件与中国互联网全球机会研讨会中，与会专家表示，微信是中国互联网第一款走向世界的产品，有望成为继 Google、Twitter、Facebook、YouTube 和维基百科之后的第六大全球互联网平台。以前由于互联网产品本土化，中国互联网产品往往不能适应国际化市场，走出国门的少之又少。微信的出现改变了这一局面，使得中国社交平台变得国际化，正渐渐重塑着全球社交媒体的未来。

项目实训

课内实训项目

任务1

【实训目的】

理解微信营销的概念

【实训内容】

结合自己看到的或听到的示例,用自己的话简短阐述微信是个什么性质的平台,有什么特点、优势以及在营销中所起的作用并填入表7-1中。

表7-1 微信平台的性质

项目	内容
概念	
特点、优势	
作用	

任务2

【实训目的】

总结微信对用户行为、习惯的改变

【实训内容】

结合自己使用微信的经历,思考微信逐渐改变了自己的哪些行为和习惯,在表7-2中有改变的选项后打"√",并分组讨论感受与感悟。

表7-2 微信对用户行为、习惯的改变

项目	使用微信前	使用微信后	是否改变	感受与感悟
交流方式	电话、QQ	微信语音、视频		
商业社交	名片互换、电话号码	扫二维码添加微信		
支付、转账	现金、刷卡	微信支付		
民生服务	吃住行游购娱线下完成缴费	利用微信城市服务或者微信小程序		
节日问候	电话、信息	微信沟通微信红包		
电商、微商	各大电商平台自我推广	微店、朋友圈卖货,微信群团购		
广告	传统媒体	朋友圈广告		

课外实训项目

任务 1

【实训目的】

分析并了解微信公众平台的意义

【实训内容】

简短阐述微信公众平台的性质、适用范围、功能以及与其他自媒体相比的优势,并填入表 7-3 中。

表 7-3 微信公众平台的意义

性质	
适用范围	
功能	
优势	

任务 2

【实训目的】

你想拥有一个属于自己的微信公众账号吗?本次任务就是了解创建微信公众账号需要提前准备的内容。

【实训内容】

(1) 个人微信装修实战。

打开你身边同学的微信号,评估他的装修是否合格,并在表 7-4 中填写改进建议。

表 7-4 微信公众账号改进建议

评估项	改进意见
昵称	
头像	
微信号	
个性签名	
地区	
朋友圈	
视频号	

(2) 微信公众号申请。

第一步:登录微信公众平台官网(https://mp.weixin.qq.com/);

第二步:单击立即注册;

第三步:选择注册类型;微信公众号注册的账号类型如图 7-4 所示。

请选择注册的账号类型

订阅号
具有信息发布与传播的能力
适合个人及媒体注册

服务号
具有用户管理与提供业务服务的能力
适合企业及组织注册

小程序
具有出色的体验，可以被便捷地获取与传播
适合有服务内容的企业和组织注册

企业微信
原企业号
对内让工作协同高效，对外连接12亿微信用户
适合企业及组织注册

图 7-4　微信公众号注册的账号类型

备注：作为个体只能注册订阅号。

第四步：以订阅号为例进行注册；微信订阅号信息注册如图 7-5 所示。

每个邮箱仅能申请一种账号

邮箱　　
作为登录账号，请填写未被微信公众平台注册、未被微信开放平台注册、未被个人微信号绑定的邮箱

邮箱验证码
激活邮箱后将收到验证邮件，请回填邮件中的6位验证码

密码
字母、数字或者英文符号，最短8位，区分大小写

确认密码
请再次输入密码

☐ 我同意并遵守《微信公众平台服务协议》

图 7-5　微信订阅号信息注册

第五步：账号详情设置；

第六步：公众号装修与运营。

(3) 微信公众号的定位及策划。

请你根据自己的兴趣，对某一个微信公众号进行定位及策划。

要求:你要想清楚这个公众号是做什么的?面向人群是哪些人?头像是什么?公众号名称是什么?签名是什么?推送内容是什么?一般需要从哪些地方寻找素材和资源?推送时间一般在几点?每天推送几篇文章?

要求:将你的答案条理清晰地写在 word 文档里,字数不少于 500 字。

任务 3

【实训目的】

熟练应用排版工具如秀米、135、i 排版,秀米编辑工具如图 7-6 所示,135 编辑工具如图 7-7 所示,i 排版编辑器如图 7-8 所示。

【实训内容】

运用其中的一个编辑器,对文章进行排版。

图 7-6 秀米编辑工具

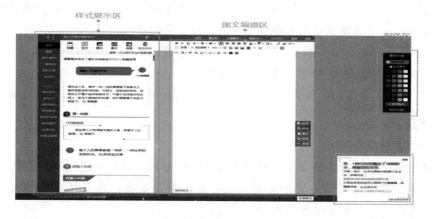

图 7-7 135 编辑工具

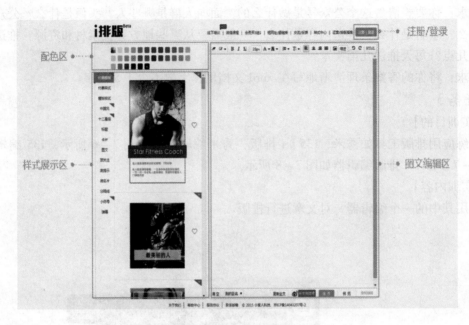

图 7-8 i 排版编辑器

课内测试

1. 选择题

（1）个人微信平台基于的是（　　）的关系。

A. 点对点　　　　B. 点对面　　　　C. 多对一　　　　D. 一对多

（2）你听到别人谈到一个品牌很有趣，于是顺手在微信中搜索到公众号进一步了解，这一现象体现了微信公众号的（　　）价值。

A. 信息入口　　　B. 客户服务　　　C. 电子商务　　　D. 用户调研

（3）如果想用来管理内部企业员工、团队，对内使用，建议选用（　　）公众号。

A. 订阅号　　　　B. 服务号　　　　C. 企业号　　　　D. 以上都不对

（4）微信公众平台要想让人长期保持关注，最重要的是（　　）。

A. 内容　　　　　B. 服务　　　　　C. 渠道　　　　　D. 社群

（5）目前订阅号和服务号不支持的认证主体有（　　）。

A. 企业　　　　　B. 媒体　　　　　C. 个人　　　　　D. 政府及事业单位

2. 判断题

（1）一个身份证号码可以注册无数个公众账号。（　　）

（2）在申请公众号时，公众号名称不能和已经注册成功的公众账号名称重复。（　　）

（3）在微信群，既可以一对一互动，也可以一对多互动，尤其那些需要大范围传播、广而告之的内容就可以发布在微信群。（　　）

（4）根据"查看附近的人"这一功能，餐馆、酒店、商场等商家可以建立自己的微信账号，通过签名栏使用言简意赅和富有特色的语言进行广告宣传。（　　）

（5）微信公众号群发内容上限为 500 个字符。（　　）

（6）只有企业才能在微信公众平台上申请微信公众号。（　　）

（7）微信生态圈的广告形式一定要新颖精美，同时还要有内容有内涵，让用户乐于接受并将商家的广告进行二次传播。（　　）

（8）在微店的日常经营中，如果要举办打折优惠活动，要在第一时间进行推广并详细介绍推广活动的详细情况。

（9）旅游业微信营销的定位一定要鲜明，应以服务旅游爱好者为主，打造丰富的信息内容，从而最大限度地服务用户。（　　）

（10）微店的推出，令即使没有任何技术、开发能力的商家也可以直接开店。（　　）

3. 问答题

（1）微信里有哪些营销模式？请尝试说出五种以上。

（2）请说出几例你认为非常有效的微信营销案例，并分析案例当中运用的营销策略和营销模式。（开放题，尝试小组讨论）

项目 8

网络视频营销

学习目标

【知识目标】
1. 了解网络视频的背景、概念及特征。
2. 熟悉网络视频营销的模式。
3. 熟悉网络视频营销的策略。
4. 掌握网络视频的制作与推广。

【技能目标】
能够运用 VUE、快剪辑、会声会影等软件进行视频的制作，能够根据实际营销内容选择合适的网络视频营销模式，提升网络视频营销效果。

任务导入

一个"走心"的春节视频营销

关于回家的主题有不少营销案例，但这次 vivo 独辟蹊径，从一个"快"字出发，表达了虽然曾经想要快一点走到下一站，但是当真正走出家门后，又会对童年的快乐无比思念。

现在大城市生活节奏快，在外打拼的年轻人感受尤为强烈。每天朝九晚五，为着自己的事业、学业奋斗。将要回家过年，心中不免泛起对亲人的思念，对小时候无忧无虑生活的向往。vivo 紧抓年轻人的这种心理，传递"有家，快才有意义"的理念，这在情感上几乎引起了所有人的共鸣，可谓是一次"走心"的视频营销。

vivo 多平台投放了此支视频，在腾讯视频、优酷、秒拍、美拍等平台都产生了良好的反响和转发，上线不到一周便已积累近 2 500 万次播放。除了视频平台以外，vivo 投放的朋友圈广告、QQ 空间信息流广告也形成大规模的曝光，据悉，仅视频发布当日的曝光量就达到了数亿次。

vivo 这次的视频虽然没有明星助阵，却在朋友圈引起了大量用户的自发转发，说明其内容引起了用户的共鸣，营销效果卓然。

思考题：该网络视频营销大获成功的原因是什么？

（案例来源：https://www.sohu.com/a/118543438_523852）

任务 1　认识网络视频

网络视频营销是以视频为载体，以内容为核心，以创意为导向，通过精心策划进行产品营销与品牌传播的营销方式。视频广告、宣传片、微电影等都是网络视频营销的常见形式。网络视频营销类似于电视短片，但传播更加灵活，同时，互联网提供的平台支持使视频营销兼具互动性、主动性、传速快等优势，使其应用更加广泛。

8.1.1　网络视频的背景

随着互联网新媒体的兴起与发展，网络视频越来越受到网友的青睐。视频媒体影响力不断加强，网络视频营销市场在近几年取得了巨大发展。DCCI 互联网数据中心调查数据显示：2008 年的网络视频受众人均每日使用时长为 1 259 分钟（2 小时），而 2008 年的电视观众人均每日收视时长为 1 517 分钟（2.5 小时），网络视频与电视人均每日收视时长均超 2 小时。

中国互联网络信息中心发布的《2010 年中国网民网络视频应用研究报告》显示：截至 2010 年 2 月，国内网络视频用户规模 2.84 亿人，较 2009 年增长 4 354 万人，年增长率 181%，已经占到国内网民总数的 621%；2011 年，中国互联网络信息中心（CNNC）发布《2011 年中国网民网络视频应用研究报告》，报告显示，截至 2011 年 12 月，国内网络视频用户规模为 3.25 亿人，在网民中的渗透率为 634%。但用户规模持续增长的同时，视频网站也面临着用户忠诚度依然较低、视频网站内容同质化等问题。

2013 年 1 月 15 日，中国互联网络信息中心（CNNC）在京发布第 31 次《中国互联网络发展状况统计报告》。该报告显示：截至 2012 年 12 月月底，我国网民规模达到 5.64 亿人，手机网民数为 4.2 亿人，互联网普及率为 42.1%，保持低速增长。与之相比，手机网络各项指标增长速度全面超越传统网络，手机在微博用户及电子商务应用方面也出现较快增长。

另据《2019 中国网络视听发展研究报告》统计，中国网络视频用户规模（含短视频）已达 7.25 亿人。网络用户涵盖了从中小学生到老年人的几乎所有人群，这给网络视频营销提供了人群基础。

8.1.2　网络视频的概念

随着网络新媒体的兴起，网络视频也随之兴起。网络视频区别于电影电视，却又可以通过网络视频观看电影电视的内容。

有学者从网络技术的角度对网络视频进行定义，主要把网络视频理解为一种文件格式和内容。"网络视频是指内容格式以 WMV、RM、RMVB、FLV 以及 MOV 等类型为主，可以在线通过 Realplayer、Windows Media、Flash、QuickTime 及 DIX 等主流播放器播放的文件内容。"

有学者认为"所谓网络视频是指以电脑或者移动设备为终端,利用 QQ、MSN 等 IM 工具,进行可视化聊天的一项技术或应用。网络视频一般需要独立的播放器,文件格式主要是基于 P2P 技术占用客户端资源较少的 FLV 流媒体格式。"

有学者趋向于资源以及视频行为,认为"网络视频就是在网上传播的视频资源,狭义的指网络电影、电视剧、新闻、综艺节目、广告等视频节目;广义的还包括自拍 DV 短片、视频聊天、视频游戏等行为。"

以上从文件格式、内容、方式等方面对网络视频分别进行定义,综合各方观点,本书将网络视频的含义表述为:网络视频是以网络为载体、网络新技术为基础、流媒体为基本播放格式,用于信息交流的多种节目内容的影像。

8.1.3 网络视频的特征

网络视频区别于电影电视,有自身独特的特点。因其以网络为平台,网络视频还具有网络的一些特征。

1. 网络依赖性

网络依赖性是网络视频的最基本特征。网络视频以网络为载体,因此脱离不了网络。网络是指互联网,即广域网或宽带网络,或者上网、联网。网络视频成为可以观看、播放的文件内容,必须以网络连接作为支持,即网络视频的基本条件是网络。

2. 内容形式多样化

网络视频的内容丰富多样。网络视频的内容形式主要有:直接将电影、电视剧、电视节目等视频资源转变成网络视频上传;自拍 DV、网剧、广告;网络直播节目或直播的电视台节目;网络聊天等。相信随着互联网新技术的不断更新,还会出现更多新的形式。

3. 普及化

网络视频制作的限制性较低,参与度高,广大网民都可以运用一般的相机或手机进行拍摄并上传网络,只要有基本拍摄功能的介质作为支持均可以完成网络视频的创作。土豆网、优酷网、56 网、抖音、快手等原创型视频网站和 App,均可以上传自拍的内容。这种人人可为,人人可参与,也就是普及化的特征。

4. 即时性

即时性是网络视频的特征之一。即时性在网络视频中体现为内容创作或生产后的即时上传以及网络上即时播放观看,不需要像电视播放那样需要排节目时间表和导播,网络就是一个巨大的云存储盘,多个视频资源可以同时呈现在网络中,网民可以即时点击欲观看的视频内容。

5. 互动性强

从用户应用和满足角度出发,用户在网络视频及直播互动模式下能够充分参与到信息沟通和交流环节中,满足自我参与感,及时得到相应的信息反馈。在满足用户了解视频内容的基础上,发表看法和观点,一方面可以调动受众对播放信息的关注度,另一方面部分有着相同关注点和兴趣爱好的受众能够聚集在网络平台中进行意见的交换和沟通。

6. 流媒体的格式属性

流媒体是网络视频的格式属性，是指以流的方式在网络中传输音频、视频和多媒体文件的形式。流媒体文件格式是支持采用流式传输及播放的媒体格式。流式传输方式是将视频和音频等多媒体文件经过特殊的压缩方式分成一个个压缩包，由服务器向用户计算机连续、实时传送，将客户端和服务端连接起来。

7. 用户自主选择性

网络视频的服务较为个性化，用户的体验也更加自主。电影和电视不能快进或者选择自己想观看的部分，网络视频可以自由选择。而且当电影电视内容资源转变为网络视频后，用户可以横向和纵向地选择和变换观看内容，同一内容也可选择快进或快退，观赏的方式和画面大小也可自主选择。

任务2 网络视频营销模式

8.2.1 网络视频营销的概念及特征

网络视频营销是指通过数码技术将产品营销现场实时视频图像信号和企业形象视频信号传输至互联网上。网络视频广告的形式类似于电视视频短片，平台却在互联网上。视频与互联网的结合，让这种创新营销形式具备了两者的优点。网络视频营销有以下特征。

1. 成本低廉的经济性

网络视频营销相比直接投入电视广告拍摄或者冠名一个活动、节目等方式，成本会降低很多。加之网络视频营销方式的多种多样，因此比起传统的营销方式，更多企业倾向于选择网络视频营销。此外，网络视频网站的选择性也较多，企业可以选择投入成本更低的平台。

2. 传播速度迅速

视频不受时间和空间的限制，可以自由进行传播，并且传输速度是传统媒体无法比拟的。网络视频营销可借助互联网的超链接特性快捷迅速地将信息传播出去。另外，网民们自发分享、转发网络视频，也加快了网络视频传播的速度，可有效实现网络视频营销。

3. 内容趣味性与思想性并重

在使用网络视频进行营销传播时，网络视频不仅形式重要，内容也不容忽视。网络视频具有用户自主选择的特征，用户可以自主选择观看一个视频，也可以很快地选择放弃观看该视频。这也意味着网络视频的制作和组织面临着更大的挑战。如果想让网络视频营销达到预期的效果，高质量的内容不可缺少。

此外，网络视频营销还有互动性、双向沟通、传播范围广、集中关注度高等特点。

8.2.2 网络视频营销模式

网络视频营销模式是指企业、组织机构、个人或者视频网站自身在网络中使用视频作为载体进行营销行为活动时，营销行为活动有规律的样式和方式。

1. 病毒式营销

病毒式视频营销以病毒营销为基础。病毒营销是指利用公众关系和人际网络传播营销信息的营销方式,由于它具有快速复制、广泛传播的增长效应,类似于病毒的传播,因此被称为病毒式营销。病毒式营销实质上是利用消费者在对产品或营销信息产生良好体验的基础上,进行口口相传的口碑式关系营销,每一个获得良好体验的消费者都变成潜在的新信息源,实现信息源的增殖,如图8-1所示。

图 8-1 病毒式营销

病毒式营销是一种高效的信息传播方式,是用户自发地在网络上的口碑相传让信息像病毒一样传播和扩散,几乎不需要任何费用。

病毒式视频营销通过利用公众的积极性和人际网络,让营销信息通过网络像病毒一样传播和扩散,营销信息被快速复制传向更多受众。相比于其他的营销方式,病毒式视频营销有其自身的特点。

(1) 口碑相传性。网民自己观看后评论、公开分享或分享给朋友,让视频得以二次传播。目标消费者受商家的信息刺激自愿参与到后续的传播过程中。病毒式营销是自发的、扩张性的信息推广,它并非均衡地、同时地、无分别地传给社会上每一个人,而是通过类似于人际传播和群体传播的渠道,产品和品牌信息被消费者传递给那些与他们有着某种联系的个体。

(2) 视频标题党。像病毒一样的视频标题往往区别于正式的视频作品名称,常以能吸引人们注意的字眼和词组来进行命名,进而在网络上传播,比如"感动千万人的视频""太神奇了""不可思议的××""看到2分41秒时碉堡了""瞬间飙泪有木有"。这类标题通常使用网络流行语进行命名,网友会因视频标题而点击观看。

(3) 高分享性。病毒式视频不仅局限于视频网站,更多的时候它是依靠SNS社交网站进行传播。视频网站都有分享链接的功能,点击分享后,可以直接浏览。视频网站的易分享和社交网站的易转发等特性使得病毒式视频可以呈几何倍数地传播。

(4) 传播覆盖面广。视频网站和社交网站的用户群庞大,用户地域不一,因此病毒式视频能将传播渗透到不同地区的网民和不同阶层、身份的目标受众中。

但是,并不是所有的网络视频都可以成为病毒式视频。网络视频不恰当的病毒式营销可能会导致品牌的病毒化,起到反作用。另外,在视频制作方面的支出也有可能会出现高成本低回报的危机。比如,有些视频总是"向消费者诉说,而不是吸引他们",导致消费者反感;也有企业会赞助视频比赛,但是这种方式收效甚微。

2. 贴片广告

很多网络用户在观看视频时都有过这样的体验:在点击播放视频时,不能直接观看视频,而是先自动播放了一段视频广告或者平面静态广告,并且多数情况下,这样的广告是硬性的,必须等待或者是注册成为会员或付费后方能取消观看,这样的广告即是贴片广告。

贴片广告指在视频的片头、片尾或插片播放背景广告,也称为随片广告。在传统媒体中,电视在播放电视剧或者电视节目时也有随片播放的广告;电影院在每部电影放映前播放客户的品牌广告。视频的贴片广告形式更多样,同时也是视频网站的盈利来源。

视频贴片广告主要是指视频的片头或片尾插播的视频广告。随着营销人员想法的不断创新和网络技术的不断更新,贴片广告的形态越来越多样。"贴敷"在网络视频上的广告既可以是动态的视频广告,也可以是静态的平面广告,还可以是动图。贴片广告播放的时间也更灵活,可以是在视频广告播放之前,也可以是在视频广告播放结束之后,还可以是在视频播放的过程出现缓冲时播放,更有一些贴片广告较为细微,是作为一些 Logo 信息贴在网络视频的画面中,成为背景的一部分,如图 8-2 所示。

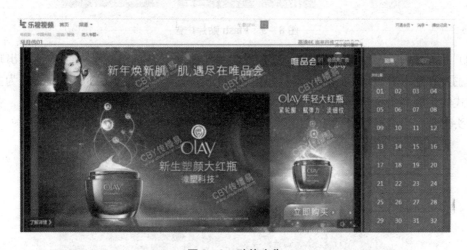

图 8-2 贴片广告

贴片广告不属于视频的内容,但是又是视频的一部分,具有其独特的优势。

(1) 广告画面影像清晰细腻,色彩还原真实,视听效果极具震撼力。

(2) 目标广告受众含金量高,能直接面向层次高、讲究生活品位、消费能力高的消费者,有效提高客户宣传品牌档次。

(3) 广告信息直接强制性向目标受众传递,且回应度远远高于其他媒体。

(4) 可避免外界对受众的影响和干扰,加深受众对广告宣传品的认知度和印象记忆。

(5) 广告到达率高,宣传覆盖全国,价位合理,回报超值。

基于以上种种优势，贴片广告已经成为现在网络视频营销的主要模式之一，具体有以下几种方式。

（1）Flash 贴片广告。Flash 贴片广告在片头或者播放暂停时会自动出现在屏幕中。在播放视频中出现的所有广告都有"了解详情"按钮，可超链接到相关产品或网站，如图 8-3 所示。

图 8-3 Flash 贴片广告

（2）字幕贴片广告。字幕贴片广告主要是在视频的下方，以信息内容的字幕出现。条形字幕主要在左下方出现。一般字幕信息内容以网站自身与合作商协办的活动链接为主，或以新闻式的标题亮出字幕作为活动或视频主页推广。字幕贴片广告出现的时间不定，会在视频的开头出现，也会在视频的中间出现，如图 8-4 所示。

图 8-4 字幕贴片广告

（3）Logo 贴片广告。Logo 广告主要贴在视频画面上，在视频播放的时候偶尔出现几秒。Logo 贴片广告出现的时间自由性比较大，在视频开头和结尾都会出现，也有可能出现多次。

（4）静态图片贴片广告。静态图片的贴片广告较为简单，就是平面广告，广告的企业信息、活动都展示在上面，有一定的停留时间，让观看者注意到它。静态图片贴片广告出现的时间主要是在片头，也有的在暂停播放时出现。

（5）视频环绕贴片广告。视频环绕贴片广告也可称作"浮层广告"，主要是在视频以普通模式（在网页打开时，非全屏状态）出现时，环绕在视频的左右两方或者浮在上方。这些广告内容多为企业产品广告或视频网站自制网络剧的推广海报。

3. 植入式视频营销

植入式视频营销也可称为视频植入式营销。从广义来讲，植入性营销（Placement marketing），也可称为产品植入（Product-placement），是指刻意将营销事物以巧妙的手法植入现存媒体，以期借由现存媒体的曝光率来达成广告效果。营销事物和现存媒体不一定相关，一般受众也不一定能察觉其为一种营销手段。

从狭义来讲，植入式营销又称植入式广告，是指将产品或品牌及其代表性的视觉符号甚至服务内容策略性融入电影、电视剧或电视节目各种内容之中，通过场景的再现，让观众在不知不觉中留下对产品及品牌印象，继而达到营销产品的目的。植入式视频营销即以网络视频为载体的植入式营销，主要将产品或品牌及其代表性的视觉符号融入至视频中。

植入式广告有其自身的特点，主要表现在以下五个方面。

（1）条件限制性。植入广告有四个条件：①付费购买媒体版面或时间。②信息必须透过媒体扩散来展示与推销。③推销标的物可为具体商品、服务或抽象的概念。④明示广告主。对于在网络视频中植入广告亦如此，必须具备以上四个条件。

（2）针对性。针对性主要体现在以下几个方面：首先是目标消费者的针对性，即针对什么样的消费者选择何种产品或服务进行营销；其次是网络渠道的针对性，即植入式营销视频到底投放在何种网站，网络渠道的针对性非常重要，如果没有针对性投放网站，营销极有可能收效甚微；再次是视频内容的针对性，根据产品或服务商品的特性或者企业文化概念，有针对性地选择视频内容。

（3）融合性。融合性是指视频与营销的结合，即植入的融合性。一个成功的植入式营销，并不会让受众发现其出现是为了达到营销的目的，所以将产品信息植入到视频中，出现方式和形式的选择都需要有一定的考究。将产品很好地融合在视频情节或画面中，才能成功运用植入式视频营销模式。

（4）画面镜头的运用。画面镜头的运用是由视频的载体所确定的。视频语言主要是画面，通过画面和镜头来讲述故事，因此植入式营销需考虑如何运用画面镜头将产品信息传播出去。企业工作人员与视频创作人员（编剧、导演、摄影等）要进行有效的沟通，准确地运用画面镜头，将产品信息有效地植入其中，安排在适当的画面中。视频语言也包含声音，网络视频也可以适当将产品信息设计在台词对话中。

（5）效果难以估计。据调查显示，植入式营销是继体验式营销和贴片营销之外最受欢迎的营销方式，但也有部分受众认为这是最令人反感的网络视频营销方式。现在网民素质越来越高，对植入式营销的要求也更高，营销效果也更难估计。产品可能随着视频的传播而大范围传播,也可能起到相反的作用;企业的形象可能因一个植入式广告而提升,也可能因一个植入式广告而被损。网络的未知性特征明显,使得植入式视频营销的效果难估,只能在一定范围内进行控制和把握。

4. UGC视频营销

UGC(User Generated Content)指用户产生内容,就是网友将自己DIY的内容通过互联网平台进行展示,或者提供给其他用户。这种模式可以调动民间力量参与视频创作,主动生产作品。在UGC模式下,网友不再只是观众,而是成为互联网中的"网中人"。

(1) UGC视频营销最首要的特点就是原创性。UGC本身就是用户生成内容,所以,原创性是其最基本的特点。网络用户无论是原创DV爱好者,还是网络视频的观众,都可以成为生成内容的用户。

(2) 其次UGC视频营销具有平民性。UGC视频网站作为平台,所有网民都可以参与到视频创作中,且参与性很高。

(3) 再次是经济性。需要进行营销活动的企业、组织机构、个人,选择UGC视频进行推广或宣传,是一种低成本的方式。比起请专业摄影团队或者演员拍摄短片的高昂费用,UGC视频营销的成本低很多,且风险小。UGC营销可以由一些网友自制剪辑作品或者自拍作品,也可以是原创DV拍摄团队或公司赞助。

5. 体验式视频营销

体验式视频营销(Experience Marketing)是通过看(See)、听(Hear)、用(Use)、参与(Participate)的手段,充分刺激和调动消费者的感官(Sense)、情感(Feel)、思考(Think)、行动(Act)、关联(Relate)等感性因素和理性因素,重新定义、设计的一种思考方式的营销方法,如图8-5所示。

很多汽车企业会邀请消费者到现场参观或者试车,以消费者的体验带动消费者的消费行为。体验式视频营销也是如此,让观众参与到产品的营销视频中来,让其感受产品的特性。体验式视频营销有如下的特点。

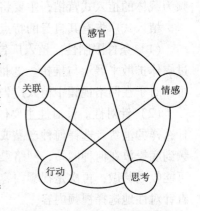

图8-5 体验式营销五元素

(1) 体验性。体验性是体验式视频营销最基本的特点。它注重观众对视频的体验,感官方面主要是视觉与听觉的体验;情感方面主要是视频内容或故事的情感感受与共鸣;关联方面主要是观看视频产生的相关联想和想象;思考方面主要是观看视频或者参与视频互动的时候引发的自我思考、视频内容本身的思考、社会思考、产品思考等;行动方面主要是体验视频后可能会开始的行动行为,比如购买行为、产品关注行为,也有可能是观众自己在社会生活中的其他行为。

(2) 互动参与性。体验式视频营销的宗旨是通过各种互动参与的方式让观众达到体验的目的。体验式视频营销注重开发观众互动参与的渠道,让观众拥有更好的体验。互动参与就是一种互动体验,有些体验式视频营销让观众参与情节猜测,有些上传自己的照片成为视频的主角,这些不同的方式即是鼓励观众积极参与视频互动。

(3) 技术支持。体验式视频营销涉及互动参与的形式,需要一定的网络技术支持。无论是用户上传自己的头像照片还是输入自己的姓名或昵称,都需要有一定的技术作为支撑。

(4) 主题设计。网络视频要进行体验式营销,必须有一个"由头"让观众们互动起来。而这个"由头"就是视频的主题,视频的主题要讲究,要有前期策划设计,才有可能吸引网络用户真正地参与互动体验。

体验式营销在视频领域的推广效果主要跟以下因素有关。一是视频内容的吸引力。只有"先声夺人",才能"请君入瓮"。如果用户看完前面的引子,便十分迫切想要继续看下去,等不及去寻找其他相同的免费资源,这时即便不是独播方,收到用户定向付费的机会也较高。二是资源的独占性。如果视频内容没有相同者,用户只能付费观看。三是视频内容的持续性。网络视频可以按月度、季度付费,如果没有连续性的视频资源,很难获得高黏度的付费用户。

除此之外,用户体验也很重要,付费操作如果程序过于烦琐,只会扫了用户的兴致。合理的价格也是提升用户体验的方式之一。

任务3 网络视频营销策略

8.3.1 网络视频的整合传播营销策略

由于用户的媒介和互联网接触行为习惯不同,使得单一的视频传播效果一般。因此,视频营销首先需要在公司的网站上开辟专区,吸引目标客户的关注;其次,跟主流的门户、视频网站合作,提升视频的影响力;而且,对于互联网的用户来说,线下活动和线下参与也是重要的一部分。因此通过互联网上的视频营销,整合线下的活动、线下的媒体等进行品牌传播,效果更好。

网络视频可以采用整合传播营销策略。整合营销是一种对各种营销工具和手段的系统化结合,根据环境进行即时性的动态修正,以使交换双方在交互中实现价值增值的营销理念与方法;是为了建立、维护和传播品牌,以及加强客户关系,而对品牌进行计划、实施和监督的一系列营销工作;并把各个独立的营销工作综合成一个整体,以产生协同效应。整合营销注重系统化管理,强调协调与统一。

整合传播营销的策略,是指在整合营销的基础上进行整合传播,是系统化的传播。整合是对网络视频不同模型和类型的整合,以产品和服务为核心,以顾客为中心,以消费者为目标,以网络视频为媒介,整合多种形式与内容,达到立体传播。具体来讲,网络视频整合传播营销策略的运用有以下三种。

1. 网络视频营销类型与模式的整合传播

网络视频营销模式有病毒式营销、贴片广告、植入式视频营销、UGC 视频营销、体验式视频营销等,而网络视频营销常见的类型有微电影营销、音乐电视营销、动画营销、网络自制剧营销。将这些不同的网络视频模式和类型随机组合,可以形成一个整合方案。比如微电影植入营销;在微电影中植入广告;动画式贴片广告,依附在网络视频上。又或者以音乐电视为内容的体验式视频营销,让网友上传自己录制的歌曲成为 MTV。把网络自制剧以病毒式的方式传播开去,将网络自制剧以 UGC 的方式制作,邀请广大网友参与创作,无论是拍摄还是编剧，让更多网友参与进来。这样的两两组合，就是整合传播的一种策略形式。

2. 视频分享网站的整合传播

国内视频网站行业，也称为网络视频行业，通常划分为四种类型：视频分享网站、视频点播/直播类网站、P2P 播放平台，以及视频搜索网络。国内的视频网站数量众多，点击率较高、口碑较好的有优酷网、爱奇艺网、乐视网、搜狐视频、56 网等。制作网络视频进行营销时，要考虑网络的特性，整合不同视频网站资源，重点发布在什么视频网站上，其他视频网站也不能忽略，要由点到面、辐射面广、系统传播。

3. 收看平台的整合传播

根据中国互联网络信息中心发布的《2011 年中国网民网络视频应用研究报告》，"调查显示，有超过三分之一（37.4%）的网络视频用户查找和收看视频最常用的渠道是通过搜索引擎，然后在搜索结果中选择；另有 12.4% 的用户没有形成常用的收看方式，因此总计有近一半用户没有对特定的视频网站（或客户端）形成直接的使用习惯。"

因此，除了视频分享网站之外，搜索引擎和播放软件也非常重要。要与引擎搜索网站合作，让网民在搜索引擎中最快最便捷地搜索到视频并观看。

8.3.2　网络视频的创意营销策略

在多元化的网络营销环境背景下，利用网络视频进行营销时，创意营销十分重要。创意营销是通过营销策划人员，思考、总结、执行一套完整的借力发挥的营销方案，带来销售额急剧上升，一份投入十份收获。创意营销往往给广告主带来意想不到的收获，市场会突飞猛进地发展，让企业利润倍增。对于网络视频营销来讲，创意营销的策略是在网络视频创作和传播时，创作和传播创意内容和形式的方式方法。具体来讲，网络视频创意营销策略的运用有以下两种。

1. 内容创意营销策略

网络视频想要吸引网络用户的眼球，要以创意取胜。微电影创意设计情节，动画创意设计角色，音乐电视则创意设计音乐与画面。一般的网络视频广告运用创意策划，让广告"不像广告"，这才是创意广告的境界。内容创意策略需要在前期就进行策划，头脑风暴，不断挖掘创意的点子，进而在拍摄和制作网络视频的时候将创意融入内容当中。比如 2012 年在网络走红的 Mike 隋，他有着标准的混血面孔，精通中英双语。他在微博中上传了一段视频，在该视频中，他一人模拟了 12 个不同国家或地区的人的对话，演得惟妙惟肖，台词不乏诙谐幽默。Mike 隋的一个创意视频就走红网络，成为主持人和演员，这就是创意内容营销策略的精准运用。

众所周知，如果是网友感兴趣的主题或者其关注的领域，他们的点击观看的行为发生率会较高。在运用内容创意营销策略时，应紧紧抓住视频内容的主题和所涉及的领域，从网民比较关注的话题中进行创意创作。

2. 形式创意营销策略

在创新内容的基础上，进行形式创新。现在已有的视频形式模式多种多样，还有很多未来的新形式。在已有的网络视频模式基础上开发和尝试新的形式，将创意的内容以更加创新的形式传播出去。比如近年来流行的沙画表演视频，它的视觉冲击力很强，在一定程度上也可以考虑作为品牌传播营销的媒介。形式创意营销策略的运用，需要营销和视频创作人员不断去发掘，但形式创意需要依靠互联网技术的不断发展。

8.3.3 网络视频的互动体验营销策略

关系营销是把营销活动看成一个企业与消费者、供应商、分销商、竞争者、政府机构发生互动相互作用的过程，其核心是建立和发展与这些公众的良好关系。在网络视频的营销传播中，关系营销主要体现在互动体验上。在营销活动中，沟通应该是双向而非单向的。不只是单边地宣传，也要广泛获知受众的反馈。网络视频的互动体验营销策略就是网络视频在网络传播过程中，及时与受众及相关多方进行互动沟通的方式，提供给受众多种体验的手段。

根据网络软营销理论，关系营销是针对工业经济时代的以大规模生产为主要特征的"强势营销"提出的新理论，它强调企业进行市场营销活动的同时，必须尊重消费者的感受和体验，让消费者能舒服地主动接受企业的营销活动。因此，消费者的感受和体验非常重要，企业在进行网络营销时，要注重消费者的感受和体验，良好的互动会达到消费者主动关注企业信息的效果。这也是网络视频营销中互动体验策略的理论来源。

具体来讲，网络视频互动体验营销策略的运用有以下三种。

1. 选择多样化的互动渠道

首先，要展开互动体验营销策略，就必须要有互动渠道作为基础支撑。网络营销视频的投资方和制作方较难开设互动渠道，互动渠道主要是视频投放的网络平台所决定的。制作方至多可以实现在视频本身中开设互动渠道。因此，想要更多的网民参与互动，提升影响力，需要选择多样化的互动渠道。即选择有多种互动渠道的视频网站发布视频，选择有多种互动渠道的门户网站或新闻网站去发布视频新闻，选择有多样化互动渠道的社交网站去宣传和推广视频。在官方网站用技术自主开发互动渠道，也是可取的方式。

2. 设计多方位的体验方式

网络视频的体验效果可以与受众产生更好的沟通，建立更好的关系。用户体验有以下四个方面的内容。

（1）视觉体验。网络视频营销以视频作为媒介，视频的主要语言是镜头和画面，拍摄的手法、摄影构图、色彩运用等都属于视频创作，而高质量的视频会给观众带来良好的视觉体验。

（2）听觉体验。现在的网络视频不是"默片"，它有声音、对白、环境声音、背景音乐。视频拍摄时，录制最佳声效；网络视频制作时，使用优质音乐。网络视频虽然没有电影院的音响效果，但是制作方要在前期制作时尽量呈现最佳声音。

（3）受众的心理体验。网络营销视频在制作或投放时，要以观众的立场去思考、策划、设计，不要让受众产生抵触心理，而是要让他们感觉获得良好的体验。

（4）互动体验。让受众不只停留在观众观看的层面，让他们互动参与，转变角色和身份。观众也可以变成视频的主角，可以把昵称、图片、声音等多种自己的元素加入视频中去，也可以成为创作者的一部分，提出自己的观点或者参与视频创作。这样多方位地实现观众的体验，互动体验多了，营销的效果也会提升。但是根据目标受众理论，无论是体验还是互动，都需要有针对性地对准目标受众，或者以目标受众为准设计体验和互动形式，只有这样才能够达到精准传播和营销。

3. 采用多元化的互动形式

网民的互动行为有很多种，如分享、评论、留言、转发、收藏等。当利用网络视频进行营销时，在传播和上线的过程中，都可以采用多元化的互动形式。这些互动形式跟传播网站平台有关。比如一条视频新闻，有些门户网站会有直接的评论渠道，也有些网站或贴吧则以表情的表达方式来回复反馈。在营销传播时注意选择有多元化的互动形式的目标网站。特别是在企业官方发布视频时，更加要采用多元化的互动形式，让观众能够及时表达自己的意见，由此成功实现网络视频的营销。

8.3.4　网络视频的连锁传播营销策略

4P营销理论中，4P是指产品（Product）、价格（Price）、渠道（Place）和促销（Promotion），其中的渠道是指企业并不直接面对消费者，而是注重经销商的培育和销售网络的建立，企业与消费者的联系是通过分销商来进行的。另外，营销的4C理论也包含了消费者（Consumer）、成本（Cost）、沟通（Communication）和便捷（Convenience），其中的Communication也就是传播的渠道，由此看来，产品在营销过程中，传播交流的渠道非常重要。

连锁传播营销策略主要是从传播渠道来考虑的。单一传播渠道的网络视频营销的效果可能不够明显。而连锁传播营销策略则主要是在网络视频传播运营时，多渠道，多链接，环环相扣的连续性、连锁性的传播方式方法。

具体来讲，网络视频连锁传播营销策略的运用有以下两种。

1. 纵向连锁传播营销策略

纵向连锁传播是在网络视频生产、制作、宣传、上映、传播等全环节每一步都要有传播策略，每一个环节都要找准传播点和传播渠道。在网络视频制作初期，可以发布一些消息告知网友该网络视频将要制作，用新闻营销的方式初步将网络视频推广出去。在制作阶段的时候，可以剪辑一个预告片先发布到网上，进行预热。在整个拍摄制作的过程中，也可不时发出一些新闻稿件。

不管是投资方还是制作方，都应该与新闻媒体机构保持联系，结合利用新闻媒体资源来连锁传播营销产品或品牌视频。视频真正上线后，更要大力宣传、深度宣传，推动营销有效实现。而在网上公开播映了一段时间之后，后期的后续传播也不能少，仍要保持视频的热度。整个环节都需要纵向传播、连环传播，让连锁传播营销策略得到有效运用。

2. 横向连锁传播营销策略

横向连锁传播是贯穿在整个纵向传播里的。每一个环节的纵向传播，都可以同时采用横向传播。因此应选择更多传播平台，不仅局限在一家媒体，也不仅局限在一家网络视频网站上。甚至还可以利用社交网络，如抖音、快手等，进行病毒式的营销传播，让更多使用网络的人们关注到该视频。也可以使用自媒体，如微博、博客等，自主发布视频链接，借助好友辅助传播。还可以在百度贴吧等不同的平台宣传视频信息。连续在每个环节都采用横向传播策略，扩大传播幅度和广度，让营销的影响延伸。在运用中要纵横连锁传播营销策略相结合使用，控制效果。

任务4　网络视频制作与推广

8.4.1　网络视频制作

1. 网络视频制作的步骤

一般来说，一个完整的网络视频的制作需要经过沟通、创作、筹备、拍摄及剪辑五个阶段。

在网络视频制作初期，要搞明白想做什么样的视频，主题是什么，预算多少等，根据具体需求和预算，选择合适的制作方式，自己录制或聘请专业公司。之后设计出整套的视频制作脚本，完善设计思路和制作步骤。

好的创意方案需要不断地修改和推敲，选择好执行方案后就可以进入到筹备阶段。

在项目筹备阶段，从踩点、看景到选择演员都需要耗费时间和精力，这是做好视频录制的基础。

一切准备就绪后即可进入到拍摄和剪辑阶段，实拍、动画、剪辑、配音、配乐，进入整个视频制作的关键步骤。

2. 常用的视频制作工具

（1）VUE。VUE是iOS和Android平台上的一款手机视频拍摄与美化工具，允许用户通过简单的操作实现视频的拍摄、导入视频的剪辑、表现力的细调、改变滤镜、加贴纸和背景音乐等功能，支持分段编辑、拼接、调色、添加文字、插入音乐、自己配音，可穿插简单的转场效果。分镜数、时长和画幅也都能自行调整，如图8-6所示。

支持设备：iOS、安卓。

图8-6　VUE界面

（2）快剪辑。这是一款操作简捷、可以在线边看边剪的免费视频剪辑软件，剪辑和拼接视频、添加字幕比VUE更灵活，但是没有滤镜，不能对视频调色，如图8-7所示。

支持设备：iOS、安卓、PC端。

（3）趣推。趣推创意视频制作有强大的视频编辑功能，内含海量的免费视频素材，拥有丰富的视频模板，如招商模板、节日模板、早晚安模板、热点事件模板，通过几个按钮，就能轻松完成一部影音大作，抖音上很多火爆的特效视频都由趣推制作。

支持设备：iOS、安卓。

（4）iMovie。iMovie是苹果的iOS系统自带的短视频编辑、剪辑软件，非常容易上手。一部手机即

图8-7　快剪辑界面

可搞定微电影。

支持设备：iOS、Mac 系统。

（5）巧影。巧影是智能手机上最专业的视频编辑软件之一，各种特效也可以通过巧影快速完成。

支持设备：iOS、安卓。

（6）Premiere Pro 2.0。Adobe Premiere Pro 2.0 是专业视讯编辑的重要工具。撷取与编辑差不多每种格式，从 DV 至未压缩的 HD，然后输出至磁带、DVD 和网页。Adobe Premiere Pro 2.0 可与其他 Adobe 应用程序进行无懈可击的整合，为有效的数位电影制作制定新标准。

支持设备：iOS、安卓、Mac 系统。

（7）会声会影。会声会影是一套操作简单、功能强悍的 DV、HDV 影片剪辑软件。不仅完全符合家庭或个人所需的影片剪辑功能，甚至可以挑战专业级的影片剪辑软件。会声会影可以实现最完整的影音规格支持，独步全球的影片编辑环境，令人目不暇接的剪辑特效，最撼动人心的 HD 高画质新体验。

支持设备：iOS、安卓。

（8）巨星。巨星 MTV2002 在 2003 年更名为浪漫 MTV2002，之后又有浪漫 MTV2004。这是一款划时代的软件，是专业的电子相册制作工具，在视频和字幕方面的功能上有飞跃性的完善和提高，不仅可以方便地进行视频文件的剪辑和编辑，更可以方便地实现视频影像的 3D 专场，还可以随心所欲地利用"飞行图片"定义视频影像或静态图片在三维空间任意移动和旋转，实现任意想象效果。

支持设备：iOS、安卓、Mac 系统。

3. 网络视频制作中存在的问题

（1）人员配备和设备成本问题。网络视频的拍摄是需要花费一些成本的。比如视频拍摄需要一个既会拍视频同时又会剪视频的人，但目前拍摄和剪辑技术都比较强的人才较为稀缺，拥有这两种技术的人才供不应求，这导致企业在招聘时人力资源成本会增加。另外，由于商业视频的拍摄和制作标准往往比较高，那么，要购买的拍摄设备和后期剪辑视频用的高配置电脑都需要较高成本。而且随着各平台对短视频制作要求的提高，可能还要考虑设备更新换代的问题。总之，要制作短视频，设备和技术人员的配备是基本条件。

（2）产品拍摄相关问题。配备了技术人员和相关设备，意味着具备了拍摄和制作商品短视频的能力，但在实际的产品拍摄过程中，仍会遇到不少问题。比如产品拍摄常常需要模特，室内拍摄需要布光，外拍需要考虑天气和拍摄地点等。

产品拍摄的时候常常需要助手协助和模特出镜。例如：为了拍一个自行车尾灯的产品视频，需要带着各种拍摄装备到山上去拍摄，且要提前布景，等到天黑下来后才能进行拍摄。像这样的拍摄任务，没有助手的协助和模特对产品的完美展示，单凭一己之力是无法完成的。但是，对于很多小微电商企业而言，由于预算有限，往往只能安排一个工作人员，并没有助手和模特。

室内拍摄布光是商业产品拍摄的重要流程。摄影是光的艺术，摄像也是如此。没有布光的拍摄环境拍不出有效果的产品视频。在布光得当的环境下拍摄，拍摄的视频可以做到色彩色温色调都是想要的效果，画质清晰，产品质感十足。而在没有布光的环境下拍摄出来的产品视频，往往画质暗淡模糊，产品看上去缺乏质感。布光环境的创建需要搭建影棚，需要成本，很多小微企业并不具备该项条件。此外，有了影棚，还要有丰富的经验，正确的布光技术也是拍摄优质产品视频的重要保障。室外拍摄有时候也需要布光，要根据产品视频的拍摄需求来定。总之，布光是高质量产品视频拍摄的重要条件。

室外拍摄由于受天气条件的限制，可控性相对于影棚拍摄而言要差很多。天气条件好的情况下，光线明亮柔和，拍出来的视频自然清晰亮丽。然而，外拍时经常遇到太阳光线太强或太弱，又或者一开始光线不错，拍摄过程中光线发生了变化。拍摄者如果没注意到这些问题，就会导致拍出来的视频质量大打折扣。还有横屏拍摄和竖屏拍摄的问题，要根据视频的实际应用合理选择。

室外拍摄的另一个问题就是选址问题。拍摄者之所以选择外拍，是为了拍出漂亮的背景，也是为了展示产品在户外的样子。外景区别于室内，拍出来的视频往往更有生活气息。选址恰当能使产品和背景的搭配相得益彰。有时候，企业为了打造一款爆品，甚至会选择去很远的地方拍摄。如何恰当选址是拍摄者必须考虑的一个问题。

拍摄时要考虑视频剪辑问题。拍摄者在拍摄之前就要考虑后期视频剪辑的问题。比如拍摄是横屏拍摄，但视频最终要做成竖屏的，那么，在拍摄的时候就要预留足够的空间，以便后期视频在剪辑成竖屏的时候看到的产品仍然是完整的。另外，如果后期要做画中画效果或者分屏效果，那么拍摄的时候也要考虑产品的拍摄景别问题。拍摄者如果不考虑这些问题，后期剪辑的时候就无法剪辑或者制作想要的视频特效。

4. 网络视频拍摄的问题对策

（1）针对人员和设备成本问题的对策。是否要配备专门的视频拍摄人员和购买专门的拍摄设备，这个问题应从投入和产出比进行考虑。对于企业而言，如果视频这一块能极大增加产品的流量，能有效对抗竞争对手，能提高转化率，并且企业有大量的产品拍摄需求，那么必须配备。但是考虑到一些小微电商企业的发展状况，在经济能力不够的情况下，可以选择外包，让专业的人做专业的事。有些小微企业主可能会自己去学习拍摄和后期剪辑，但这样会花费大量时间和学习成本的，而且也需要购买相应设备。这样，这些企业主势必会减少在营运客服等方面的精力和投入，结果可能得不偿失。所以，有能力有需求的企业最好投入成本配备专门的设备和人员，能力不足的小微企业最好外包。

（2）针对产品拍摄问题的对策。一般产品的拍摄对模特和助手的要求并不会太高，可以说大部分普通产品的拍摄可以在公司内部找人充当模特和助手的角色。如果对产品拍摄要求特别高，准备要打造爆款产品，可以请专门的模特和助手。针对室内拍摄影棚布光的问题，有能力的企业可以选择购置专门的设备和配备专门的技术人员。对于能力不足的小微企业，通过外包也能解决。然而，针对不同产品的拍摄，布光方式也不同，拍摄者应首先与公司的美工或者产品策划者沟通，了解基本拍摄要求，再参考网上其他同类产品的拍摄效果图，然后对产品进行正确布光拍摄。室外拍摄尽量选择光比不大、光线充足的环境，相机拍摄的时候最好接外接监视器，以实现对产品的准确对焦和曝光。对于选址的问题，要结合产品的卖点和平台的要求进行选择。对于特殊产品的拍摄，往往要经过公司团队的商议，在听取了各部门主管的意见之后再决定。

此外，拍好的产品视频必须经过专业的视频制作软件按照各平台要求的视频尺寸进行剪辑,才可以上传到各平台上去使用。视频剪辑是商业产品视频制作的必要步骤。在视频剪辑的过程中也会遇到各种问题。比如,通常使用什么软件来进行产品视频的剪辑?用来剪辑视频的电脑需达到什么样的配置要求?各平台视频尺寸规格是怎样的?商业化的视频剪辑和包装通常包含哪些步骤?剪辑视频所用的声音和图片素材从哪里来?导出的视频为什么不够清晰?这些问题是视频制作过程中的一些常见问题,视频制作者需要针对不同的问题进行处理。

8.4.2 网络视频推广

视频推广是以视频为载体,通过在视频中添加合适的推广信息,将各种视频短片以各种形式放到互联网上,达到一定宣传目的的营销手段。利用视频进行推广的手段大致可以分为三类。

1. 自媒体模式

这种模式在很早之前就已经兴起,例如早期的叫兽系列视频、敖厂长系列视频,当时不称为自媒体,而叫播客,是视频自媒体的雏形。随着逻辑思维的兴起,出现了很多网络视频自媒体。

这种视频自媒体的模式有一个显著特点:内容为王。必须有自己独特的内容,必须要网友认可。正是由于内容为王的特点,这种模式也存在着显著的优势和劣势。

优势:内容新颖独特,可以吸引相对精准的人群,自然而然完成粉丝筛选,为日后的流量转化埋下很好的伏笔。

劣势:要创造好的内容,就需要好的题材,这样会占用很多人力、物力,前期付出很大。因此,自媒体推广模式适合团队操作。

2. 热门事件模式

热门事件模式是一种常见的模式,利用热门的新闻、电影、电视剧来做视频,在很短的时间内收获巨大的流量,这是一种快速获得巨大流量的视频推广模式。例如利用热门电影做长尾关键词,收到的效果是相当好的。

这种模式具有很强的时效性,只是在特定的时间具有巨大的效果,流量来得快,走得也快。热门事件模式也具有一定的优势和劣势。

优势:简单快捷,门槛低。在百度风云榜找到热门关键词,用几张图片很快就能做出一个相关视频,在极短的时间内就能完成推广。

劣势:流量不长久,有效期可能只有几天;流量不精准,后期转化存在问题。因此,热门事件模式适合个人批量操作。

3. 视频外链模式

视频外链是在各大门户网站的视频栏或者在优酷、爱奇艺、搜狐等大视频网站上传视频并添加外链。

这种模式可能并不会对网站产生立竿见影的效果,但是由于所操作的视频网站权重较高,在很快的时间内关键词就可以获得排名。这种模式的特点就是简单暴力。视频外链模式也存在着优势和劣势。

优势：操作简单。因为推广内容在标题上，因此只需要上传视频，不用管视频内容是什么。

劣势：这种视频通过率低，而且被删除概率大，因此需要大量持续的操作，适用于个人利用软件批量操作。

这种模式不但可以进行网站推广，也可以用来推广 QQ、微信等。

项目实训

课内实训项目

任务 1

【实训课时】

2 课时。

【实训目的】

让学生对网络视频营销有初步且直观的认识。

【实训素材】

(1) 学生端 PC 机若干。

(2) 良好的网络环境。

【实训内容】

让学生通过移动端在比较知名的短视频平台上查找至少三个比较有特色的短视频，充分了解每个短视频中的创意内容和风格，并且分别用文字说明选出来的三个短视频的特点。

【实训成果】

完成以下实训报告，如表 8 – 1 所示。

表 8 – 1　实训报告

序号	平台	内容	特点
第一个短视频			
第二个短视频			
第三个短视频			

任务 2

抖音创意视频营销案例剖析

有人预测说，抖音将会成为下一个营销主阵地，那么，抖音创意视频营销有哪些可以参考的案例呢？下面，给大家介绍两个抖音营销做得非常好的案例。

案例一：卫龙辣条

卫龙辣条入驻了抖音，其中一条视频 17 万点赞，虽然不是最高的，但是很有创意，视频标题是：不可思议，辣条吃出了米其林的感觉。

卫龙辣条的其他视频也都保持着不错的播放量和点赞量，当然，这个前提是卫龙辣条本身就是一款神奇的零食,与我们的生活太贴近,极易引起受众兴趣。它的内容多是搞笑的段子手风格,特别符合卫龙接地气的品牌风格。

卫龙辣条的营销方式给我们的营销启示是:①围绕产品核心卖点进行创意策划,卫龙辣条的特点就是好吃,就这一点就够了。②贴近生活,结合网友感兴趣的话题,比如见女朋友父母送什么礼品等。③内容要符合产品和品牌调性,就是要接地气。

案例二:平安杭州

这个视频有点特别,不是企业营销视频,而是杭州市公安局官方抖音号发布的一条宣传视频,美女警官的一段说唱rap,这个15秒的视频点赞超过150万。短视频中,提到了派出所民警日常工作中遇到的形形色色的事件,比如有人报假警还满嘴脏话,有处理投诉广场舞大妈造成噪声污染的,还有调解夫妻间矛盾的,而那一句流传甚广的"能抱紧就别报警",也成了金句。虽然是官方宣传,但视频充满浓浓的青春气息,说唱流畅押韵,满满正能量。平安杭州也因此在抖音平台吸了一大片粉。

这给我们品牌营销的启示就是品牌必须人格化,让内容活起来。这是一个品牌人格化的时代,品牌与用户应该是朋友的关系,是一种平等的互动交流,而不是单向的"机械输出"。和用户打成一片,他们才会甘之如饴地吃你的安利。

(案例来源:http://kafestudio.cc/portal.php?mod=view&aid=2108)

任务3

三大品牌如何玩转短视频营销

玩法一:今天你就是主角,脚本扔掉,台词你定

案例名称:Lee好奇不灭实验场景短视频

案例简介:Lee在2016年夏季推出新品优形丹宁,希望找到一种有趣好玩的新形式来真实展现产品卖点。通过二更微博和微信平台前期征选了12对真实情侣参与到拍摄活动中,最终确定邀请其中5对性格和经历截然不同的情侣来到现场录制真实的实验场景。在没有使用专业演员的情况下,导演组记录和捕捉到了5对情侣的真实临场表现。

从需求提出到制作发行,总用时三周时间。拍摄现场年轻情侣们充满趣味的彼此互动,女生们对于新品优形丹宁的塑性效果赞不绝口,就连一直搞不懂"女生衣橱为何总是还缺一件"的男朋友们,也由衷地点头说"买买买"。

决胜要点:真实场景短视频是即视感极强的一次社会实验。视频首推引起消费者的强烈关注后,在第三周、第四周结合二更独特发行模式加强推广,建立了规模化流量增长的同时,也带来了品牌主关心的长尾效应,持续配合品牌营销计划与活动。与此同时该视频被外部媒体和粉丝转发,持续引爆粉丝关注,长尾效应显著。

玩法二:"把酒当歌,人生几何",场景植入,引发共鸣

案例名称:百威科罗娜《亲爱的,好久不见》广告视频

百威科罗娜《亲爱的,好久不见》的故事中,有酒、有音乐、有朋友,是老友聚会的场景,并巧妙植入科罗"就为这一刻"的内容主旨。"叫上你的老朋友,自在聚一聚吧",

酒后意气常在,心中少年不死,世事有常又无常,唯有琴音似海。鼓励大家告别枯燥和重复的老友聚会套路,"这一刻,刷新老友情",引发粉丝的共情与激情回应。

决胜要点:讲故事、重场景、要植入、勿生硬。视频投放 7 天全网传播总计播放量超千万,高于同品类短视频营销效果。

玩法三:记录时代,记录历史,用 10 分钟讲述 20 年

案例名称:欧莱雅《谢谢你,陪我们美了二十年》企业宣传片

案例简介:20 年前,怀着"让每一位中国女性拥有一支口红"的初心,欧莱雅开启了在中国的美丽旅程。此次在欧莱雅中国成立 20 年之际,欧莱雅带我们回顾过往 20 年在中国的美丽故事。

视频采访了欧莱雅 20 位员工,其中 8 位是工作 20 年的员工。10 分钟讲述了欧莱雅 20 年,作为外资企业进入中国成为美妆翘楚的各个成长阶段,从初见到发展,用前瞻的眼光耕耘美妆事业。每一个欧莱雅人都是一支军队,他们用科学的市场分析、专业高效的职业精神开疆辟土,从零开始,改变了中国女性对于美的观念,成为潮流当之无愧的领军者。

决胜要点:人物采访回忆点滴,企业宣传配合年度庆典。那些鲜活的记忆、勇敢的期待、自豪的归属,属于每一个欧莱雅人,属于每一个用美改变生活的人。

此片在欧莱雅 20 周年庆典当天即获得 300 万+的视频浏览量。

(案例来源:https://www.meihua.info/a/68978/)

课外实训项目

任务 1

【实训课时】

4 课时。

【实训目的】

让学生对视频制作工具的使用有进一步的认识。

【实训素材】

(1) 学生端 PC 机若干。

(2) 良好的网络环境。

【实训内容】

让学生针对自己熟悉的产品,利用本任务介绍的工具和方法完成视频的拍摄和制作。

【实训报告】

完成的视频作品。

任务 2

【实训课时】

4 课时。

【实训目的】

让学生掌握相关的视频营销的实战方法与技巧。

【实训素材】

(1) 学生端PC机若干。
(2) 教师提前准备不同产品的基本资料。

【实训内容】

教师分配给学生不同的产品信息资料，学生需要完成以下任务。

(1) 确定本次视频营销的任务目标。以老师给的产品信息资料为依据进行分析，掌握产品特点，然后进行分析确定本次营销的目标。

(2) 制定视频营销方案。

①以组为单位，熟悉教师给出的产品信息。

②深度分析目标客户需求和消费习惯。

③确定合适的视频营销方法。

④确定组内成员在实施视频营销过程中的责任。

⑤制订视频营销初步计划。

⑥制订详细的视频营销方案。

(3) 实施视频营销方案。

【实训成果】

(1) 所有组完成后，进行组内讨论与总结。
(2) 改进方法，进行二次短视频营销。
(3) 教师评价任务完成情况，总结实施本次任务过程中的优缺点。
(4) 教师归纳总结视频营销作业的相关知识。
(5) 向教师提问方案实施中的问题，教师解答。

课内测试

1. 选择题

(1) 室外拍摄由于受天气条件的限制，可控性相对影棚拍摄而言（　　）。

　　A. 好　　　　　　　B. 差　　　　　　　C. 相似　　　　　　　D. 视情况而定

(2) 病毒式营销的特点不包括（　　）。

　　A. 传播覆盖面广　　　　　　　B. 视频标题党

　　C. 分享性一般　　　　　　　　D. 口碑相传性

(3) 刻意将营销事物以巧妙的手法植入现存媒体，以期借由现存媒体的曝光率来达成广告效果的是（　　）。

　　A. 植入式网络视频营销　　　　B. UGC网络视频营销

　　C. 体验式网络视频营销　　　　D. 贴片广告

(4) 以下不属于网络视频的推广手段的是（　　）。

　　A. 热门事件模式　　　　　　　B. 网络外链模式

　　C. 自媒体模式　　　　　　　　D. 网络内链模式

2. 判断题

(1) 网络视频营销可借助互联网的超链接特性快捷迅速地将信息传播开去。（　　）

(2) Logo广告主要贴在视频画面上。在视频播放的时候偶尔出现几秒。（　　）

(3) UGC 视频营销因广大网友参与度不高,并不具有平民性。(　　)
(4) Flash 贴片广告主要出现在片头或者在播放暂停的时候会自动出现在屏幕中。(　　)
(5) 静态图片的贴片广告较为简单,出现的时间主要是在片尾。(　　)

3. 简答题
(1) 网络视频的特征有哪些?
(2) 网络视频营销的模式有哪些?
(3) 什么是 UGC?
(4) 网络视频营销的策略有哪些?
(5) 常用的网络视频的制作软件有哪些?

项目 9

大数据精准营销

学习目标

【知识目标】
1. 了解大数据精准营销的含义、关键要素及价值。
2. 熟悉大数据下电商平台的算法与排名规则。
3. 掌握大数据下买家行为、产品属性及店铺流量分析的方法。

【技能目标】
能够运用百度指数、阿里指数、生意参谋等工具对买家行为、产品属性及店铺流量分布进行数据采集和数据分析,提升精准营销效果。

任务导入

全球商业零售巨头沃尔玛公司拥有世界上最大的数据仓库系统。为了能够准确了解顾客在其门店的购买习惯,沃尔玛对其顾客的购物行为进行了购物篮关联规则分析,从而知道顾客经常一起购买的商品有哪些。在沃尔玛庞大的数据仓库里集合了其所有门店的详细原始交易数据,在这些原始交易数据的基础上,沃尔玛利用数据挖掘工具对这些数据进行分析和挖掘。一个令人惊奇和意外的结果出现了:"跟尿不湿一起购买最多的商品竟是啤酒"!

为了验证这一结果,沃尔玛派出市场调查人员和分析师对这一结果进行调查分析。经过大量实际调查和分析,他们揭示了一个隐藏在"尿不湿与啤酒"背后的美国消费者的行为模式。

在美国,到超市去买婴儿尿不湿往往是一些年轻的父亲下班后的日常工作,而他们中有30%~40%的人同时也会为自己买一些啤酒。产生这一现象的原因是:美国的太太们常叮嘱她们的丈夫不要忘了下班后为小孩买尿不湿,而丈夫们在买尿不湿后又随手带回了他们喜欢的啤酒。另一种情况是丈夫们在买啤酒时突然记起他们的责任,又去买了尿不湿。既然尿不湿与啤酒一起被购买的机会很多,沃尔玛就在他们所有的门店里将尿不湿与啤酒并排摆放在一起,结果尿不湿与啤酒的销售量双双增长。

按常规思维，尿不湿与啤酒风马牛不相及，若不是借助数据挖掘技术对大量交易数据进行分析，沃尔玛是不可能发现数据内这一有价值的规律的。

未来，对市场的争夺就是对用户资源的争夺。商家如果能够有效利用手中大量的数据资源，在精准定位和数据分析的基础上，充分运用各种数据挖掘分析技术提供更加个性化、差异化、精准化的服务，就能深入挖掘新的市场价值，实现自身营销环节的优化演进。

任务1　认知大数据精准营销

2014年3月，大数据首次进入我国中央政府工作报告；2015年10月，党的十八届五中全会正式提出"实施国家大数据战略，推进数据资源开放共享"。这表明中国已将大数据视作战略资源并上升为国家战略，期望运用大数据推动经济发展、完善社会治理、提升政府服务和监管能力。2018年5月，习近平主席在中国国际大数据产业博览会的致辞中指出，我们秉持创新、协调、绿色、开放、共享的发展理念，围绕建设网络强国、数字中国、智慧社会，全面实施国家大数据战略，助力中国经济从高速增长转向高质量发展。

随着互联网信息技术的迅猛发展，全世界的数据量爆发式增长，大数据引起了各个领域的关注，应用大数据正逐渐成为商业竞争的关键。电商企业在营销过程中积累了各种类型数据，如客户信息、销售交易信息、行为数据等，这些数据承载了各个消费群体的信息，成为极有价值的资产。与此同时，社会生产的分工精细化和技术进步使得消费者心理和消费行为模式都发生了很多变化，其购物具有个性化、主动化、社交化和移动化的特征。仅仅依靠经验进行营销决策已经不能满足当今企业需要，这就迫切需要企业将有限的营销资源精确地用于潜在客户，开展精准营销。

9.1.1　大数据精准营销的内涵及特点

在大数据时代，企业都在谋求各平台之间在内容、用户、广告投放上的互通，以期通过用户关系链的融合、网络媒体的社会化重构，为客户带来更好的精准营销效果。以亚马逊为例，它是利用大数据的佼佼者，公司保存了每一位客户搜索、购买及其他几乎所有可用的信息，并运用算法将该客户的信息和其他所有客户的信息进行比对，最终为其呈现出非常精准的商品购买推荐。

大数据重构了精准营销模式，这种营销模式与传统的营销模式大不相同。传统的营销模式是一种基于市场调研中的人口统计数据和其他用户主观信息（生活方式、价值取向等）来推测消费者的需求、购买的可能性和相应的购买力，从而帮助企业细分消费者，确立目标市场并进一步定位产品的营销模式。而大数据精准营销是通过互联网采集大量的行为数据，帮助企业找出目标用户，以此为基础对广告投放的内容、时间、形式等进行预判与调配，完成广告精准投放的营销过程，如图9-1所示。

大数据精准营销模式体现为以下四个特点。

1. 个体化

在DT时代，网络营销的营销理念已从"媒体导向"转向"受众导向"。与传统营销的

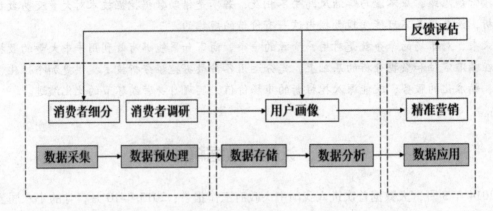

图9-1 大数据精准营销体系模型

"广撒网"不同,企业通过大数据分析可以了解消费者身处何地、关注何种信息、喜欢什么、偏好如何,从而实现为消费者量身定制的个性化营销。

2. 时效性

在移动互联网时代,面对众多诱惑,用户的消费行为和购买方式极易在短时间内发生变化。大数据营销可以通过技术手段充分分析用户的需求,并使其在决定购买的第一时间及时接收到产品广告。因此,大数据营销具有很强的时效性。

3. 关联性

关联性是指大数据营销能够让用户看到的上一条广告与下一条广告有深度互动。在采集大数据的过程中,企业可以快速得知目标用户所关注的内容,并知晓用户所在位置和消费特征等信息,基于此可使投放的广告产生关联。

4. 多平台

精准营销的数据来源平台多样,包括互联网、移动互联网、智能电视、户外智能终端等。这种多平台的数据采集使得对消费者的画像更加全面和准确。

9.1.2 大数据精准营销的关键要素

随着搜索引擎、社交网络及智能移动设备的普及,用户每天网络活动产生的数据成倍增长,海量数据对用户和企业的行为产生了诸多改变。因此,企业使用大数据技术实现精准营销的一个关键就在于正确驾驭数据并为己所用,利用大数据洞察用户行为变化,准确分析用户的特征和偏好,挖掘产品的潜在高价值用户群体,实现市场营销的精准化、场景化。

1. 用户画像

用户画像,即用户信息标签化,指企业通过收集与分析消费者社会属性、生活习惯、消费行为等主要信息的数据之后,抽象出一个用户的商业全貌。用户画像为企业提供了足够多的信息基础,能够帮助企业快速找到精准用户群体以及用户需求等更为广泛的反馈信息。一般来说,用户画像包括用户固定特征、用户兴趣特征、用户社会特征、用户消费特征和用户动态特征五个维度,如表9-1所示。

表9-1 用户画像维度

用户画像维度	具体内容
用户固定特征	性别、年龄、教育水平、职业、星座等
用户兴趣特征	兴趣爱好；经常查看的网站，使用的App，浏览、收藏、评论的内容；品牌和产品偏好等
用户社会特征	生活习惯、婚恋情况、人际交往和社交情况、家庭成员等
用户消费特征	收入状况、消费水平、产品购买渠道、购买频次、购买产品种类及偏好等
用户动态特征	用户当下需求、正在前往的地方、周边的商户、周围的人群信息等

构建和生成用户画像一般通过采集和分析数据、用户分群和优化整理数据三个步骤。

（1）采集和分析数据。数据来源一般有相关的文献资料和研究报告、产品数据后台以及问卷调研和用户访谈等。例如，收集网站用户行为数据时，当用户登录电商平台或网站后，其Cookie就一直驻留在浏览器中，便可以通过用户点击的链接和按钮，以及访问的路径，记录用户的所有浏览行为，然后持续分析其浏览过的关键词和页面，进而分析出用户短期需求和长期兴趣。同时，也可以通过社交网站，获得用户的职业、兴趣、爱好等方面的信息。

通过多渠道的数据统一收集和管理，企业可以用已知数据寻找线索，不断挖掘素材，不仅可以巩固老会员，还可以分析得出未知顾客的需求，进一步开拓市场。

（2）用户分群。用户分群就是为用户贴上标签，用标签将用户分类，进而做到"一对一"的精准营销。例如，有位用户在社交网站上经常分享旅游照片，而且从照片中看出他的服饰、背包等都是同一品牌，就可以为该用户贴上"旅游爱好者""某牌控"等标签。又如，一个"80后"通常在上午11点左右在生鲜网站上下单买菜，晚上6点回家做饭，周末喜欢去吃火锅。经过信息的搜集与转换，系统就会为他产生一些标签，如"80后""生鲜""火锅"等。

（3）优化整理数据。生成准确的用户画像后，便能清楚了解用户需求，在实际操作上便能深度经营用户关系，甚至找到扩散口碑的机会。例如，针对刚刚提到的那位"80后"用户，如果有生鲜打折券、火锅最新推荐等，营销人员就可以将产品的相关信息精准推送给他。

除此之外，在不同阶段，企业还需要观察营销的成功率，并追踪用户反馈的信息，确认整体经营战略与方向是否正确。如果效果不佳，应立即对营销策略进行相应调整，反复尝试，进而做到循环优化。

ⓒ 案例

网易云年度歌单刷屏

近几年流行的年度账单、年度歌单，可以在年末为用户生成一张专属的个人榜单，显示一年内在应用上的种种使用行为。这种精细化的个人榜单其实也是运用了大数据技术，对用户个人的行为数据进行采集，并通过归类和计算得出。网易云歌单在近几年的年终总是能吸引用户的眼球，让用户踊跃参与。

网易云年度歌单是利用大数据海量收集用户们的听歌信息和数据，每个用户哪首歌听得最多、发出了什么评论、听歌时间、听歌习惯等，都会在专属歌单上非常清晰地罗列出来。而且会根据每个用户的听歌喜好，对其用户的心情、性格等进行分析，给出大致的标签，加入更多的个人情感化的内容，让用户体会到定制歌单的细致与走心，从而对其产生好感，进一步将其转发分享，达到传播和刷屏的最终效果。

在这其中，大数据起到了非常基础而又重要的技术作用，正是因为大数据才能让网易云与用户形成深层次的创意互动，即时生成专属歌单。再借助情感角度的切入、走心内容文案引发的感动与共鸣，与每一个用户都建立起情感上的联系，从而加强用户对网易云音乐的信任和依赖。

从网易云年度歌单刷屏的案例中我们不难发现，其中最让大众热衷和在意的莫过于年度歌单的特殊性与专属性，这让用户有了独一无二的优越感，同时借助年度歌单回顾一年来的心情也触动了很多用户的感情。总之，在大数据的作用下，年度个人歌单这一类的互动形式才能够实现，才有可能为每一个用户量身定做，达到精细化营销的目的。

（案例来源：https://www.zhihu.com/question/23188015/answer/838675243）

2. 预测分析

随着营销4.0时代的到来，企业营销已经转变成以客户价值观为基础，围绕着消费者行为去构建营销策略。企业运营比的是早一步的预知能力。利用大数据，企业可以从用户真实交易数据中预测下一次的购买行为。预测能力能让企业专注于一小群用户，而这群用户能代表特定产品的大多数潜在用户。例如，将营销活动的目标用户锁定为20万潜在用户或现有用户，拨出部分预算用于吸引部分用户群（如10%的用户），进而可以预测特定产品的整个用户群，减少营销成本。

大数据营销的预测能力强调的是决策价值，与被动接受和观察数据不同，如购买时间，与以前注重观察用户购买频率、最后购买日期不同的是，预测分析注重的是下次购买时间和购买行为。大数据的预测分析能力催生了一种新的数据驱动营销方式，并能够帮助企业完成以产品或渠道为中心到以客户为中心的转变。

案例

TARGET超市的精准预测

2012年，美国一名男子闯入他家附近的一家TARGET超市抗议："你们竟然给我17岁的女儿发婴儿尿片和童车优惠券。"TARGET超市经理立刻向这位父亲承认是TARGET推荐系统的错误，并不断向其道歉。但一个月后，这位父亲反过来道歉，因为这时他得知自己的女儿已经怀孕，预产期也即将来临。

TARGET超市为什么会比女孩的父亲足足提前一个月得知女儿怀孕的消息呢？原来TARGET超市自己建设有一个庞大的用户信息数据系统，并且拥有一个十分强大的数据分析团队。每位顾客初次到 TARGET 超市刷卡消费时，都会获得一组顾客识别编号，内含顾客姓名、信用卡卡号及电子邮件等个人资料。日后凡是在 TARGET 消费，计算机系统就会自动记录消费内容、时间等信息。再加上从其他渠道取得的统计资料，TARGET 便能形成一个庞大数据库，用于分析顾客喜好与需求。

TARGET 的数据分析师通过对孕妇的消费习惯进行一次次的测试和数据分析，得出了一些非常有用的结论：孕妇在怀孕头三个月过后会购买大量无味的润肤露和特大包装的棉球；在头 20 周，也经常会补充如钙、镁、锌等营养素。

TARGET 通过顾客购物篮的分析，基本上可以在很小的误差范围内预测顾客的怀孕情况，在最恰当的时候寄出有关孕妇用的产品优惠广告。

然而，百密一疏的是 TARGET 这种优惠广告间接地令一位父亲意外发现自己还是高中生的女儿怀孕了。此事经被《纽约时报》报道后，TARGET 大数据的巨大威力轰动全美，公司的营业额借助大数据稳步上升。

3. 精准推荐

大数据最大的价值在于预测和推荐，大数据营销通过积累足够多的用户数据，分析得出用户购买的习惯和偏好，甚至做到"比用户更了解用户"，帮助企业进行一对一的商品推送，提供个性化的服务。例如，Stitch Fix 运用机器算法，结合用户提供的身材、身形等主观数据，加上销售记录的交叉核对，挖掘出每个人专属的服装推荐模型。

数据整合在很大程度上改变了企业的营销方式，从海量业务广播式推送，过渡到了一对一以用户体验为中心的业务精准推荐。一对一精准营销在某一刻，以合适的价格为用户推送最需要的业务。运营商在注重用户体验的同时可达到最佳的营销效果，并且可对营销过程进行全程跟踪，从而不断优化营销策略。

4. 技术强化

随着信息技术的不断发展，单一企业拥有的碎片化的用户信息早已不能满足市场对数据量和多样化的需求。基于全样本数据的大数据营销将呈现更加精准有效的用户数据挖掘，更加全方位、立体地展示消费者的爱好、习惯、个性及潜在的商业价值。因此，面临繁杂丰富的大数据资源，大数据精准营销要解决的首要问题就是数据的整合汇聚。

在许多企业中，数据散落在互不相通的数据库中，相应的数据处理技术也存在于不同部门中，为此，需要构建大数据交换共享平台，整合共享数据，汇集用户在多个渠道商的行为数据，一方面实时监控各渠道的用户特征、运营和营销效果，另一方面集中用户数据，以便后续进行深入挖掘分析，提高数据价值，实现用户交互的精准识别和多渠道数据汇集，为用户提供更加专业的服务和营销策略。

汇聚整合数据后，再对数据进行可视化分析。通过三维技术来展示复杂的大数据分析结果，借助人脑的视觉思维能力，通过挖掘数据之间的重要关系，将若干关联性的可视化数据进行汇总处理，揭示出大数据中隐藏的规律和发展趋势，进一步提高大数据对精准营销的预测能力。

任务2　大数据精准营销的价值

对于企业来说，无论是线上还是线下，大数据营销的核心即在合适的时间，基于企业对用户的了解，以数据的形式进行分析，把企业希望推送的东西通过合适的载体，以最优的方式，推送给合适的人，从而获得客户的忠诚度、增加新用户、创造新的产品和业务模式。具体来说，大数据营销的价值主要体现在以下几方面。

1. 有利于更精准匹配目标受众

对于投放广告的企业而言，我们可以发现对于目前的大多数消费者，仅仅会关注与自己相关的广告，如果广告与自己相关，那么无论什么类型的广告也都可以接受。相反，若是与自己毫无关系，那么消费者则不会对其产生兴趣，从而不会去关注广告。因此，如果企业通过平台推送的广告是与消费者有关的，甚至还有可能在某一层次上满足用户的需求，就会吸引消费者关注产品，达到精准营销的目的。

我们可以通过以微信朋友圈广告投放来作为案例，如果企业广告的投放目标群体主要为日常需要化妆的女性群体，那么企业将选择化妆的相关广告投于化妆的女性群体的微信朋友圈当中。对于营销者而言，首先是通过对比分析用户的喜好、兴趣、使用其产品的时间等各个方面的信息；其次，分析用户短期、长期的消费行为，从而勾画出立体的比较完整的用户画像，建立用户行为的具体数据模型，达到精准地找到用户群体和洞察用户的具体需求的目的，最后实现准确投放广告的目标。

2. 有利于调整投放渠道

对于产品投放渠道而言，企业以大数据分析为基本，有利于企业调整产品投放渠道。随着经济的不断发展，营销方式和渠道也正在发生巨大的改变，在众多营销平台中，大多数的企业已经可以分析出渠道投入产出比的数据，并且可以准确地分析其相关数据，在很大程度上实现精准投放的目标。

同时，一些企业也通过具体的分析技术，进而对媒体投放渠道再分析、再评估，根据不同的产品品牌进行准确推广，从而达到渠道的联动整合优化的目的。更重要的是，产品通过不同渠道的投放优势，有助于打通与媒体之间的产品链，而且也可以根据产品品牌推广地点的不同，发挥人工智能匹配流量和广告渠道投放比数据的作用，以便更好地采取能够实现产品最优效果的投放渠道策略。

3. 有利于个性化产品精准投放

个性化产品的精准投放可分为两个方面，一个是可以满足消费者个性化需求的产品，另外一个则是产品的销售渠道。企业通过使用大数据去挖掘和发现消费者对产品的偏好程度，从而以消费者偏好为主进行产品设计和生产，并且选择比较合适的地点将其个性化的产品进行展示或销售。

因为每个人的购物形式不同，有的人选择在网上购物，而有的人比较喜欢在实体店购物，也有的人会在实体店体验之后再去网上购买，因此，选择在哪个渠道进行产品投放是十分关键的。对此，企业通过大数据所采用的精准营销策略，有利于对个性化产品进行精准投放。例如,如果消费者经常在网上购买衣物,那么企业将根据数据所反映的消费者倾向推送线上衣物的相关产品信息;若消费者通常是在线下的实体店购买,那么企业会根据消费者群体的分布特征进行选址并推送相关产品信息。

4. 有利于改善用户体验,提高客户满意度

对于用户体验而言,大数据精准营销有利于改善用户体验和提高用户的满意度。因为企业的精准营销策略主要是针对用户的体验。简单来说,用户体验是指用户的感受,是在购买或使用相关产品的过程中用户自己所产生的主观感受。其主观感受很大程度上决定了是否还会再次购买企业的相关产品,若用户有舒适、满意的感受,则很可能会成为企业的忠诚客户。

用户体验是由许多因素所影响的,大数据的精准营销策略为企业提供了影响用户体验的因素作为参考,在很大程度上帮助了企业改善用户体验感,提高满意度。因此,大数据的挖掘在很大程度上,可以通过获取用户的相关数据,了解用户使用产品的情况,并且得到最适宜的反馈。

任务 3 大数据下消费者行为分析

大数据时代,消费者有更多、更广泛的信息来源,消费者的选择更加充分,对商品的了解将更加透彻,自主权进一步增大,对传统的消费行为将形成冲击,新的基于大数据时代的消费者行为正逐步形成。通过大数据,一方面,在消费领域,人们能借助数以百万计的网络传感器和视频监控系统,搜索到关于消费者和供应商的大量数据,而媒体和社交网络平台中生成的未经编辑的,包括结构化和非结构化的数据,更是呈现指数式增长。另一方面,消费者的身份也由过去传统意义上的买家,转变为集买家卖家于一体的双重身份,致使来自消费者和被消费者的信息更为复杂多样。大数据记录的是消费者的客观行为,透过数据来分析消费者行为和态度,同时,透过大数据能更透彻地了解企业的消费群分布、潜在用户分布,以及他们对于品牌和企业的看法、评价。未来企业进行市场营销费用分配,可以在大数据的指引下,找到目标消费群分布的地方,然后用有创意的投放形式让用户成为企业的粉丝并形成销售。

9.3.1 大数据时代消费者行为趋势

1. 消费者的消费行为更加理性

大数据时代消费者的主动、理性消费行为在增加,盲目购物几乎不再出现。大数据时代背景下,消费者由单一的买家身份转变为集买家卖家双重身份于一身,双向接收并发出消费信息。这使得消费者在比较产品信息时,能够从多维的角度分析并得出最终决策。

2. 消费者消费行为更容易受购买评价的影响

传统消费模式下,消费者更多的是依靠感觉器官评价产品,如产品外观、短时间的用户体验、广告宣传等。而在大数据时代,消费者依靠文字描述、网络图片、视频资料来接触产品,除此之外,已有消费者的购买评价是帮助潜在消费者判断是否购买的一个重要因素。例如:消费者经过方案筛选,决定在型号 A 和型号 B 两种产品当中进行选择购买,难以取舍时消费者便可以通过两种产品的消费者购买评价,来决定哪个产品的用户体验更佳,从而得

出购买决策。

3. 消费者的品牌依赖度逐渐下降

在传统消费模式约束下,消费者不能深度了解产品的用后体验,为减小购后风险,只能依托产品品牌来间接判断产品的质量及性能,因此消费者对品牌的依赖度是相当强的。而在大数据时代背景下,产品的信息源非常广泛且大量,足以帮助消费者判断并最终做出购买决策,因此,品牌效应对消费者的购买决策所起的作用逐渐减弱。

4. 消费者消费行为更加个性化

传统意义上的消费模式,商家提供统一标准化的产品,消费者关注点集中在产品的质量、性能上,买家和卖家把消费重心都集中在产品的核心价值上。进入到大数据时代,消费者的信息源更加广泛,可选的范围被扩大,消费者的需求也在某种程度上发生了改变,除了注重产品的核心价值,还会有个性化的需求,即追求不同于大众需求的方面。

9.3.2 消费者特征分析

客户行为特征信息并不是简单的数据,而是通过建立客户行为模型,利用数据挖掘处理客户静态数据与动态行为数据而得出的客户行为特征信息。因此,客户行为特征信息往往难以直接采集和获得。

1. 目标消费群体分析

目标消费群体是企业产品的主要消费人群,例如,如果某企业生产的是导航仪,那么该产品的目标消费群体就是有车一族;如果某企业生产的是英语学习机,那么该产品的目标消费群体就是中小学生以及他们的家长。目标消费群体分析可以说是客户定位的一种方式。

"销售销到需求上"是商业上的不变法则。有需求的客户会有很强的购买欲,例如,小区里的居民每天都要买菜,每天都会用油、盐等,这些都是生活必需品,这些物品被用完时,就是最合适的销售时机。通过对手中客户的大数据进行分析,抓住客户的基本需求,能够有效地锁定这些目标消费群体。

目标消费群体的特征可以细分为多个维度,如性别、年龄、星座、职业、上网时间、买家等级等,如图9-2所示。

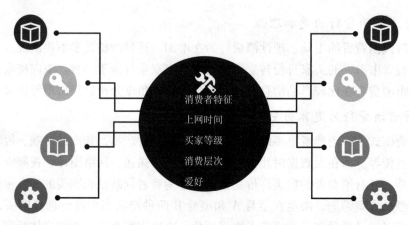

图9-2 大数据下买家具备的特征

(1) 性别。首先要明确目标客户群的性别是什么,例如,销售男装,目标客户群不只是男性群体,有数据显示,有 40% 左右的男装购买人群为女性。除此以外,不同的组合会有不同的定位,例如,情侣装、亲子装就是性别定位下的延伸品。

(2) 年龄。人生不同阶段的奋斗目标和生活水平有很大不同,所以不同年龄段的人群的消费水平也不同,如表 9-2 所示。

表 9-2　不同年龄段人群的消费特征

年龄段	消费水平和消费观念
18~23 岁	消费者大多为在校学生,有一定的消费基础,但由于消费的是家长的钱,所以他们在性价比上有较高的追求,但家庭条件比较好的客户可能喜欢昂贵的商品
24~35 岁	消费者多刚刚走出校门或处在升职期,往往需要构建家庭和为以后打算,所以这个人群是最有消费能力的,但是迫于家庭的压力等因素,这部分人消费能力受到一定限制
36~55 岁	消费者通常不会轻易在自己身上花费太多,而在为父母、子女购买商品时,偶有大手笔的投入,消费能力呈现上升趋势
56 岁以上	因网络使用问题、消费观念的淡化等原因,消费能力略有下滑

(3) 星座。这一特征特别适用在年轻一族,对于那些相信星座的消费者,有时候,商品名称加上星座幸运物或者幸运款,转化率可能会异常高。

(4) 职业。不同职业的消费群体除了其职业化的功能性、风格性用途之外,更重要的是不同职业的消费群体的消费水平也不同。

例如,收入较高的白领或金领,他们具有一定的消费能力,对于这样的受众人群,定位和定价要相对偏高;而那些收入相对较低的受众人群,往往更加追求产品本身的性价比,因此对这样的受众人群,定价和定位应相对较低。

(5) 上网时间。人们生活、工作的快节奏,使得上网时间呈现碎片化。因此,卖家通过对消费者上网时间的大数据分析,找到访问高峰。例如,睡前时间活跃用户一般达到高峰,这样电商平台可以抓住这一时间节点,推送商品及优惠,合理利用有限的屏幕空间来传递出核心信息。

(6) 买家等级。不同的买家等级会有不同的特点,比如新手买家,他们可能不会看销量、不懂看评价、不懂 DSR,只要商品展现在他面前,他感觉不错就下单了。而高等级的买家购买经验丰富,下单前会认真查看评价、销量,甚至会看 DSR。

(7) 消费层次。通过对买家消费层次的分析,可以了解到购买该产品的买家支出位于高价位、中价位或是低价位,这样,卖家在面向大多数消费者制定套餐时,会给出合理的价位,既不需要为求销量而把价格定得过低,也不会为高利润将价格定得过高。

(8) 爱好。通过对买家爱好项目的分析,可以了解到该产品与哪些其他消费项目具有比较密切的喜好关联性,作为卖家来说,如果自己能够对相关知识有所涉猎,在和顾客交谈时,很可能有更多的话题,进而和顾客建立起更密切的关系。

2. 消费者行为习惯

习惯是每一个消费者都具有的生活共性,很多习惯一旦养成就很难改变。例如,习惯穿运动装、习惯喝果汁等,因此,在定位目标消费群体时,对消费者的行为习惯、使用习惯进行深入的调查分析是非常必要的。同时,通过对客户行为习惯的分析可以使企业定位某一类型的客户,有针对性地开展营销活动。

3. 消费者心理分析

通过沃尔玛"啤酒+尿不湿"的案例不难发现,消费者的消费行为就是在相应的心理活动之后产生的,那么谁先发现了客户的心理,谁就抢占了先机。但是消费者的特征并不是一成不变的,不同性别、年龄、身份的客户,其消费行为、购买心态有很大的区别,表9-3、表9-4、表9-5就是对这三类消费者心理分析的归类。

表9-3　不同性别顾客的心理特征

顾客类型	心理特征
男顾客	购买动机一般具有被动性;有目的、有理智地采购;商品以质量为主,价格其次;交易迅速,缺乏耐心
女顾客	购买动机具有冲动性和灵活性;商品挑选比较细致;购买行为易受到情绪和外界因素的影响;选择商品注重外观、质量,价格其次

表9-4　不同年龄顾客的心理特征

顾客类型	心理特征
青年顾客	对时尚消费品较为敏感;购买具有明显的冲动性,易受外界影响;购买优先考虑外观,其次是价格和质量;一般是新产品的第一批购买者
中年顾客	购买行为偏理性;购买商品以经济实惠为主;乐于购买经别人证实经济适用的新商品
老年顾客	习惯购买已用习惯的商品;购买习惯稳定,不易受外界干扰;倾向方便舒适的购买过程;对健康实惠的商品比较敏感

表9-5　不同身份顾客的心理特征

顾客类型	心理特征
学生	喜欢购买稀奇的、没见过的商品
知识分子	一般喜欢造型雅致、美观大方的商品
工人、农民	一般喜欢经济实惠、坚固耐用的商品
文艺工作者	大多喜欢造型优美、别具一格、具有艺术美感的商品

需要注意,这三个表只是列举了每种消费者的普遍特征。其实大数据里还能透露出更多的消费者特征信息,只要深入分析,就会挖掘出更多的买家特征。

任务4　大数据下产品属性分析

9.4.1　产品和产品属性

1. 产品

按传统概念，产品是具有某种特定物质形状和使用价值的物品，是生产观念对产品的诠释，如汽车、冰箱、打字机、食品。传统意义上的产品强调物质属性，一般被描述成由劳动创造、具有使用价值、能满足人类需求的有形物品。

现代营销观念认为产品不再限于物质形态和具体用途，而被归结为人们通过交换而获得的需求满足，归结为消费者需求的实际利益，即产品包括提供给市场、能够满足消费者或用户某一需求和欲望的任何有形产品或无形产品。

产品的整体概念可以从五个方面来理解：核心产品、形式产品、希望/期望产品、延伸产品、趋势/潜在产品，如图9-3所示。

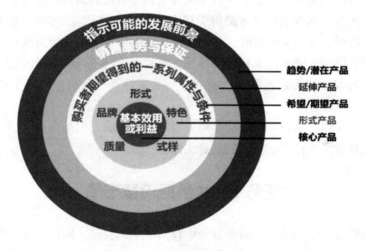

图9-3　产品的整体概念

以电视机为例，其核心产品是满足视听需要；形式产品是能显像放音的薄型箱体，最好是名牌产品；期望产品是有清晰的图像、悦耳的声音、良好的操作性；延伸产品包括商家的安装、维修等售后服务以及精美细致的说明书等；趋势产品或潜在产品是全息投影、AI电视等。

产品的整体概念指明了产品是有形特征和无形特征构成的综合体，产品的差异化和特色是市场竞争的重要内容，而产品整体概念五个层次中的任何一个要素都可能形成与众不同的特点，因此，商家需要把握好产品的整体概念，以买家需求为中心，把握好产品的五个层次。

2. 产品属性

属性，就是某个商品的特性，属性值即属性的具体内容。

产品属性是指产品本身所固有的性质,是产品在不同领域差异性(不同于其他产品的性质)的集合。也就是说,产品属性是产品性质的集合,是产品差异性的集合。

决定产品属性的因素,主要包括需求因素、消费者特性、市场竞争、价格档次、渠道特性、社会属性、安全属性、法律政策、传播手段等。其中每个因素在各自领域分别对产品进行性质的规定。产品在每个属性领域所体现出来的性质在产品运作的过程中所起的作用不同,地位和权重也不同,呈现在消费者眼前的产品就是这些不同属性交互作用的结果。

产品属性在一定程度上决定了消费者体验的心理属性。产品从属性上大致可以分为感性商品、理性商品和介于感性和理性之间的商品。而与之相应的不同顾客心理属性也越来越多地成为营销成败的关键因素。因此,商家必须根据自身的产品属性来营造与目标消费群体心理属性相一致的体验,从而让自己的产品成为能与消费者产生共鸣的生活同感型产品。

对于电商平台来说,属性主要是商品的品牌、尺寸、大小、颜色等;对于品牌属性而言,其属性值可以为李宁、安踏等。

9.4.2 产品属性分析

一般来说,可以利用阿里指数、生意参谋等工具分析产品属性。以淘宝为例,淘宝最常见的宝贝取名方式为"属性关键字+品牌关键字+促销关键字"。此外,对于买家来说,最关注的就是产品特征,在淘宝购物时,首先会在搜索页中输入描述宝贝属性的词汇,比如早教故事书、空顶太阳帽、蕾丝连衣裙等。可见,属性关键字是宝贝标题中非常重要的词汇,它直接决定着是否容易被买家搜索到。通过对产品属性进行分析,可以了解买家的真实需求,并为其进行精准推荐。

对于一款产品来说,品牌关键字和促销关键字都很明确,但是属性关键字就非常多,因此,属性词的选择成了优化产品标题的重要工作。

任务5 大数据流量布局

流量是店铺能否在激烈的电子商务竞争中存活下来的关键。因此,如何引流、合理进行流向布局是众多商家需要解决的首要问题。本节将以淘宝网为例对店铺流量进行分析,包括对各种流量的解读及流量分析工具的应用。

9.5.1 流量构成

店铺流量指的是店铺中的访客数量,消费者访问店铺的数量多,意味着该店铺的流量大;消费者访问店铺的数量小,意味着该店铺的流量小。消费者进入店铺的途径是多方面的,一般来说可以分为四种类型:通过自然搜索进入、通过付费引流进入、通过站内其他途径进入、通过站外途径进入。即店铺有四大流量来源:免费流量、付费流量、站内流量和站外流量。

1. 免费流量

免费流量是指消费者直接通过关键词搜索等途径进入店铺中的流量。这类流量是店铺最需要的流量,是店铺通过关键词优化、主图优化等方式获取到的网络自然流量,流量的精准度和质量往往较高。免费流量主要来自直接访问、商品收藏、购物车、已买到的商品等途径。

2. 付费流量

付费流量是指通过付费投放广告的方法引入的消费者流量。这类流量精准度比较高,更容易获取。淘宝常见的付费推广工具有淘宝客、直通车(图9-4)、钻石展位等,此外也可以通过各种付费活动(聚划算、淘金币、天天特价等)来获取流量。

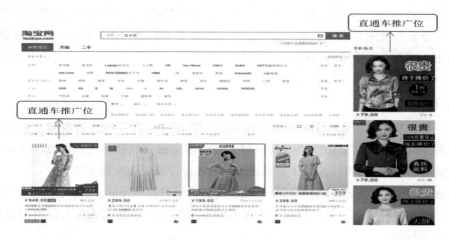

图9-4 直通车推广位

3. 站内流量

站内流量是指通过电子商务平台获取的流量,也是店铺流量最重要的构成部分。站内流量也有免费与付费之分,淘宝的站内流量主要包括微淘(图9-5)、淘宝头条(图9-6)等淘宝官方互动交流平台。

图9-5 手机淘宝"微淘"　　　　图9-6 淘宝头条

4. 站外流量

站外流量可以为店铺带来潜在的消费群体，它大多来自贴吧、论坛、社区、微博等。这类流量的精准度不高，但在提升店铺品牌影响力方面可以发挥巨大的作用。

9.5.2 关键词分析

免费流量是店铺赖以生存的流量来源，这种自然流量绝大部分是通过关键词搜索来访问的（有的消费者会通过类目来寻找商品），消费者搜索关键词，然后根据设置的搜索规则用淘宝搜索引擎进行搜索并显示结果。其中，关键词即商品标题包含的词语，商品标题必须符合市场需求，才会有消费者进行搜索。同时，关键词还必须符合淘宝搜索规则，才能使商品排名靠前，这就需要对关键词进行优化。

1. 关键词分类

关键词即消费者在搜索商品时所输入的词语。若商品标题中包含消费者搜索的关键词，商品就可能出现在搜索结果中让消费者访问。淘宝规定每一款商品的标题文字不能多于30字，因此在竞争搜索流量时，这30个字如何组织和设计需要商家慎重考虑。

商品标题中的词语根据作用不同分为核心词、长尾词和修饰词三类，如果经营的是品牌商品，则还会涉及品牌词。只有理解了关键词的主要类型，才能完成对关键词的有效组合，设计出更好的标题。

一般来说，为了更好地匹配消费者输入的关键词，商家会尽量将标题设置为最大容量的30个字，综合使用核心词、长尾词和修饰词，如"加绒加厚牛仔裤女2019新款韩版显瘦冬季高腰弹力大码黑色小脚裤子"。消费者输入的关键词与标题的部分内容匹配，则该商品就可能出现在搜索结果中。

2. 淘宝搜索规则

为更好地设计商品标题，以便更容易地被消费者搜索到，这就需要对淘宝搜索规则有所了解。淘宝搜索规则并不是固定不变的，为了使消费者快速找到满意的优质产品，同时让商家能够享受平台的公平和公正，淘宝搜索引流会不断进行优化。例如，2009年之前，淘宝搜索规则侧重商品的下架时间，2009年开始侧重动态评分，2011年侧重淘宝分词和转化率，2013年又侧重个性化搜索等。

但是，无论怎样变化，影响淘宝搜索排序的因素始终体现在以下几个角度，如表9-6所示。

表9-6 影响淘宝搜索排序的因素

影响因素	具体内容
商品角度	转化率、加购率、收藏率、动销率、销量、商品与描述相符等
服务角度	纠纷率、客服态度、咨询转化率、客户响应时间、客服在线时长、退款纠纷率、退款时长、发货速度等

续表

影响因素	具体内容
运营能力角度	成交量、销售额、店铺层级、商品属性相关性、类目相关性、下架时间安排、橱窗推荐、违规降权、UV 价值、营销策划、活动安排与规划、付费推广预算、关键词选择等
视觉角度	点击率、跳失率、页面停留时间、平均访问深度等
人群角度	个性化因素、复购率、人均购买件数等

3. 关键词质量分析

关键词质量好坏与否,与以下几个指标密切相关,如表 9-7 所示。

表 9-7 关键词质量评价指标

关键词质量评价指标	具体内容
搜索指数	代表市场需求,搜索指数越高,需求量越大
搜索指数趋势	代表未来趋势,如果某关键词目前搜索指数很高,但未来趋势直线下滑,则说明这个词没有长时间持续引流的趋势,需要注意对其进行更换优化
点击率和转化率	只有搜索需求,若不能形成有效的点击和转化,最终也无法形成交易。所以关键词不能只关注搜索率,更要关注代表购欲和成交率的点击率和转化率
人群精准度	淘宝将个性化搜索加入搜索引擎中,形成了千人千面的效果,即同一关键词,不同人群搜索到的结果各不相同
商品精准度	从商品属性和卖点出发,商家选择的关键词必须与商品高度吻合,否则会影响到点击率和转化率等指标
竞争度	关注商家之间的竞争能力,如果实力不如竞争对手,淘宝将展示竞争对手的商品。因此,竞争力不足的商家,应尽力避开竞争,选择适合自己商品的关键词

4. 关键词优化

商家找到了高质量的关键词,还需要对其进一步优化,才能充分发挥这些关键词的作用,合理引流。一般可以从以下几点优化关键词。

(1) 避免内部竞争。很多商家在优化新款商品时,老款商品就慢慢退出了市场。这种情况往往是因为商品内部竞争导致的,因此一定要根据同类型商品的不同人气、人群、价格等属性,合理安排关键词,尽量避免内部竞争。

(2) 合理安排竞品。根据商品竞争力的不同,商家应合理安排核心关键词。竞争力较弱的商品要以长尾关键词为主,主要考虑覆盖率。关键词覆盖率越广,曝光率就越强、竞争力较强的商品要以热词和高转化率词为主。主要考虑引流能力,引流能力越强,销量就越多。

(3) 匹配个性需求。根据商品对应的消费者区域、性别、消费主张、爱好偏向、消费能力、浏览行为、购物习惯等,商家来匹配关键词。

(4) 组合标题。有了高质量的关键词后,商家就需要将其组合成标题。关键词的组合也应建立在关键词的分析上,如"碎花长裙和长碎花裙""秋冬连衣裙和连衣裙子秋冬",这两组关键词的引流能力、竞争情况都是不一样的,商家需要根据商品的实际情况进行选择和组合。

任务6　大数据电商平台算法

做好电商平台的第一步就是要了解平台,了解平台并不仅仅是单纯地了解物流、佣金等,还要真正了解、学习各个平台的算法(排名规则/SEO),了解了平台的算法,才会知道排名规则,店铺流量才会上去,进而增加转化率、提高店铺利润。下面主要介绍淘宝的"千人千面"算法和亚马逊的"A9"算法。

9.6.1　淘宝"千人千面"

以往点开淘宝首页,大家看到的是同样的页面和内容。搜同一商品关键词,所有人结果也一样。千人千面是淘宝最新的一种智能排名算法,根据淘宝网站的解释,千人千面即定向推广依靠淘宝网庞大的数据库,构建出买家的兴趣模型。它能从细分类目中抓取那些特征与买家兴趣点匹配的推广宝贝,展现在目标客户浏览的网页上,帮助商家锁定潜在买家,实现精准营销。例如,有一买家喜欢波西米亚蕾丝花边连衣裙,那么,当此买家来到定向推广页面时,系统就会在连衣裙类目里选出具有波西米亚、蕾丝、花边特征的宝贝展现给他。

千人千面的起因,一是淘宝从PC向移动端的转变,终端内容展示、用户使用习惯都发生了变化;二是淘宝产品同质化严重,商家热衷流量玩法,对品质、特色和服务重视不够;三是移动端流量竞争激烈,任何不好的用户体验,随时会丢失流量。在PC上,屏幕较大,但页面能展示的商品有限,尤其首页。手机屏幕较小,普通卖家上首页的可能几乎为零。有了千人千面算法后,每个人有自己的首页,各种特色商品不花钱也有机会进入首页和各频道首页去获取大量流量。千人千面算法契合了电商场景化、内容化、社交化、社会化的趋势。

与传统搜索算法相比,千人千面算法对用户个性习惯、浏览关注足迹、购买过类似风格、加购过、收藏过、点击过、停留过、最近浏览过,甚至朋友圈购买习惯等数据都能抓取。其算法逻辑是根据双方的习惯数据来推送商品,而不是只根据商品的数据来搜索抓取,这一点尤其需要重视。以前店铺要布局好宝贝关键词,等买家来搜索到,而现在店铺需要布局好宝贝的标签,以使千人千面算法把宝贝推送给更多适合的人。这种"由等到送"的转变是千人千面最具革命性的进步。

因此,如果店铺想在千人千面算法中占据优势,首先需要考虑的是如何使店铺快速打上最多最精准的标签。对店铺商品进行有效的标签布局和优化,给店铺和宝贝贴上最多和消费人群相同的标签,店铺宝贝就会出现在更多精准人群的手机上,店铺的流量和转化率就会提升,店铺订单、利润也会同步增加。

9.6.2　亚马逊"A9算法"

亚马逊是一个重单品轻店铺的平台,A9算法是亚马逊搜索算法的名称,简单来说就是:每上传一件商品,平台就会给一定的自然流量,产品描述越好,越受人喜欢,下单越快越多,好评率越高,给的流量也会更多,进而使得转化率越高,亚马逊就越会把该产品排名靠前,于是产品也就会卖得越来越好,如图9-7所示。

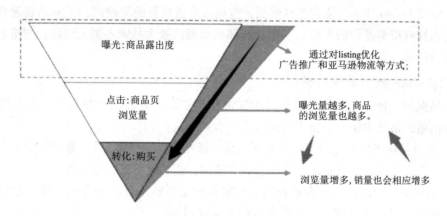

图9-7 亚马逊A9算法

A9的排名主要关注三个领域:产品搜索排名、视觉搜索排名、广告搜索排名。产品搜索排名这一部分,A9主要包括两方面内容:一是对产品进行分类排名,包括卖家们所熟知的BSR、类目和不同关键词下的排名等;二是对搜索结果进行反馈,即当有买家搜索某个关键词或者点击某个类目搜索,决定展示些什么内容。因此,在A9算法中,排名是先于搜索存在的,搜索出来的结果只是反馈排名的内容。

为确保客户能最快最精确地搜索到"想要购买的产品",亚马逊会分析每一个客户的行为并记录。A9算法根据这些分析并最终执行买家最大化收益。一般来说,影响亚马逊的排名因素归类为三种:

第一,转化率——这是亚马逊衡量的跟转化率相关的影响因素,包括销量排名、买家评论、已回答问题、图片尺寸、质量和价格等。

第二,相关性——包括标题、产品卖点和产品描述等,A9算法的第一步是搜集结果,再决定如何排列。相关性会告诉A9何时将你的产品页面引向给定的搜索关键词。

第三,买家满意率和留存率——一方面,让买家成为回头客,就是要买家满意;另一方面,亚马逊认为最大化RPC来自买家留存率,包括Feedback和订单缺陷率等方面。

目前,亚马逊已经将A9算法升级为A10算法,亚马逊将为利润更高的listing提供优先排名,其中,亚马逊自营品牌产品占据较高的权重,这就会使自然搜索产品listing排名出现下跌情况。

A10算法决定排名因素也将关键词、产品评论等考虑在内,消费者行为和相关性权重加大,而赞助广告权重降低。具体包括:卖家影响力(seller authority)、站内销量、曝光次数(广告展示的次数)、站外销量、转化率、销售历史、自然(搜索)销量、PPC销量等。这些变化对主要依靠自然搜索销售产品的商家而言影响较大。对此,商家可以采取以下措施提高排名。

1. 销售更高利润的产品

亚马逊A10算法对高利润产品有偏向性,因此,卖家可从此处入手,投资亚马逊看重或偏向的产品，以便推广品牌，获得更高的曝光度。

另外，选品是关键，无论卖家是否使用亚马逊 FBA 物流，都应知道如何选择畅销产品。方法有：使用 Google Tends 搜索产品数据，包括搜索量增长的关键词，了解消费者现阶段需求；避免选择有很多差评的产品；不要选择那些市场已被大品牌占据的产品；浏览各大电商平台的畅销产品。

2. 为 listings 找到最佳关键词

在产品标题、描述、产品卖点和后端区域使用正确、合适的关键词，这是获得靠前排名、增加销量的最佳方法。商家可以从以下三方面改进。

（1）使用互补产品关键词。所谓互补产品，即在搜索结果中，"经常一起购买"下方展示的产品。在产品 listing 中添加这类产品的关键词，能够吸引潜在消费者。

（2）利用亚马逊的真实搜索量数据。卖家在搜索栏输入自己的产品名称，创建"关键词建议"清单，以此为基础，打造卖家自己的关键词 list。

（3）使用关键词调查工具。如亚马逊提供的 Sonar，免费获得每月的关键词搜索量、相关产品、相关关键词等数据。而 Amazon Keyword Planner 利用"搜索建议"的数据，生成一系列长尾关键词。还有一款免费工具是 Google's Keyword Planner，可以帮助卖家找到相应的关键词，查看搜索量的分析结果，但卖家需要利用这个工具创建一个免费的 AdWords 账号。

3. 优化产品 listing

创建产品 listing 时，卖家要时刻以消费者为关注点。

（1）产品标题。这是 listing 最重要的部分。标题开头要有最相关、最重要的关键词；关键词不要重复；添加有用的细节，吸引消费者点击 listing；要保证标题相关、意思明确、表达准确。

（2）产品特征要点。卖家可借这一版块与其他类似产品区分开来，告诉消费者自家产品卖点或优势在哪里；不要使用标题中的关键词；每一条产品卖点包含一个关键词，信息度和相关性高的产品卖点有利于提高转化率。

（3）产品描述。描述不影响排名，但会影响访客的浏览时长；卖家在这一板块可描述产品的用途、优势，鼓励消费者立即下单。

（4）后端关键词。后端关键词是专为亚马逊卖家提供的产品其他信息，消费者是看不到的。优化后端关键词有助于引流。亚马逊限制后端关键词在 250 词以内，因此，后端关键词设置应尽量不要使用标题、描述和产品卖点中的关键词；不要使用标点符号分隔关键词，避免浪费空间。这 250 个词不会影响消费者体验，但可以提升 listing 排名。

4. 站外引流

卖家不要只依靠亚马逊内部流量，还要合理利用站外流量，以增加竞争力。如与社交红人合作，推广产品；加入相关社群或论坛；在社交媒体上定期发送（产品）文章；在博客上推出产品相关内容；与亚马逊相关的营销公司合作；各大网站平台上推送消费者博客（与产品相关），增加同类消费者人数等。

另外，卖家也可以做自建站，只销售自己的产品，或者借其推广亚马逊平台上的产品。

项目实训

课内实训项目
任务1 使用百度指数查看人群画像

百度指数是以百度网民行为数据为基础的数据分享平台。百度指数能够展示某个关键词在百度的搜索规模,一段时间内的涨跌态势,以及关注这些词的网民构成等丰富的数据。其主要功能模块包括基于单个词的趋势研究、需求图谱、人群画像,以及基于行业的搜索指数整体排行和资讯指数整体排行。

百度指数的人群画像功能分为地域分布和人群属性两个版块。其中,地域分布主要显示关键词在全国各省份和城市的排名情况;人群属性则显示关键词在各年龄阶段和不同性别人群的搜索分布情况。这里重点介绍运用百度指数查看人群画像的方法。

【实训目的】
掌握百度指数的使用方法;借助直接观察法分析数据。

【实训要求】
登录百度指数网站,通过设置汽车音响关键词,利用百度指数的人群画像功能分析该产品的搜索人群年龄、性别等属性。

【实训步骤】
(1) 登录并设置关键词。进入"百度指数"官网,输入账号、密码并登录,搜索框输入关键词"汽车音响",单击"开始探索",如图9-8所示。

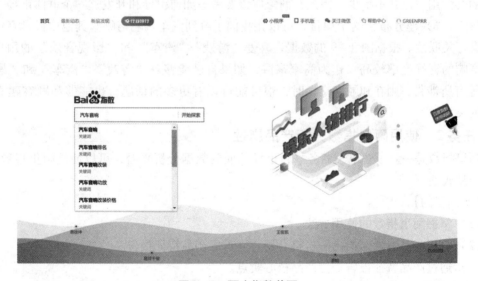

图9-8 百度指数首页

(2) 分析人群画像数据。单击"人群画像",得到"汽车音响"人群画像年龄、性别和兴趣分布数据,如图9-9所示。

从图9-9可以看出。第一,自2020年4月1日至2020年4月30日,对"汽车音响"有最高喜好度的是20~29岁区间的人群。从人群占比来分析,20~29岁和30~39岁区间分别占据了近55%和25%的比重,占比总计接近80%,因此,也可以说20~39岁是商家最理

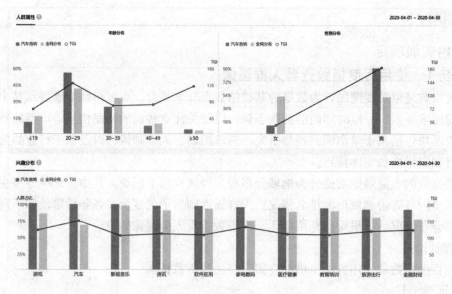

图9-9 "汽车音响"人群画像

想的目标客户群。

第二,从性别比例上来看,可以发现男性用户较女性占据绝对优势,但也必须注意到,尽管搜索汽车音响的用户大多数都是男性,依然有近四分之一的搜索者是女性用户;即便考虑到部分男性用户可能是使用伴侣的账号去搜索汽车音响,但从绝对数量上而言,关注汽车音响的女性用户也并不稀少,因此,商家应该要考虑如何引导和开发这一个群体市场。

第三,"兴趣分布"这个项目,可以让我们了解到汽车音响与哪些其他项目具有较为密切的喜好关联性。根据图9-9的数据,喜爱"游戏""汽车"和"影视音乐"的用户,对汽车音响的喜好度都较高。作为商家来讲,如果自己能够对"游戏""汽车"和"影视音乐"等有所涉猎,则在和顾客交谈时,很可能可以有更多的话题,也能够和顾客建立起更密切的关系。

任务2 使用阿里指数分析产品属性

阿里指数是一款了解电子商务平台市场动向的数据分析平台,可以使用阿里指数工具,分析产品属性。

【实训目的】

(1)掌握阿里指数的使用方法。

(2)分析产品属性,给出一份符合用户需求的产品特征报告。

(3)通过产品特征报告挖掘产品核心卖点。

【实训要求】

进入阿里指数网站,利用阿里指数分析产品属性,给出一份符合用户需求的产品特征报告,并通过产品特征报告挖掘产品核心卖点。

【实训步骤】

(1)打开阿里指数网站,如图9-10所示。

(2)输入关键词"女士T恤",单击进入,选择属性细分,即可得到产品属性相关数

项目9 大数据精准营销

图9-10 阿里指数首页

据,如图9-11、图9-12、图9-13所示。

图9-11 产品热门基础属性

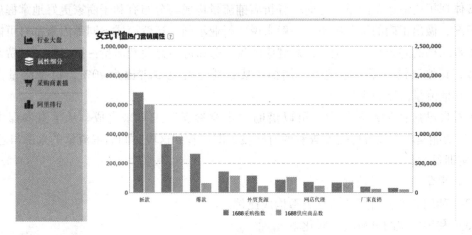

图9-12 产品热门营销属性

通过图示可以得出以下结论。

第一,最近30天,女式T恤行业在1688市场的热门袖长为长袖、短袖、无袖、五分袖/中袖、七分,商家可以参考热门属性预测值与自身情况,销售更加符合市场潮流的商品。

第二,最近30天,女式T恤行业的热门营销属性为新款、创意款、爆款、时尚潮人、

·205·

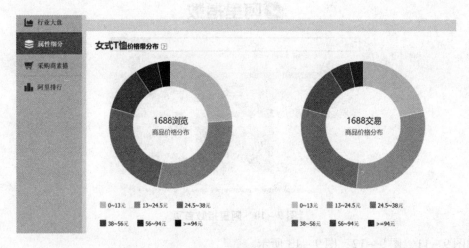

图 9-13 产品价格带分布

外贸货源,商家设置产品关键词时可结合实际并综合考虑以上属性,优化关键词。

第三,最近 30 天,1688 市场的女式 T 恤行业,买家浏览最多的商品价格带为 13~24.5 元,采购最多的商品价格带为 13~24.5 元,商家可根据这一属性调整售价。

(3) 撰写产品特征报告,挖掘核心卖点。通过对以上数据加以分析,商家需要明确市场需求,并结合自身店铺定位,确定好宝贝款式,优化关键词,并形成符合用户需求的产品特征报告,进而挖掘产品的核心卖点。

任务 3 分析店铺流量构成比例

免费流量、付费流量、站内流量和站外流量四大基本流量是店铺的主要流量来源,其构成直接体现了店铺运营的重点方向。分析店铺流量构成与分布有利于商家更好地掌握店铺的运营情况,做出正确的运营决策。一般来说,行业不同、运营模式不同等因素都有可能造成店铺流量结构的差异性。理论上,最健康的流量分布应该是免费流量占据多数,付费流量占据少数,其他流量占据一定比例。例如,某店铺免费流量占比为 70%,付费流量占比为 25%,其他流量占比为 5%。

查看自己店铺的流量情况,可以借助"生意参谋"工具来完成。从生意参谋中进入"流量"功能模块,设置好需要查看的时间段,即可看到这段时间店铺流量的来源与趋势。

【实训目的】

(1) 采集店铺流量数据。

(2) 利用图表分析店铺流量类型构成比例。

(3) 利用柱状图分析流量转化率。

【实训要求】

利用生意参谋工具获取店铺的流量数据,采集并整理到表格中。创建图表分析该店铺各种流量的构成比例,创建柱状图分析不同流量的转化率对比数据。

【实训步骤】

(1) 设置查看日期和流量入口。

项目9 大数据精准营销

进入生意参谋的"流量功能"板版块,单击左侧导航栏中的"店铺来源",将日期设置为"30天",将流量入口设置为"移动端",如图9-14所示。

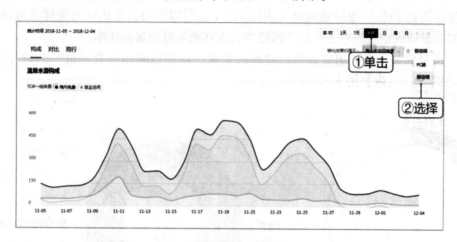

图9-14 设置日期和流量入口

(2)采集数据。在"流量来源构成"版块中选择"访客数"和"下单转化率"两个指标,然后单击"淘内免费"选项左侧的蓝色按钮将其下数据折叠,复制当前流量来源数据,如图9-15所示。

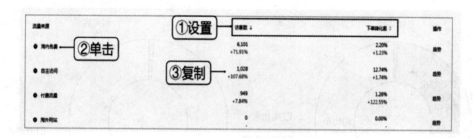

图9-15 设置指标并复制数据

(3)整理数据。返回生意参谋,依次展开"淘内免费""自主访问"和"付费流量"下的数据,将其分别复制到表格中进行整理并适当美化,如图9-16所示。

流量来源	访客数	下单转化率	淘内免费流量来源	访客数	下单转化率	自主访问流量来源	访客数	下单转化率	付费流量来源	访客数	下单转化率
淘内免费	6106	2.20%	手淘搜索	4978	1.45%	购物车	592	18.24%	直通车	938	1.17%
自主访问	1028	12.74%	手淘拍立淘	581	4.82%	我的淘宝	591	8.29%	淘宝客	9	11.11%
付费流量	949	1.26%	淘内免费其它	544	8.09%	直接访问	10	10.00%	智钻	1	0
淘外网站	0	0	手淘首页	169	2.96%				聚划算	1	0
海外APP	0	0	手淘其它店铺商品详情	85	14.12%						
其它来源	0	0	手淘找相似	79	6.33%						
站外投放	0	0	手淘问大家	72	12.50%						
			手淘我的评价	37	5.41%						
			手淘消息中心	30	20.00%						
			手淘旺信	27	18.52%						
			手淘微淘	9	0						
			手淘其它店铺	5	20.00%						
			WAP淘宝	1	0						

图9-16 整理数据结果

(4) 分析流量构成。以流量来源和访客数为数据源创建图表,如图9-17所示。

从图9-18可以看出,该店铺的主要流量包括三类:淘内免费流量(占比75%)、自主访问流量(占比13%)和付费流量(占比12%)。可以得出,该店铺的整体流量结构较为正常,但流量构成相对简单,可以考虑适当引入其他流量增加转化率。

(5) 流量细分。选择相应数据创建淘内免费、自主访问和付费流量三个细分结构图,如图9-18、图9-19、图9-20所示。

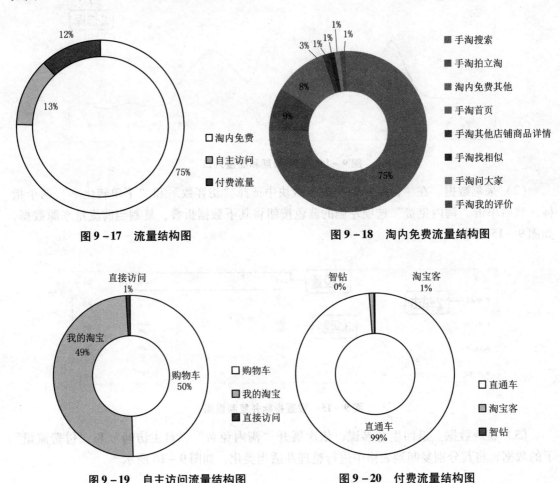

图9-17 流量结构图　　　　　图9-18 淘内免费流量结构图

图9-19 自主访问流量结构图　　图9-20 付费流量结构图

可以看出,手淘(手机淘宝)搜索是该店主要的淘内免费流量来源;购物车和我的淘宝是自主访问流量的主要来源;直通车是付费流量的主要来源。

(6) 转化分析。以流量来源和下单转化率为数据源创建柱形图,如图9-21所示。

从图9-21可以看出,淘内免费流量和付费流量的转化率都不高,说明商家需进一步对商品详情页进行优化,留住消费者,提高转化率。同时,商家还需要考虑商品标题、商品主图与商品详情页的匹配度,确认其描述是否一致,进而确保流量的精准度。自主访问流量的转化率为12.74%,说明店铺"回头客"的转化率比较好,商家可加强对店铺会员的管理,利用好老客户资源。

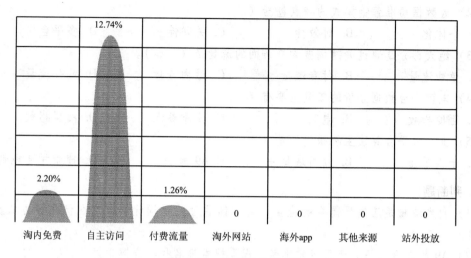

图 9-21　下单转化率对比

课外实训项目

【实训目的】能够运用阿里指数、生意参谋等工具对买家行为、产品属性及店铺流量分布进行数据采集和分析,以提升精准营销效果。

【实训内容】

(1) 使用阿里指数分析男装牛仔裤行业数据。登录阿里指数网站,通过设置男装牛仔裤行业,利用阿里指数的行业指数功能对男装牛仔裤的搜索词排行、热门地区、消费者和商家情况进行分析。

实训步骤:登录并设置行业;搜索词排行数据分析;热门地区数据分析;买家概况数据分析;卖家概况数据分析。

(2) 使用阿里指数分析产品属性。进入阿里指数工具,选择类目中一款产品,分析属性。

实训步骤:分析产品属性,给出一份符合用户需求的产品特征报告;通过产品特征报告挖掘产品核心卖点。

(3) 使用生意参谋分析店铺流量。通过淘宝商家中心打开生意参谋工具,并对流量和品类数据进行查看和分析。

实训步骤:设置查看日期和流量入口;采集并整理店铺流量数据;分析店铺流量构成,并提出优化店铺流量建议。

【实训总结】

通过实训,掌握大数据下买家行为分析、产品属性分析及店铺流量分析的方法,恰当运用数据分析工具采集相关数据,并进行分析,以提升精准营销效果。

课内测试

1. 选择题

(1) 店铺流量一般有(　　)。

A. 免费流量　　　　B. 付费流量　　　　C. 站内流量　　　　D. 站外流量

(2) 大数据精准营销模式的特点包括（　　）。
A. 个体化　　　　　B. 时效性　　　　　C. 关联性　　　　　D. 多平台
(3) 绝大部分是通过关键词搜索来访问的流量是（　　）。
A. 免费流量　　　　B. 付费流量　　　　C. 站内流量　　　　D. 站外流量
(4) 电商平台数据分析的工具主要有（　　）。
A. 百度指数　　　　B. 电霸　　　　　　C. 生意参谋　　　　D. 阿里指数
(5) 亚马逊平台算法主要采用的是（　　）。
A. 千人千面　　　　B. 豆腐块算法　　　C. A9 算法　　　　D. 搜索排名规则

2. 判断题
(1) 付费流量是店铺最需要的流量，是店铺通过关键词优化、主图优化等方式获取到的流量。（　　）
(2) A9 排名重点关注产品搜索排名、视觉搜索排名和广告搜索排名。（　　）
(3) 大数据精准营销与传统营销模式没有实质上的区别。（　　）
(4) 大数据时代，消费者的消费行为更加理性。（　　）
(5) 查看自己店铺的流量情况，可以借助生意参谋工具完成。（　　）

3. 简答题
(1) 大数据精准营销的关键要素是什么？
(2) 生意参谋有哪些功能？它只能分析店铺内部的数据吗？
(3) 浏览量与访客数有什么区别？
(4) 大数据精准营销的价值体现在哪些方面？
(5) 阿里指数和百度指数是相同或类似的数据分析工具吗？若不是，二者的区别在哪里？各有什么特点？

参考文献

[1] 李莉. 网络营销[M]. 厦门：厦门大学出版社，2020.

[2] 刘芸，汤晓鸿. 网络营销与策划[M]. 北京：清华大学出版社，2020.

[3] 李红新，李静. 网络营销与实践[M]. 西安：西安交通大学出版社，2020.

[4] 刘新燕，陈志浩. 网络营销[M]. 武汉：华中科技大学出版社，2020.

[5] 何晓兵，何杨平，王雅丽. 网络营销——基础、策略与工具[M]. 北京：人民邮电出版社，2020.

[6] 陈广明. 网络营销实战[M]. 北京：中国人民大学出版社，2020.

[7] 史达. 网络营销[M]. 5版. 大连：东北财经大学出版社，2020.

[8] 李贞，刘婷婷. 网络营销[M]. 上海：华中师范大学出版社，2019.

[9] 田玲. 网络营销理论与实践[M]. 3版. 北京：北京交通大学出版社，2019.

[10] 冯英健. 新网络营销[M]. 北京：人民邮电出版社，2018.

[11] 冯英健. 网络营销[M]. 北京：高等教育出版社，2021.

[12] 余涛. 网络营销推广[M]. 北京：机械工业出版社，2017.

[13] 潘维琴. 网络营销[M]. 3版. 北京：机械工业出版社，2016.

[14] 王涛. 网络营销实务[M]. 2版. 北京：机械工业出版社，2016.

[15] 李成钢. 网络营销实务[M]. 2版. 北京：中国纺织出版社，2016.

[16] 刘向晖. 网络营销导论[M]. 3版. 北京：清华大学出版社，2014.

[17] 钱旭潮，汪群. 网络营销与管理[M]. 2版. 北京：北京大学出版社，2013.

[18] 刘喜敏. 网络营销实务[M]. 3版. 北京：清华大学出版社，2014.

[19] 肖伟民. 电子商务网站建设与管理[M]. 2版. 大连：东北财经大学出版社，2011.

[20] 汪彤彤. 消费者行为分析[M]. 上海：复旦大学出版社，2008.

[21] 栾港，马清梅. 市场营销学[M]. 2版. 北京：清华大学出版社，2010.

[22] 时培芬，王波. 市场调查与预测实务[M]. 北京：对外经济贸易大学出版社，2009.

[23] 吉庆彬. 电子商务网站建设[M]. 3版. 大连：大连理工大学出版社，2009。

[24] 网络营销教学网站 http://www.wm23.com/

[25] 网络营销知识网 http://www.wlyxzs.com/

[26] 中国网络学习网 http://xuemkt.qianyan.biz/
[27] 淘宝网站：http://www.taobao.com/
[28] 营销资源网 http://www.yingxiaozy.com/
[29] 网上营销新观察 http://www.marketingman.net/
[30] 电子商务世界：http://www.ebworld.com.cn/
[31] 京东商城网站：http://www.jd.com/
[32] 亚马逊网站：http://www.amazon.com/
[33] 当当网站：http://www.dangdang.com/
[34] 全球资讯网站：http://www.info.72ec.com/
[35] 营销人网：http://www.mktman.com/
[36] 中国互联网信息中心网站：http://www.cnnic.net.cn/
[37] 拼多多网站：http://www.pinduoduo.com/
[38] 天猫网站：http://www.tmall.com/
[39] 唯品会网站：http://www.vip.com/